如何看懂中国经济？

HOW UNDERSTAND THE ECONOMY OF CHINA

周强 著

云南出版集团
云南人民出版社

图书在版编目（CIP）数据

如何看懂中国经济？/ 周强著.—昆明：云南人民出版社，2018.1
ISBN 978-7-222-16958-6

Ⅰ.①如… Ⅱ.①周… Ⅲ.①中国经济-研究 Ⅳ.①F12

中国版本图书馆 CIP 数据核字（2018）第 004005 号

出 品 人：赵石定
责任编辑：刘诚林　陈　晖
责任校对：陈　晖
装帧设计：唐敬乾
责任印制：洪中丽

如何看懂中国经济？
周强　著

出　版	云南出版集团　云南人民出版社
发　行	云南人民出版社
社　址	昆明市环城西路 609 号
邮　编	650034
网　址	www.ynpph.com.cn
E-mail	ynrms@sina.com
开　本	720mm×1010mm　1/16
印　张	20.5
字　数	310 千
版　次	2018 年 1 月第 1 版第 1 次印刷
印　刷	昆明市五华区理煌教育印务有限公司
书　号	ISBN 978-7-222-16958-6
定　价	48.00 元

云南人民出版社微信公众号

如需购买图书、反馈意见，请与我社联系
总编室：0871-64109126　发行部：0871-64108507　审校部：0871-64164626　印制部：0871-64191534

版权所有　侵权必究　印装差错　负责调换

讲的供给侧结构性改革，同西方经济学的供给学派不是一回事，不能把供给侧结构性改革看成是西方供给学派的翻版，更要防止有些人用他们的解释来宣扬"新自由主义"，借机制造负面舆论。

——习近平

我们不能要求亚当·斯密（或者马克思）为我们准备好今天的理论武器，每一代人有每一代人的事情要做。我们需要研究新情况、新问题，而不是简单地说一句"看不见的手"，简单地高呼"市场万岁"就能解决问题的。

——陈　禹

实际上，中国理论界的认识是落在中国的政策实践之后的。

——林毅夫

无论是理论界还是政策研究界，都没有能力解释中国经验。各种从西方进口的经济学更解释不了中国经济所面临的问题，拿它们来解决中国问题往往导致问题的恶化。

——郑永年

不在于中国经济学人没有掌握好经济学的武器，而是面对当今世界的新发展、新课题，世界的经济学，显出有点迟钝、有点保守、有点缺乏锐气，需要进一步提升。

——黄　达

出版说明

本书作者常在经济学家朋友圈中探讨经济学理论和中国经济热点问题。在讨论中,大家时常对中国政策有不同观察与评论。后来,有人发现作者的评论与其他人的思路方法完全不同:既紧贴现实,又独树一帜,极富新意且极具前瞻性。于是有人提议能不能把这些内容整理出来,让更多人分享。作者觉得这是一个很不错的想法,于是对这些内容进行了整理补充,最终形成了26个代表性的问题,并逐一用新经济学的理论进行解读。每个问题一章,分为政策述要、提出问题、理论原理、原理解读、常见看法、更新认识六个方面内容。

目前,解读中国经济的书非常多,作者中有国内外著名的经济学家,也有名不见经传的普通学者。与他们一般以西方经济学理论为基础,再加上自己的发散式、即兴式发挥形成的解读不同,本书最显著的特点是运用全新系统经济学说——《新市场经济论》的理论对中国政策进行的观察和解读,有严密和高度自治的理论体系支撑。该理论的很多思路和方法都已经成为或正在变为政策和现实。如,住房企业化租赁,通过公共产品均等化促进地方均衡发展,等等。本书的特点还有,紧扣经济、社会、生活现实,直面热点难点问题,不是用夸张的言辞夺人眼球,而是用理性平实的语言,在简明清晰的分析思辨中让人心悦诚服。本书是企业中高管正确理解和认识新时代中国经济政策的必备参考,更是国外了解和理解中国经济政策的优先选择读物,对国内外研究机构和学者也有重要的参考价值。本书能让人过目不忘,留下十分深刻的印象,获得实实在在的收获!

序　言

2008年美国金融危机爆发后，世界主要发达国家似乎都一改20世纪大萧条初期，以及后来70年代滞涨时的无所作为，进行了一次关键而重大的经济试验——量化宽松政策，并把这个非常规的货币政策推向极致。但是，各国央行量化宽松的货币政策并没有成为复苏的有力工具，世界经济仍然低迷不振。然而，中国经济却一枝独秀。2012~2016年，中国对世界经济增长的年均贡献率达到30.2%，超过美国、欧元区和日本的总和，以7%的速度继续引领世界经济的增长，成为世界经济增长量的最大贡献国。正因为中国30多年持续的高增长奇迹，"中国模式"或者说"中国发展道路"成了全世界关注的焦点。同时，在"后雷曼时代"，中国开始从出口导向为特征的亚洲经济发展的"标准模式"，向扩大国内需求、实现自主增长的模式转型，并发挥了引领和主导亚洲地区经济发展的作用。"中国模式"也成为世界发展中国家景仰的典范。

新世纪以来，经济学家们一直在用各种不同的方式解读"中国道路"。但是可以肯定的是，现代正统经济学理论不可能做出正确的回答。事实上，从20世纪30年代以来，我们就已经知道，以新古典主义微观经济学为基础的主流经济学，以及它使用的平滑线性的数学模型，甚至作为一种意识形态，都同现代资本主义普遍的金融不稳定性，同经济危机和衰退格格不入。在新古典金融经济学中，所有和这个理论范式相冲突的经验事实都被归结为"市场异象"，排除在"有效市场"体系之外。然而，正是这个存在根本缺陷的理论基础，在人类如此重要的历史时期，被用来为我们回答那些严重而深刻的经济问题并制订经济政策。这的确是一件不可思议的事情。2008年震撼全球的金融风暴表明，经济学的现状不能再延续下去了，正统经济

如何看懂中国经济?

学理论对当代金融资本主义和市场经济的许多重大问题都不能做出正确的解释,对"中国模式"当然就更不能做出正确的解读。无论新美国模式("盎格鲁-撒克逊模式"),还是宣称社会市场经济的"莱茵模式",或者"东亚模式"都不可能是正确答案。

中国特色社会主义道路的伟大实践在转型的初期,没有任何现成理论可以借鉴,只能"摸着石头过河"。这时,学习和吸收西方经济学理论是非常必要的。但是在主流经济理论已经不能全面深刻地回答我们所面临的时代使命的时候,理论创新就是必要的前提。

特别是习近平同志在党的十九大报告中指出:"经过长期努力,中国特色社会主义进入了新时代,这是我国发展新的历史方位。"中国特色社会主义道路拓展了发展中国家走向现代化的途径,提供了全新的选择,为解决人类问题贡献了中国智慧和中国方案。中国特色社会主义道路的伟大实践正呼唤理论创新,在这个新时代一定会产生原创的、无愧历史使命的中国式经济学理论。

周强先生的新作《如何看懂中国经济?》无疑是一次有益的尝试。他在批评西方经济学错误理论的基础上,提出"新市场经济论",并用创新理论对 26 个中国经济、社会和政策问题作了深入浅出的剖析和回答。当然,对"新市场经济论"以及对这些重要问题的回答,经济学界当然会有不同的解读和争论。但是,他勇于创新,实事求是,理论联系实际的精神可嘉。我们希望周强先生不断完善创新理论,在中国特色社会主义的新时代,做出更出色的成果。

沈华嵩
2017 年 11 月

目　录

第一章　为什么坚持自然资源公有又不反对私有化　/ 1
　　政策述要 / 1
　　提出问题 / 2
　　经济原理 / 2
　　原理解读 / 7
　　常见看法 / 8
　　认识更新 / 8

第二章　为什么要积极鼓励和推进住房企业化租赁 / 11
　　政策述要 / 11
　　提出问题 / 12
　　经济原理 / 13
　　原理解读 / 19
　　常见看法 / 19
　　认识更新 / 20

第三章　为什么农村土地实行承包权与经营权分离 / 23
　　政策述要 / 23
　　提出问题 / 24
　　经济原理 / 25
　　原理解读 / 25

如何看懂中国经济?

  常见看法 / 28
  认识更新 / 28

第四章　为什么让市场配置资源又强调政府的作用 / 31
  政策述要 / 31
  提出问题 / 32
  经济原理 / 33
  原理解读 / 41
  常见看法 / 43
  认识更新 / 43

第五章　为什么既坚持发展公企又鼓励发展私企 / 46
  政策述要 / 46
  提出问题 / 48
  经济原理 / 49
  原理解读 / 55
  常见看法 / 57
  认识更新 / 57

第六章　为什么供给侧结构性改革的核心是解放和发展生产力 / 62
  政策述要 / 62
  提出问题 / 63
  经济原理 / 63
  原理解读 / 65
  常见看法 / 67
  认识更新 / 67

第七章　为什么偏偏把创新放在新发展理念之首 / 72
  政策述要 / 72

提出问题／73
　　经济原理／74
　　原理解读／76
　　常见看法／78
　　认识更新／78

第八章　为什么要通过促进社会保障均等化进行托底／83
　　政策述要／83
　　提出问题／84
　　经济原理／84
　　原理解读／90
　　常见看法／92
　　认识更新／93

第九章　为什么要在全国范围内推进公共产品均等化／96
　　政策述要／96
　　提出问题／98
　　经济原理／98
　　原理解读／105
　　常见看法／106
　　认识更新／106

第十章　为什么要主动调减法定劳动时间增加休假／110
　　政策述要／110
　　提出问题／111
　　经济原理／111
　　原理解读／116
　　常见看法／118
　　认识更新／118

如何看懂中国经济?

第十一章　为什么要求金融政策必须服务于实体经济 / 122

　　政策述要 / 122

　　提出问题 / 123

　　经济原理 / 123

　　原理解读 / 127

　　常见看法 / 128

　　认识更新 / 129

第十二章　为什么既要强调劳动者权益又要发挥企业家作用 / 133

　　政策述要 / 133

　　提出问题 / 135

　　经济原理 / 135

　　原理解读 / 138

　　常见看法 / 139

　　认识更新 / 140

第十三章　为什么要保护中小投资者权益而非弱肉强食 / 143

　　政策述要 / 143

　　提出问题 / 144

　　经济原理 / 144

　　原理解读 / 151

　　常见看法 / 153

　　认识更新 / 154

第十四章　为什么既要反对奢侈浪费又要鼓励扩大消费 / 157

　　政策述要 / 157

　　提出问题 / 158

　　经济原理 / 158

　　原理解读 / 165

常见看法 / 167
认识更新 / 167

第十五章 为什么要对不同性质的文娱产品区别对待 / 170
政策述要 / 170
提出问题 / 171
经济原理 / 171
原理解读 / 176
常见看法 / 179
认识更新 / 179

第十六章 为什么强调传媒价值功能而不是传播自由 / 183
政策述要 / 183
提出问题 / 184
经济原理 / 184
原理解读 / 187
常见看法 / 190
认识更新 / 190

第十七章 为什么强调文物保护利用而不是交易升值 / 193
政策述要 / 193
提出问题 / 194
经济原理 / 194
原理解读 / 196
常见看法 / 197
认识更新 / 197

第十八章 为什么既要鼓励转基因产品研究又要审慎推广 / 200
政策述要 / 200

如何看懂中国经济?

  提出问题 / 201

  经济原理 / 201

  原理解读 / 205

  常见看法 / 207

  认识更新 / 207

第十九章 为什么强调不拘一格地培养提携年轻人才 / 210

  政策述要 / 210

  提出问题 / 211

  经济原理 / 211

  原理解读 / 213

  常见看法 / 214

  认识更新 / 214

第二十章 为什么既要重视知识分子收入又要强调其情怀 / 218

  政策述要 / 218

  提出问题 / 219

  经济原理 / 219

  原理解读 / 223

  常见看法 / 225

  认识更新 / 226

第二十一章 为什么强调奉献担当又提高公职人员收入 / 230

  政策述要 / 230

  提出问题 / 231

  经济原理 / 231

  原理解读 / 237

  常见看法 / 240

  认识更新 / 240

目 录

第二十二章 为什么推动建立全国统一的国家荣誉体制 / 243
  政策述要 / 243
  提出问题 / 244
  经济原理 / 244
  原理解读 / 250
  常见看法 / 252
  认识更新 / 252

第二十三章 为什么减少企业税赋水平的同时增加个人纳税 / 256
  政策述要 / 256
  提出问题 / 257
  经济原理 / 257
  原理解读 / 261
  常见看法 / 263
  认识更新 / 263

第二十四章 为什么实行市场化又要维持汇率基本稳定 / 266
  政策述要 / 266
  提出问题 / 267
  经济原理 / 267
  原理解读 / 272
  常见看法 / 277
  认识更新 / 277

第二十五章 为什么坚持独立自主又全面积极对外开放 / 282
  政策述要 / 282
  提出问题 / 284
  经济原理 / 284
  原理解读 / 288

如何看懂中国经济？

　　常见看法 / 289
　　认识更新 / 289

第二十六章　为什么主要矛盾变化不改变社会主义初级阶段国情 / 294
　　政策述要 / 294
　　提出问题 / 295
　　经济原理 / 295
　　原理解读 / 303
　　常见看法 / 304
　　认识更新 / 304

参考书目 / 308

第一章　为什么坚持自然资源公有又不反对私有化

● **政策述要**

我国宪法第十条第一款、第二款规定：

城市的土地属于国家所有。

农村和城市郊区的土地，除由法律规定属于国家所有的以外，属于集体所有；宅基地和自留地、自留山，也属于集体所有。

2015年，中共中央、国务院印发的《生态文明体制改革总体方案》指出：

坚持自然资源资产的公有性质，创新产权制度，落实所有权，区分自然资源资产所有者权利和管理者权力，合理划分中央地方事权和监管职责，保障全体人民分享全民所有自然资源资产收益。

建立权责明确的自然资源产权体系。制定权利清单，明确各类自然资源产权主体权利。处理好所有权与使用权的关系，创新自然资源全民所有权和集体所有权的实现形式，除生态功能重要的外，可推动所有权和使用权相分离，明确占有、使用、收益、处分等权利归属关系和权责，适度扩大使用权的出让、转让、出租、抵押、担保、入股等权能。明确国有农场、林场和牧场土地所有者与使用者权能。全面建立覆盖各类全民所有自然资源资产的有偿出让制度，严禁无偿或低价出让。统筹规划，加强自然资源资产交易平台建设。

如何看懂中国经济？

《关于创新政府配置资源方式的指导意见》指出：

法律明确规定由全民所有的土地、矿藏、水流、森林、山岭、草原、荒地、海域、无居民海岛、滩涂等自然资源，要建立明晰的产权制度、健全管理体制，对无线电频率等非传统自然资源，推进市场化配置进程，完善资源有偿使用制度。

十九大报告提出：

加强对生态文明建设的总体设计和组织领导，设立国有自然资源资产管理和自然生态监管机构，完善生态环境管理制度，统一行使全民所有自然资源资产所有者职责，统一行使所有国土空间用途管制和生态保护修复职责，统一行使监管城乡各类污染排放和行政执法职责。构建国土空间开发保护制度，完善主体功能区配套政策，建立以国家公园为主体的自然保护地体系。坚决制止和惩处破坏生态环境行为。

●提出问题

为什么说自然资源是公有的呢？为什么公有的自然资源资产又可以私有化，二者是不是有矛盾，怎么将二者一致起来呢？

●经济原理

一

什么是价值？价值就是直接或间接对人有用的事物。所以，事物对人的有用性就是价值。事物对人的有用性包括直接有用性和间接有用性。对人的直接有用性是消费性价值，如空气、水、阳光、治安、食品、服装、房屋、休闲等，有些原材料也属于直接有用价值，只是经过了加工或合成，比如手机塑料或金属。对人的间接有用性是工具性价值，如锅灶、锄头、扳手、光合作用、哲学、经济学等。

价值从来源情况看，有天然存在的价值和劳动创造的价值两种类型。天然存在的价值就是自然资源，如土地、矿物、生物、空气、流水、阳光、昼夜交替、四季轮换以及其他各种物质的运动规律；劳动直接或间接创造的新生增量价值就是产品，如水稻、汽车、住房、舞蹈、演唱、教育、运输等。机器人创造的或自动复制产生的增量价值是人间接创造的价值，是劳动创造价值的一种发展形式。

人不能凭空生产价值，任何价值的生产都要直接或间接依赖一定的资源，或者是某种物质，或者是某种规律，或者两者同时依赖，否则创造不出价值，因此资源是产品的基础，也是一切价值的基本构成元素……

产品的来源有四种：第一，被人的劳动作用过的物质资源。天然存在的物质不是产品，但是天然存在的物质通过人的劳动作用过之后，就成了产品。矿石、果子、野兔在自然界中天然存在，它们不是产品，只有被人开采、采摘、猎取或搬运后才会成为产品。因此，即便对自然资源不进行新的创造，而仅仅是以满足或服务于人的某种需求为目的，通过开采、采摘、猎取或搬运，改变其形状和位置，也是在生产产品。第二，被人劳动作用过的规律。规律是客观存在的，但如果不加以研究，人们就无法利用，因此规律首先需要被人认识。被认识的规律就是产品，即便只是部分正确，也可称为产品。认识规律就是在生产产品，产品的成败和优劣与对规律认识的准确性有关。第三，人们运用物质产品或规律产品进行的各种创造。比如，把铁矿石加工成钢板生产汽车；根据人的惰性本能和竞争对人的激发作用，设计竞争制度激发人的积极性和潜能；利用木材、钢铁和杠杆原理设计出杆秤；对自然现象、社会现象及其规律进行某种形式的再现与想象——艺术、历史、文学、影视等。因此，产品也是利用既有产品和其他事物创造的新产品。第四，人们生产的产品创造的产品。自动机器人就是人劳动创造来创造产品的产品，自动机器人创造的产品也相当于人劳动的产品，只是它不是直接劳动产品。

产品的价值包括资源价值和劳动价值两部分。比如一桶饮用纯净水，就包括天然水的价值，以及净化和运送的价值。

二

财富，就是尚未使用或没有用尽的持续保有的有价值的资源或产品。人类财富有广义和狭义两种概念，也有共有和私有两种所有性质。

自从科技与生产方式的发展使产品生产总量大于消费总量，产生剩余产品之后，就出现了通常所说的财富现象——狭义财富。

狭义财富，是指被确定为个人或国家以下（不含国家）某个集体成员共有且可由个人或该集体成员共同自主支配的资源、资产、节余消费品与货币态财富。比如农村的集体土地、企事业单位的建筑设备、企业未分配的利润、家庭买的住房及对应的若干年空间资源、个人生产或购买且尚未被消费的粮食、个人生产或购买的还可穿着的服装、家庭或个人节余的收入。在人类发展的较长一段时间内，存在大量被迫和主动的未有效满足自己消费需求的消费品节省现象，所以作为消费品的财富，并不都是剩余产品，也包括节省出来的产品。

广义财富，除了指所有狭义财富外，还包括社会保障品、公共产品、政府持有的货币态财富以及国家和人类未私有化的资源等。

公共财富，是由地球上的人类全体或国家的全体民众共同所有或享用的资源或产品。公共财富主要有两级：一是人类级，二是国家级。

人类级公共财富是地球上过去、现在和将来的所有人共同所有和按一定规则享用的资源或产品。如，太平洋、大西洋、印度洋、北冰洋等海洋，月亮、太阳、宇宙等地球之外的物质。

国家级公共财富是一个国家过去、现在和将来所有民众共同所有和按一定原则享用的资源或产品，如，一个国家的土地、海洋、天空、气候、湖泊、河流、森林、矿物。

人类社会共有共享的公共财富从来源上看有两类：一类是天然公共财富，另一类是产品公共财富。

自然物质资源，有的是直接免费共有共享，如（早期）森林中的动物和果实、江河中的鱼虾和植物，有的是销售后共享，如中东沙特等国家的石油销售收入大量用于国民的社会保障品和公共产品的提供，实际上就是民众在间接共享石油资源，土地租赁（销售）收入用于社会保障和公共产品提供也是资源间接共享。

三

财富的公有和私有都是人类使用和消费财富必要的所有方式。资源公共财富不是不可以私有化，但是哪些该私有、哪些不该私有、什么时候该

第一章　为什么坚持自然资源公有又不反对私有化

私有、进行多大量的私有，要根据财富的性质、科技发展的水平和人们的需求来确定，既不能对一切资源公共财富一概私有化，也不能一下子全部私有化，否则就会出现各种各样的问题。

资源公共财富的使用和消费的原则和方法分为两种：一种是按照公平原则和科学方法，另一种是按实力原则和达尔文主义的方法。

按照公平原则和科学方法，物质资源公共财富根据财富本身的不同性质，分为不可私有化、可有限私有化和可完全私有化三类。

不可私有化的物质资源公共财富。太阳、月亮、空气、海洋、河流、湖泊等生命无限（相对单个的个人或集体——不包括整个人类而言）又不具有排他性的物质资源公共财富，属于不可私有化的物质资源公共财富，所有个人或集体完全根据自身的需求自由免费地消费使用这些资源。

可有限私有化的物质资源公共财富。土地、领海及其上下空间等生命无限性且具有排他性的公共物质资源，属于可有限私有化的物质资源公共财富，应采用租赁的方式出让一个时段的使用权——所有权不能私有化，使用权可分期私有化。因为这些资源的生命长于任何个人或集体，本质上无法被任何个人或集体所私有化，只能被个人或集体在一定时期内使用；同时，这是一种价值放大型工具资源，私有化产生的排他性会造成价值利用不充分，影响放大型价值的价值最大化放大。

私有化虽然有利于提高生产效率，但是会减少放大型价值的价值放大效率。比如，同一时段内，出租车产生的利用价值通常高于私家车、公房产生的利用价值通常高于私房。企业生产中，规模或产量越大成本越低，其实也是价值利用的充分性问题。即，土地房屋、机器设备、印刷制版、产品模具等利用越充分，其所产生的价值越大。但是，规模或产量的扩大也是有极限的，这个极限就是物质工具的最大载荷或使用寿命。理论、方法、电脑程序等非物质型价值的价值放大没有极限，所以通过它们生产的产品量的扩大是没有极限的。

可完全私有化的物质资源公共财富。石油、煤炭、原始林木（用作燃料、家具）等生命有限的消耗型物质资源公共财富，应采用出售方式私有化——所有权和使用权全部一次性私有化。因为这种物质公共财富被一个个人或集体使用后就消失了，其他个人或集体再也无法使用，所以这种物

如何看懂中国经济？

质资源公共财富可以而且应该以出售方式对所有权和使用权都进行私有化，即完全私有化。

可有限私有化和可完全私有化的物质资源公共财富，其私有化的原则都是，需要时才私有化，不需要时不私有化，需要多少私有化多少，当期用不了的不私有化。原因有三点：一是随着技术的发展，资源利用的水平越来越高，资源的生产成本会越来越低或产生的价值越来越大，因此资源的价格也会越来越高，按需私有化既可以满足当前人们对资源的急需，又能确保对资源进行最恰当的赋值，使资源的销售收入实现最大化。在不考虑腐败的情况下，这就是个人或单位囤积资源之所以能赚钱的根本原因。二是物质资源的总量是有限的，资源被私有化就意味着被使用，资源越早被私有化和使用，利用的技术水平越低，利用率越低，造成的资源浪费越大，产生的负外部性越大，对环境破坏和对人健康的损害越大；反之，资源越晚被私有化和使用，利用率越高，造成的资源浪费越少，产生的负外部性越小，对环境破坏和对人健康的损害越小。三是把尚用不到的资源私有化，会给投机者制造投机和炒作题材与机会，不利于资源的合理利用，也不利于公平，会影响人们劳动创造的积极性，削弱经济发展的动力。另外，土地资源的使用还存在再利用成本问题，因为土地资源被低技术水平地利用后，要进行更高技术水平的再利用，就需要拆除，会产生很大的再利用成本，比如要把工厂恢复成耕地或者要把低层楼梯房改造成高层电梯房，都需要大量的再利用成本。

长期以来，物质公共资源的私有化，并不是按照公平和科学原则进行的，而是按照控制能力、利用能力与武装实力原则进行的。一是谁能控制某种资源，谁就会在其控制力范围内，尽可能多地将其私有化给自己。比如，猎人能打多少猎，就有多少猎物被私有化给自己；渔夫能打多少鱼，就有多少鱼被私有化给自己。二是谁有能力利用某种资源，谁就将其私有化给自己。比如，以前不能利用的荒滩，有人能利用了，就通过利用将其私有化给自己；以前不能利用的石油，有人能利用了，就通过利用将其私有化给自己。三是在利用能力和控制能力相当的情况下，谁武装实力更强谁就将其私有化给自己，如原始部族之间、非地方集体之间，特别是国际之间对土地、海洋及其所属资源的私有化，一开始往往是根据武力原则。

随着科技的发展，个人或集体利用能力、控制能力的提高和战争导致人类整体毁灭可能性的增加，无论是在国家内部和国际之间都呼唤和需要用公平的原则和科学的方法对可有限私有化或可完全私有化的物质资源公共财富进行私有化，这是人类发展的必然选择。否则，有一天，随着科技的发展和控制力与武力的增强，全部的海洋、南北极，甚至不能私有化的水、空气、月亮、火星等都有可能被某些国家甚至个人私有化，而在这个过程中，也极有可能因为分配不公平和利用不科学而造成人类的毁灭。

现实可行的原则是：已经私有化的资源遵循历史依据解决，对未私有化的物质资源公共财富，通过制定公平的法规，依据法规解决。为什么历史依据优先呢？道理很简单，如果不以历史依据优先，那么世界就只能完全打乱，重新平均分配，这显然是不可能的。

● 原理解读

第一，自然资源的天然归属问题。自然资源天然是没有归属的，有了人类以后，或者说人类成为自然界的主宰后，才把所有资源都看成人类的，才对这些资源进行归属划分。其中，划分的方式多种多样，有自然使用、有先占、有武力争夺。当今的自然资源占有，首先主要是国家形式的占有，但是并不是所有的自然资源都被划归为某个国家的，还有很多自然资源没有也不应该划归具体的国家所有，比如公海、月亮、太阳等，这些是人类共有的公共自然资源。

第二，国家境内和部分周边自然资源的本质归属问题。任何一个国家境内和部分周边地区的自然资源，如12海里领海、200海里经济专属区，本质上都属于这个国家过去、现在和将来的所有人，没有自然资源的共有，国家就失去了存在的物质基础，就不可能有国家的概念和国家的存在。

第三，不同资源如何利用问题。资源是拿来用的，如果有资源又不用，那么要资源干什么呢？有资源不利用，这些资源就成了没有什么意义的死资源，既不能服务于人们的生活，也不能为人的发展提供帮助。因此，资源当然是要进行利用的。利用就可能产生私有化的问题。不同的资源有不同的利用方法。有些资源可以无偿直接利用，如空气和阳光；有些资源要

如何看懂中国经济？

对所有权和经营权（或使用权）进行私有化才能利用，即资源的拍卖，如矿产资源；有些资源只能对经营权或使用权者进行有期限的让渡，而不能对所有权进行私有化，即资源的拍租，如土地资源。不同的资源如何利用，是由该资源自身的性质特点决定的，如果违背性质来利用，就会出现各种不可预料的问题，妨碍经济发展和社会稳定。

第四，资源利用的节奏问题。自然资源的利用，还要考虑利用能力、可持续性、环境承载能力等，因此能私有化或租赁化的资源，也要考虑私有或租赁的节奏，所以资源的使用是需要有统一的规划、协调和控制的，不能一窝蜂地全部私有化或租出去。

第五，拍卖或拍租的资源收入属于谁、如何用的问题。拍卖或拍租的自然资源收入属于全体国民，包括其后代，应该用于或分发给全体国民。在社会保障体系健全和公共产品科学维度的均等提供实现之前，应先用于社会保障和公共产品提供；在社会保障体系健全和公共产品科学维度的均等提供实现之后，应将较大一部分均等地分发给所有民众。

● **常见看法**

一、自然资源私有化才能调动生产者的积极性，实现生产效率的最大化，因此主张将各种资源都私有化给个人。

二、自然资源公有化会导致公地悲剧，因此不能公用。并举这个例子来说明：一个镇上有一块公共的草场，允许居民在草场上免费放羊。时光流逝，镇上的人口在增加，公地草场上的羊也在增加。由于羊的数量日益增加而土地是固定不变的，土地开始失去自我养护能力。最后，土地变得寸草不生。由于共有土地上没有草，羊也没了，而且该镇曾经繁荣的羊毛业也消失了，许多家庭从此失去了生活的来源。

● **认识更新**

私有化是一个相对概念，而且有不同的私有化层级。国家的资源，相对人类共同的资源而言是被私有化了的；欧美等一些国家地州的资源，相对于这些国家的国家资源是被私有化了的；企业购得的资源，相对于地方政府手中的资源是被私有化了的；个人的收入，相对于企业的资产是被私有化了的；个人的烟酒钱、化妆品钱等，相对于家庭的共同财产是被私有化了的。

最终层级的私有化财富是完全由个人自主支配的财富。只有完全由个人自主支配的财富，才是绝对私有化的财富，其他层级私有化的财富本质都是共同财富，是公有化的财富，只是公有人群范围大小不同而已。也就是说，很多所谓的私有财富，换一个角度看，其实是公有的。从绝对意义的公私财富来说，以公有形式存在的财富要远大于以私有形式存在的财富。

正是不同层级的公有财富把人们联结成不同的群体，进行不同的合作和生产，从而推动人类融合与发展。比如，家庭共同财富把家庭联结起来，实现了人口的生产和培养，实现人类的延续；企业共同财富把生产者联结起来，实现了产品的生产提供，促进效率的提高、产品的丰富、功能的改进和质量的提升；国家共同财富把国民联结起来，建立治安、国防、教育、科研、交通、社会保障体系，为国民的共同发展提供安全保障与再生动力；人类共同财富把各国联结起来，团结合作，应对自然灾害、气候变化、外天体威胁等全球问题，共同守护人类的安全与可持续发展。

个人单独拥有再多的财富，什么也做不了，甚至连生存都成问题。一个人有很多的钱、土地等，如果没有其他人的生产提供，他仍然不可能得到车辆、食品、服装等。在这种情况下，他只能在自然界中寻找果子或生食动植物，运气好能填饱肚子，运气不好就得长时间忍饥挨饿。由于食品没有保证且不清洁，必然会损害其健康，增加患病概率，而且病了没有药品和治疗，再加上虎狼、蚊虫的袭扰，会极大地降低其寿命。

因此，财富的私有化固然是必要的，也是不可缺少的，但是人类的生存和发展依靠的却是不同形式的公有化，更大范围、更高形式的公有化，实现更大范围、更高程度的发展，没有财富的公有化就没有人类的发展，甚至人类都无法存在。

自然资源可以私有化，但并非都应该私有化，能私有化的资源，也要根据实际情况，进行不同层级私有化，同时要控制节奏，不能一下子全部私有化；不能私有化的资源，需要利用时，可以通过拍租的方式提高利用的效率。

如何看懂中国经济？

所谓公地悲剧，其实只是一个公共资源利用的管理问题，有多种办法可以解决。第一种办法，限制每户最大养羊头数，类似于公海的休渔和限制渔网网孔大小的行政管理；第二种办法，向每户分配或出租经营权，类似中国农村的包产到户；第三种办法，拍租给一个大的企业经营，也就是农业的企业化规模经营。第一种办法可行，但不是最优的办法，因为这会限制生产能力；第二种办法适用于没有资本、技术落后的阶段；第三种办法适用于有大量资本和技术发展到规模化养殖的阶段。

公共财富的管理问题，是人类永恒的命题。人类需要在不断总结不同的共同财富各自的特点，以及人类自身人性特点与规律的基础上，探索和发展更好的公共财富的管理制度。公共财富的管理会随着技术的发展而要求进行与之相适应的新变革，一定技术条件下比较完美的管理制度，在新的技术条件下就可能会变得不适应，成为发展的阻碍，因此再好的公共财富管理制度也需要随着技术的发展进行相应的改革，不可能一劳永逸。

总之，绝不能因为公共财富管理存在问题，就否定财富公有形式的必要性，主张或推动全面私有化，这是思考问题过于简单化和思维懒惰的表现。

第二章　为什么要积极鼓励和推进住房企业化租赁

◉ **政策述要**

"十三五"规划纲要提出：

构建以政府为主提供基本保障、以市场为主满足多层次需求的住房供应体系，优化住房供需结构，稳步提高居民住房水平，更好保障住有所居。

积极发展住房租赁市场，鼓励自然人和各类机构投资者购买库存商品房，扩大租赁市场房源，鼓励发展以住房租赁为主营业务的专业化企业。促进房地产业兼并重组，提高产业集中度，开展房地产投资信托基金试点。发展旅游地产、养老地产、文化地产等新业态。加快推进住宅产业现代化，提升住宅综合品质。

2005年11月，国务院发布的《关于加快发展生活性服务业促进消费结构升级的指导意见》指出：

积极发展绿色饭店、主题饭店、客栈民宿、短租公寓、长租公寓、有机餐饮、快餐团餐、特色餐饮、农家乐等满足广大人民群众消费需求的细分业态。

2016年5月，李克强主持国务院会议确定：

一是发展住房租赁企业，支持利用已建成住房或新建住房开展租赁业务。鼓励个人依法出租自有住房。允许将商业用房等按规定改建为租赁住房。

二是推进公租房货币化，政府对保障对象通过市场租房给予补贴。在城镇稳定就业的外来务工人员、新就业大学生和青年医生、教师等专业技术人员，凡符合条件的应纳入公租房保障范围。

三是完善税收优惠政策，鼓励金融机构加大支持，增加租赁住房用地供应。

四是强化监管，推行统一的租房合同示范文本，规范中介服务，稳定租赁关系，保护承租人合法权益。

2016年5月，住建部提出了加快培育和发展住房租赁市场的六大措施：

一是培育市场供应主体。发展住房租赁企业，鼓励房地产开发企业开展住房租赁业务，规范住房租赁中介，支持个人依法出租自有住房。

二是鼓励住房租赁消费。完善住房租赁支持政策，保障承租人依法享受公共服务；落实提取住房公积金支付房租政策；明确出租人和承租人各方权利义务。

三是完善公共租赁住房。推进公租房货币化，提高公租房运营保障能力。

四是支持租赁住房建设。鼓励新建租赁住房。允许将商业用房等按照规定改建为租赁住房。对土地用途调整为居住用地的商业用房项目，为了降低租户的使用成本，用水、用电、用气的价格按照居民的标准执行。

五是加大政策支持力度。对住房租赁企业、机构和个人，给予税收优惠政策支持，相关文件将很快出台；鼓励金融机构加大支持，稳步推进房地产投资信托基金（REITs）试点，完善供地方式，增加租赁住房地供应。

六是加强住房租赁监管。健全法规制度，完善监管体制，规范租赁市场。

十九大报告提出：

坚持房子是用来住的、不是用来炒的定位，加快建立多主体供给、多渠道保障、租购并举的住房制度，让全体人民住有所居。

● 提出问题

政府为什么要由过去的让企业销售住房，转为鼓励企业直接向个人或家庭租赁住房，有什么作用？

第二章 为什么要积极鼓励和推进住房企业化租赁

● 经济原理

一

土地是物质资源中一种最重要最典型的放大型价值，它不像非物质性放大型价值可以无限复制。土地、黄金、钻石等自然物质资源的生命相对煤炭、矿石等损耗型自然物质资源来说，生命是无限的，而且与黄金、钻石等其他生命无限的自然物质资源不同，黄金、钻石是非必要自然物质资源，而土地是人生存生活的必要自然物质资源。

和所有放大型价值一样，土地私有化虽然一定程度地提高了土地的生产利用率，但是却极大地降低了土地的消费利用率。与一般损耗型或非必要放大型自然物质资源不同，土地作为人们生产生活必不可少且生命无限的自然物质资源，其私有化可能造成很多无法解决的矛盾和巨大的价值利用损失，影响社会的和平稳定和可持续发展。

土地私有化主要会产生以下六大无法解决的矛盾：

一是土地的生命无限与人的生命有限的矛盾——个人有限的生命无法承载土地无限的生命。土地的生命是无限的，而人的生命是有限的，生命有限的人怎么能承载生命无限的土地呢？买卖即意味着所有关系的永久变更，一个人买了一块土地后，只要不再转手，这块土地就永远属于他的，可是这个人的生命是有限的，而他所购买的土地的生命是无限的，当他的生命结束时，土地的生命却依然还在，所以个人有限的生命无法承载生命无限的土地，土地是无法真正被私有的。对于这个矛盾，过去和现在通行的做法是由其后人或亲友来继承，但这正说明了个人的生命无法承载土地的生命。而土地的继承对其他未继承的任何人来说都是不公平的。

二是土地的生命无限与政府的执政周期有限的矛盾——政府对土地的私有化是无意的骗局。土地的生命是无限的，而代表民众对土地进行使用授权的政府的执政周期却是有限的。过去，随着朝代的更迭，土地往往会重新分配，人们获得的土地不过是对土地一段时期的控制权和使用权而已，土地从来就没有真正被私有过。现在，虽然不再有朝代更迭，但政府也是在不断的换届。社会在不断地发展，土地的利用也需要不断变化，每届政

如何看懂中国经济？

府都应根据社会发展的需要对土地的使用授权进行适当的调整，一届政府怎么能对土地无限的未来一次性地做出合理的使用授权呢？所以政府拍卖土地实际上是土地授权过界，是一届政府进行了本属于其后各届政府的授权工作。后续政府如果感到之前政府的土地使用授权不能适应经济社会发展的需要，必然推倒以前的土地授权，而前面的政府又怎么能控制后面政府的行为呢？所以，土地现在和将来都不可能真正被私有化。

　　三是土地的价值无限与人们的收入有限的矛盾——土地是不可能实现真正意义的买卖的。土地的生命是无限的，可能产生的价值也是无限的，土地的价格再高也是有限的，有限的价格怎么能买下无限价值的东西呢？因此哪怕只是一平方米的一小块土地，百亿、千亿元也不足以把它买走，因为它的价值理论上是无限大的；与此同时，人一生中的收入却是有限的，即便一个人拥有一个国家甚至全世界的GDP收入也是有限的，也不足以买下一平方米的土地。从这个意义上讲，地价再高也不算高，这也是土地价格上涨的根本原因。因此，土地以任意价格卖给个人或集体，实际都是对土地的严重贱卖，由于土地是这个国家过去、现在和将来千秋万代人共同的财产，政府的这种严重贱卖行为实际上就导致了这届地方政府的这一行为丧失了合法性，因而被卖出的土地的所有权也没有合法性。中国政府虽然名义上进行了土地买卖，但由于出让期有时间限制，实际上只是拍租。所以，中国政府本质上未在土地问题上失去合法性——只要土地到期后严格进行无条件收回或重新拍租。

　　四是私有化时极少数人买完土地与私有化后绝大多数人无地可买的矛盾——土地私有化是政治革命的根本原因。当一届政府把土地私有化时，只有当时的一部分个人获得了土地，这些人相对于该国千万代人只是沧海一粟。这极少的一部分人分掉了这个国家的全部土地，后来人只能寄他们篱下，要么受其盘剥，要么看其脸色。国土是所有人的国土，应当共同保护，共同享有，共同利用，如果完全变成了当初那些分掉土地的人的土地，后人自然不会甘心。而要改变这种状态，唯一的选择是推翻政府，把前面的人分掉的土地抢过来重新分配，如此循环。中国和世界的历史，哪一个朝代的更替不是把重新分配土地作为最关键的内容？现在，虽然人们的生产生活方式变了，但土地私有化产生的这一矛盾本质并没有变，土地私有化都会最终使土地问题变成政治问题，影响政治稳定，妨碍社会的良性发展。

五是土地的生命无限与房屋的生命有限的矛盾——土地私有化会造成土地和空间的浪费。高层建筑节约了土地，却占用了更多的空间，土地及土地上下的空间是密不可分的，没有空间的土地是没有价值的土地，所以土地包括了土地之上和土地之下的所有空间。如果房屋可以私有化，购房者在购买房屋的同时当然永久地获得了房屋和房屋所占空间的所有权，但是房屋作为建筑物其生命是有限的，而房屋所占用的土地及空间的生命是无限的，当有限生命的房屋最终倒塌后，购房者还拥有房屋所占空间的永久所有权。这就意味着，当房屋倒塌后，除非本人要卖出，任何人不得再占用这些空间，假如一块土地上有一家人不同意出售其空间，这块土地就不能再被利用。同时购房者如果不出售其空间，那么他有权用任何东西来遮挡或占据原来的空间，如果这样，那么原来的土地就会因为没有空间、阳光和雨露而变得没有价值。因此，土地如果被私有化，只要有人不同意出售其原来所购房屋的空间，就意味着这块土地无法再使用。如果严格执行私有化的原则和规定，必然造成大量的土地因这种矛盾纠纷而浪费或长期闲置。否则，就只能被迫做出各种自相矛盾的规定。

六是规划更新要求与产权关系不变的矛盾——土地私有化会制约和阻碍经济的发展。科技在不断地进步，土地的利用方式、利用水平、建筑采用的技术和建筑融合的功能也都在不断地发展。这就要求一段时间后要对土地进行重新规划，推倒原来的建筑，建设功能更丰富、土地和空间利用效率更高、更节能环保、居住更舒适的建筑。然而，如果每一栋建筑及建筑上的每一个空间都永久地私有化给千千万万的个人以后，理论上规划就无法变更升级了。因为每个人的房屋和空间都是个人的私有财产，规划的变动意味着其房屋和空间的变动，也就意味着对这些个人的私有财产的侵犯，而私有财产是神圣不可侵犯的，任何人包括国家都没有权利进行侵犯。如果规划和建筑不能随着科技的发展而不断进行调整更新，就会阻碍经济社会的发展，影响人们生活和福利水平的提高。当然这时也可以用赎买的办法来解决，但如果所有者就是不愿卖或者漫天要价呢？于是只能在两难中进行选择：要么进行暴力拆迁或接受漫天要价以实现发展；要么选择尊

如何看懂中国经济？

重个人的私有财产权让建筑不断老旧，迟滞经济发展，以保护私有财产的法律地位。前者是一段时间内中国的发展模式，后者是欧洲国家的发展模式，两种模式都有很大的问题。

土地私有化的这些不可调和的根本矛盾，最终会引发政治不稳、危害经济健康、阻碍社会发展。由于土地的以上性质特点和私有化造成的各种无法解决的矛盾，为了化解和避免土地私有化造成的各种矛盾，实现土地这种无限放大型价值生产和消费利用的最大化，土地应该实行所有权公有化和使用权租赁化，即土地国有化和土地房屋租赁化。

二

土地国有化和土地房屋租赁化不仅可以彻底解决土地私有化产生的不可调和的矛盾，还能提高土地利用率、解决住房保障问题、防止经济泡沫和促进经济健康。

土地国有化和房屋租赁化的基本方法。实行土地国有化和房屋租赁化，并不是要回到原来计划经济的住房供应方式，而是采用和现在基本相同的市场化住房供应方式，只是由政府拍卖土地变成了政府拍租土地。

根据土地规划的用途不同，各个地块的出租时间可以有所不同，比如建筑用地50年，到期如果规划没有变动，可以续租，最大续租期根据将来的土地规划可以缩减；非建筑用地（含林、牧、渔用地，沙漠，滩涂，草甸，湿地，湖泊，海洋等），根据规划确定租与不租，以及租的年限。原始森林、沙漠、滩涂、草甸、湿地、湖泊、海洋属于不宜出租地土地，商业林地、非公共草场、非公共渔场、耕地等可根据规划设定不同的出租年限。一切建筑土地只向企业租赁，只有农用地在一定时期内可以向农民个人或家庭租赁（可以暂时免租金甚至给予耕作补贴）。租金的收取采用按年、季、月预付制，从而减轻企业的资本压力。

开发商由现在的卖房子变为出租房子，同时合并物业的管理服务功能。只有开发商有房屋的出租权，个人和其他单位没有房屋的出租权，地产公司以外的单位和个人出租房屋均为非法（过渡期可以个人出租——编著时加），不允许任何形式的转租——这是可以做到的，类似酒店对客房的控制。

土地国有化和土地房屋租赁化的主要作用：

一是土地出租可以解决土地生命无限与政府任期有限的矛盾，使政府对土地的使用授权变得合理、可靠和有效。政府对土地进行任期内授权，或根据实际需要和法律规定进行有一定期限的长期使用授权而不是越界授权，也是比较可靠的。任期内授权和有一定期限的长期授权其实就是土地出租。

二是解决价格不合理的矛盾。土地在一定时段内的价值是有限的，再多的土地哪怕是全球土地的价值也是有限的，有限的价值就适合用于市场交易。

三是解决无法持续利用的矛盾。土地国有后，现在和将来的每个公民都是土地的共同所有者，就不会发生前人有土地而后人无土地的矛盾，有利于政治稳定和社会良性发展。

四是解决土地及其空间生命无限与房屋生命有限的矛盾。土地租赁化后，土地及其空间的租期可以随着房屋的生命长短而调整。

五是解决规划升级与土地私有的矛盾。土地和房屋租赁化后，土地和房屋都不是个人的，规划和建筑要升级时，只需让大家换个地方租房就行了，最多给一点搬家补偿，不会再有拆迁难题。如果不同地块租期到期时间不同，未到租期的房屋补偿也会有更合理的依据，拆迁工作的难度会极大变小，拆迁腐败也会大幅减少，土地和建筑正常规划升级进度会极大加快，从而更有利于经济社会的快速发展。

六是可以最大限度地提高土地和房屋利用效率，节约农业生产用地。很多东西，尤其是耐用品，私有化后的消费利用率都低于公有化，因为人对私有消费品的消费有排他性——不太愿意与人共享一个产品，所以土地和房屋私有化后，房屋的空置率很高——要么人们很缺钱，要么长期或永远不住的房屋才会用来出租。如果实行房屋租赁化，由于房屋不再是私人的，人们的消费排他性心里就会消失，房屋的空置率可以快速降到很低的水平。这样不仅住房空置率、住房难、住房贵的问题可以解决，耕地保护的问题也可以解决。

七是可以避免地产投机，提高人们劳动创造的积极性，增强经济社会发展的动力和质量。任何房屋自建成后，就一天天地在老化，其功能和价

如何看懂中国经济？

值没有任何增加和提高，价格却在不断上涨，这是典型的不创造任何新增价值的投机。投机不仅不会增加任何社会财富，还会让人们不愿再脚踏实地的劳动和创造，变得急功近利、好逸恶劳，使社会创造力越来越低，社会财富创造越来越少。并且，随着房价的快速上涨，各方面的投资都会抽离到房地产行业来抬高地产泡沫，导致其他各行各业的发展不断萎缩，最终一个国家除了房子多了，其他行业都变得虚弱甚至消失了。实行房屋租赁化后，房地产成了需要耐心的高投入、长周期、一般回报的产业，房地产投机和房地产泡沫会消失，其他各行各业会因此获得充足的投资和创造力，经济就能全面健康发展。

八是可以避免人们收入透支，提高经济发展的健康水平和竞争力。现在人们为购房不仅透支了自己今后若干年的收入，而且榨干了双方父母多年的积蓄，实际上就是把之前和之后的购买力都用在了今天，结果必然造成今后的购买力下降，经济增长缺乏后劲。实行房屋租赁化后，年轻人再也不用背负不孝之名当啃老族，榨干父母多年积蓄的养老钱，也再也不用被房贷的还款压力压得透不过气来，被迫过节衣缩食的艰苦生活，经济将会一步一个脚印，实打实地向前发展。

九是可以实现人的自由无障碍流动，人们的工作生活将变得更加轻松自由。住房不再是人口流动的强大制约因素，人们将变得更加自由，不再是以房产所在地为家，而是以工作地为家，在哪里工作，就在哪里有适合自己收入的房住——自己的家，每个人都会有一种走遍天下是我家，整个国家是我家的感觉。

十是小产权房、城镇化、农业现代化等土地矛盾都会因此而消失。现在的小产权房如果强行清理实际上会损害购买者的利益，激化社会矛盾，不清理又不合法，还可能导致问题扩大，所以这个问题实际上只能先挂起来。土地和房屋租赁化后，可以为这些土地设定一个稍短的，比如40年的租期，问题就解决了——买了的人可以继续住，没有买的人看着不划算不再买，小产权房就不会再增加了。

第二章　为什么要积极鼓励和推进住房企业化租赁

●原理解读

第一，从历史上看，世界各国，每一轮经济危机爆发之前，都先有严重的住房买卖投机。比如，美国1929年大萧条前佛罗里达州的房价就快速上涨；20世纪90代年初，日本东京的地价，可以买下半个美国；2008年爆发于美国的金融危机，也是从房地产泡沫破灭开始的。

第二，为什么土地特别是住房的买卖是形成经济危机的主要原因呢？因为住房的价值总量占个人财富的比例最大，占国民经济的比重也最大，如果住房主要实行买卖的消费方式，那么住房就会成为最常见和最适合的投机炒作工具（其次是股票）。

如果住房发展为企业化租赁为主，住房投机就很难形成，社会经济中就会减少一个主要的泡沫生成器，使泡沫的总量和程度都大为下降，并较大程度地降低经济危机发生的风险和概率。

第三，为什么土地私有化会形成政治危机和革命？土地引发政治问题，是因为土地私有化会造成土地集聚，需要用土地进行生产生活的人得不到土地，同时因土地利用而形成的新增价值都被购买者占有了，造成越往后贫富差距越大。当多数人因为分配不公而出现生存问题后，政治危机和革命就可能爆发。

总之，住房企业化租赁是发展的趋势，这种趋势是由土地的特别性质决定的，也是解决周期性经济危机和可能导致的政治问题的根本出路。

●常见看法

一、国外住房的土地所有权是个人的，而且是永久所有权，中国的土地所有权属于国家（实为全民）是不合理的。

二、中国人的传统是要有自己的有产权的房子，这是习惯，是难以改变的。

三、通过出租回收资金和赚钱太慢，而且需要的资本会大量增加，企业化出租住房不可行。

●认识更新

每年年末都预测房价走势，而且预测都很准的任志强2017年底却说："现在不敢说了。"为什么他这次不敢说了呢？以前他为什么敢说？房地产的本质和最终发展趋势到底是什么？

根据原理和解读可知，土地公有化和房屋租赁化，才是正确的，国外实行的模式并不一定就是正确的，或者外国实行的模式并不一定是最好的，可能还有更好的办法。

温铁军在《告别百年激进》中说：印度与中国相差在于基础设施。都说印度人不遵守时间，是因为没法遵守，路是混行的，公共汽车顶上人都是满满的。路上马车、驴车、牛车、拖拉机混在一起，中间连分道线都不能划，因为没有划的地方。出一个事大家就停在那儿，在路边埋头做饭，一天都走不了——在印度要讲究效率是不可能的。农村土地私有化，造成了印度34%的无地农民，就跟新中国成立前造成了37%的贫雇农相似。印度7亿农民人口中的34%，就有2亿多无地农民，他们干什么呢？每当农村里有点灾害的时候，他们就拖家带口进城了，进城就是进贫民窟。城里土地也是私有的，所有的贫民窟都搭建在公有土地上，就是铁路边、公路边、河道边、公园边等这些地方。于是，你想搞基础设施建设——修条铁路搞双轨，就得拆棚子，一拆就是上百万人闹事！

事实上，国外的很多问题，正是由于其土地政策和住房政策引起的，只是由于这些国家人口规模小，使问题呈现的速度不是那么快、程度不是那么重罢了；而在中国，由于人口总量大，经济增长被压缩在一个非常短的时段内，所以问题会更快、更典型地呈现出来。印度和中国相似，土地私有化造成的问题就呈现得比较突出。因此，中国虽然有私有化的倾向，但是在法律上仍然是公有制，所以一定程度地缓解了这个问题的爆发，但是如果在操作层面继续模糊下去，问题仍然会呈现出来，所以需要提前应对，更加明确地坚持土地的公有制性质。近来，有关文件对这个问题的再明确有助于避免相关问题的发生。

德国等很多国家的住房租住的比例是很高的，同时它采取了很多措施来为租住提供便利和确保房租不会随意或快速上涨。但是，这些都不是根本措施，只有企业化租赁才是住房市场健康发展的根本措施。

至于习惯，那是可以改变的，比如改革开放前，城市里的绝大多数干部、知识分子和工人，基本都没有属于自己产权的住房，那时只要有适当的房住就行了，大家并没有觉得这些房子的产权一定要是自己的。同样，只要越来越多的人可以简单方便地从住房企业那里租住到性价比高且与自己收入相适应的住房，就没有人会对这些住房的产权是不是自己的再那么在意。在这种情况下，困扰年轻人结婚的住房问题也将不复存在，"丈母娘"也不用纠结和背黑锅了。

对于房地产企业来说，主要是要改变赚快钱的思维。过去，房地产企业的进入门槛太低，把几乎所有的风险都转嫁给了银行和购房者，这是十分不合理的，也是造成炒房和住房生产过剩的重要原因。

房地产企业只要想一想酒店，就能想通企业化租赁住房资本要求大、成本回收慢的问题。酒店的资本要求也很大，成本回收也很慢，为什么就可以做呢？

有人说酒店的房费高，住房的房租太低。其实酒店的成本大多是人工成本，住房所需要的人工会大大减少，所以成本也会下降很多；而且酒店是流动性和起伏性很高的客源，大部分时间入住率都不是很高，并且明显随季节而大幅的起伏，住房则不同，人们是长期居住的，入住率高、随季节起伏不大，宣传与营销费用会极大降低。

企业出租住房与经营酒店相比，有一个共同的好处，就是有大量而稳定的现金流，虽然不是一锤子买卖可以赚到很多钱，但是可以细水长流，避免大进大出、大起大落。

正如人民日报 2015 年 5 月 23 日社论指出："居者有其屋"并不等于"居者有产权"。要从财税、金融、户籍等方面改变"重售轻租"的现状，让租房者住着舒心、出租者租着省心，才能有效激活房屋租赁市场，让租房成为推进新型城镇化和房地产去库存的有效途径。作为政府，土地拍租的租金应该改为按年、半年甚至按月收取，同时要削减附加在房屋上的各种税费，以降低企业的成本，保证普通人能租得起，同时企业也有不低于当地主流水平的合理利润。

如何看懂中国经济？

不过租房的意义远不止于推进新型城镇化和房地产去库存，实际上是房地产的革命，也是人类居住制度的革命，对实现个人自由、经济稳定、社会发展都具有基础性、根本性的重大意义，这种革命对促进经济发展的作用绝不会小于工业革命！

正如马光远所说："对于一个经济体而言，如果其大多数资源集中在房地产和股市等虚拟领域，则意味着关系国计民生的实体产业和高新技术领域的资源将逐步萎缩，最终经济将呈现'空心化'，整个经济体将演化成一个只追逐财富分配，而不创造财富的'传销化'体系。对于中国经济而言，当前最大的危险即在于此。而大家之所以如此，无非是因为做实业的环境太差，做实业赚不了钱，做房地产和搞资本运作实在太爽。当然，这错不在企业家，在房地产暴利存在的情况下，企业家是很难安心做实业的。"

而住房租赁化，不但能从根本上有效解决这个问题，还能消除产生经济危机的最主要泡沫源。

第三章 为什么农村土地实行承包权与经营权分离

● **政策述要**

"十三五"规划建议指出：

稳定农村土地承包关系，完善土地所有权、承包权、经营权分置办法，依法推进土地经营权有序流转，构建培育新型农业经营主体的政策体系。培养新型职业农民。深化农村土地制度改革。完善农村集体产权权能。深化农村金融改革，完善农业保险制度。

"十三五"规划纲要提出：

稳定农村土地承包关系，完善土地所有权、承包权、经营权分置办法，依法推进土地经营权有序流转，通过代耕代种、联耕联种、土地托管、股份合作等方式，推动实现多种形式的农业适度规模经营。

2016年4月，习近平在小岗村座谈会上指出：

新形势下深化农村改革，主线仍然是处理好农民和土地的关系。最大的政策，就是必须坚持和完善农村基本经营制度，坚持农村土地集体所有，坚持家庭经营基础性地位，坚持稳定土地承包关系。要抓紧落实土地承包经营权登记制度，真正让农民吃上"定心丸"。

完善农村基本经营制度，要顺应农民保留土地承包权、流转土地经营权的意愿，把农民土地承包经营权分为承包权和经营权，实现承包权和经营权分置并行。这是农村改革又一次重大制度创新。放活土地经营权，推

如何看懂中国经济？

动土地经营权有序流转，政策性很强，要把握好流转、集中、规模经营的度，要与城镇化进程和农村劳动力转移规模相适应，与农业科技进步和生产手段改进程度相适应，与农业社会化服务水平提高相适应。要尊重农民意愿和维护农民权益，把选择权交给农民，由农民选择而不是代替农民选择，可以示范和引导，但不搞强迫命令、不刮风、不一刀切。不管怎么改，都不能把农村土地集体所有制改垮了，不能把耕地改少了，不能把粮食生产能力改弱了，不能把农民利益损害了。

深化农村改革需要多要素联动。要在坚持和完善农村基本经营制度的同时，着力推进农村集体资产确权到户和股份合作制改革，加快构建新型农业经营体系，推进供销合作社综合改革，健全农业支持保护制度，促进农业转移人口有序实现市民化，健全城乡发展一体化体制机制。

《关于完善农村土地所有权承包权经营权分置办法的意见》指出：

现阶段深化农村土地制度改革，顺应农民保留土地承包权、流转土地经营权的意愿，将土地承包经营权分为承包权和经营权，实行所有权、承包权、经营权分置并行，是继家庭联产承包责任制后农村改革的又一大制度创新。

十九大报告提出：

巩固和完善农村基本经营制度，深化农村土地制度改革，完善承包地"三权"分置制度。保持土地承包关系稳定并长久不变，第二轮土地承包到期后再延长三十年。深化农村集体产权制度改革，保障农民财产权益，壮大集体经济。确保国家粮食安全，把中国人的饭碗牢牢端在自己手中。构建现代农业产业体系、生产体系、经营体系，完善农业支持保护制度，发展多种形式适度规模经营，培育新型农业经营主体，健全农业社会化服务体系，实现小农户和现代农业发展有机衔接。

●提出问题

中国农村的土地是集体所有的土地，为了提高人们生产的积极性，十一届三中全会后，实行了包产到户。下一步，要逐步探索推行承包权与经营权分离，即农民承包的土地，其经营权可转让给企业或他人，那么承包权为什么要与经营权分离，分离后的承包权实质是什么呢？

第三章　为什么农村土地实行承包权与经营权分离

◉ 经济原理

农民的集体土地，本质是国家规划并授权给在某一行政区域内的人们及其由于姻亲迁入、血缘出生（及领养的子女），在一定时期内分享或继承的土地。进行集体土地授权的主要目的是为了解决这些人口的生存和保障问题，等到对所有农民实行统筹普惠式产品化社会保障后，就变成和所有人一样的平等公民，这时就可以取消国家向生产队等集体的土地分配授权，而改为国家向农业企业拍租土地，从而完成所有土地的国有化和租赁化，并实现农业的现代化。同时，过去农业户口吃亏和现在农业户口更占便宜的问题也将不存在，真正实现所有户口的人口一律平等。

◉ 原理解读

第一，本章内容所涉及的经济原理是建立在前两章有关原理基础之上的，因此要结合前两章的原理和本章的原理一起来理解。关于农业用地这段论述虽然不长，但是加上前面两章关于资源和土地的论述，能很好地解释农业用地的性质与将来发展的方向问题。

第二，土地的性质特点决定了它的两权，即所有权和经营权（或使用权）必须分离。土地的所有权属于国家，土地生命的永恒性决定了它的所有权是不能买卖的，虽然它可以阶段性地指定给特定的组织，如农村的村集体，但是本质上还是国家所有的，集体只是阶段性的代行所有权。事实上，土地的集体所有权并不是天然具有的，而是后来中国的政策和法律赋予的。

将土地的所有权私有化给个人，会产生诸多不可克服的矛盾，并且最终必然出现政治问题，无论采用哪种政治体制——不管是资本主义的多党制，还是共产主义政党领导下的政治协商制。因此，土地的所有权必须属于国家（实质上是属于全民，政府只是代行管理权力），而经营权或使用权是可以分期让渡的——即免费授予或有偿拍租。

土地的经营权，是指土地用于生产活动的权利，比如农村的农业用地

如何看懂中国经济？

用于种植、养殖等，城市用地用于工业、商业等。土地的使用权，是指土地用于个人消费的权利，如农村的宅基地用于农村人口的居住消费，城市的住宅用地用于城市人口的居住消费。经营权和使用权一开始是混合的，随着经济社会的发展，会出现分离。比如，农村的宅基地上建起的庭院，既用于消费，即居住，也用于经营，如农产品的晾晒、贮存等。农家乐，是比较典型的土地的经营权与使用权混用，家庭手工产品用于销售，也是土地的经营权与使用权混用的一种形式。后来，一方面，由于商业区土地成本比住宅高，人们一般不在商业区居住；另一方面，居住区的生产经营活动会影响人们生活和休息而限制或禁止在居住区从事经营活动，于是土地的经营权与使用权实际上开始出现了分离，甚至互不兼容——二者只能选择其一，用作经营，就不能用作使用。

第三，中国农村的土地，新中国成立初期是通过土改分配给个人或家庭的，后来才收归集体。收归集体后，由于不利于发挥农民的生产积极性，农产品产出水平下降，才进行土地经营权承包，但是这种生产方式随着科技和经济的发展，产生了局限性，即耕作难以改进，只能停留在比较原始的水平上，劳动强度大，农民收入增长困难，特别是无法与国外的农产品竞争。为了解决这些问题，于是提出承包权与经营权分离。

承包权和经营权其实是一种权利，只是因为他是定向给予该区域土地上出生、收养或姻亲人口，所以才成为了一种比较特殊的权利。分离后的承包权其实就是一种获得相应土地经营权的特权，而分离出来的可转让的经营权就是一般的经营权。为什么要这么做呢？是因为农业发展水平比较弱，农村的社会保障和公共产品供应水平比较低，为了保证或提高农民收入，因此采用了一种过渡性办法。这种办法可以有效避免类似英国等资本主义国家初期农地流转中羊吃人的悲剧，有利于保护农业人口的利益，有利于降低可能造成的社会不稳定，同时也体现了社会主义国家和共产党以人为本的性质特点。

第四，土地的集体所有权，其实是国家以政策和法律的形式，在一定时期内把一定的土地划给一定的组织——一般是村，然后再由该组织的人以承包的形式经营管理和使用。在取消农业税以前，因为要交税，可以说是承包，取消农业税后，虽然名义上还延用承包的说法，但实际上已经变成了对土地这种资源的定向定期赋予经营权。因为作为集体的村，并不会从个人经营收益中获得所有权收益，所以集体其实是名义的所有者，而国家是实际所有权者（代行全民所有权）。此时，国家也没有获得收益是因为农民收入比较低，政府暂时放弃了土地所有权收益，当农业规模化经营且农业科技发展水平较高，使农业行业的收入水平较高时，也有可能向农业或农民收税。

进一步讲，土地是政府分配给农民的生产资料，让其通过生产经营既为城市人口提供食品又用来养活自己，但这些生产资料并不是农民自己的，而只是让其用来生产经营。换句话说，这时农民的承包权，实际是定向分配得到的经营权。而承包权与经营权分离，实际上是允许农民转移自己分配到的经营权，借以弥补其社会保障缺失或保障水平低于城市人口问题。

农村土地的集体所有权，其实是国家赋予的不完全所有权，因为集体并没有土地的处置权，也没有土地的收益权，这些权力实际上仍然属于国家，国家授予其什么权利，集体就可以行使什么权利，国家没有授予其的权利，集体是不能行使的。同样，农民对土地的处置权，也是由国家规定的。比如，经营权的流转，之前农民是没有这个权利的，新的政策出台后，农民就拥有并可以行使这个权利了。

第五，随着农村社会保障的均等化，公共产品供应水平及农业和农民收入水平的提高，承包权是可能而且应该取消的。当农村人口的社会保障和城市人口一样，从新生代的农村人口开始，就可以收回土地的集体所有权，也不再给农村人口分配土地经营权（承包权），改为直接向企业分期拍卖经营权，拍卖收入全部进入国家财政——农业企业由向农民支付土地承包费（实为经营权转让费），改为向国家交土地租赁费；土地租赁收入由特定的农民独享改为由全民共享。为什么只能从新生代农村人口开始呢？因为年纪大的农村人口由于知识水平低，没有别的技能，又没有较强的学习能力，所以还需要通过赋予其土地承包权来保障其有一定的收益。

也就是说，此时所有的土地资源的所有权将统一，经营权或使用权的出让方式也将统一，全民将可同享农业土地经营权或使用权出让收益，曾经农业人口吃亏和现在农业人口占便宜的问题也将不复存在。

● **常见看法**

一、农业用地是农村人口自己的土地，应该由他们自己处置和继承。
二、农业用地转为城市用地，收入应归农民或全部归农民。

● **认识更新**

无论最初的部落，还是后来的国家，土地都是整个集体共有的土地，然后再以一定的方式分配给家庭或个人。

在奴隶社会和封建社会，最主要的方式就是皇帝以土地的名义所有者身份向王公大臣们分封土地，他们又再将土地分配给自己的子女；也有一些是直接分配给普通家庭或个人耕种，如井田制；或直接分配给家庭或个人，如均田制。在这种土地分配的基础上，又出现了土地的买卖。为什么皇帝只是名义上的全国土地的所有者呢？我们知道，有一句话叫"普天之下，莫非王土；率土之滨，莫非王臣"。同时，皇帝如果"无道"，人们就有权把他推翻，夏朝被商朝推翻，商朝被周朝推翻，秦朝被汉朝推翻，都是这个原因。这就表明，皇帝的实际身份是国家的管理者而不是所有者。因为皇帝把国家管理得好了，就能保持管理合法性，可以继续管；管理得不好了，就失去了合法性，就可以名正言顺地被武力赶下台，土地就成为别人的了。如果皇帝真是土地的所有者，那么他是不会因为管理上"无道"而失去土地的所有权的——最多只应该失去国家的管理权。因此，皇帝的土地所有权，其实只是为了便于管理而给予其的名义所有权，就像我们现在说土地是国有土地或政府土地一样，实际上国家或政府只是代行所有权，真正的所有权属于过去、现在和将来所有国民。

也就是说，由于土地的所有权具有不可私有化的性质，所以现实中各种形式的土地所有权转让，实际上都只是名义上的所有权转让，真正转让的是一定期限的经营权或使用权；另外，赋予地方或集体的所有权，也是名义的所有权，这种所有权是可以根据经济或形势的发展变化而变更或撤销的——由此产生的利益损失，可以进行一定的补偿，但不是交易。

中华人民共和国成立前后实行"耕者有其田"的土地改革，实际上就是将农业用地分配给农村人口经营和使用；后来收归集体所有，就是把不同区域的农业用地的名义所有权赋予不同的村级集体。

农民从来就没有天生拥有土地的所有权，而只是有土地的经营或使用权——如果是自己土地，农民为什么还要向地主交地租？土地作为全民所有的自然资源，怎么赋权给农民，都是为了更好地适应生产的需要，促进经济社会稳定发展和提高人们生活水平。

"不管怎么改，都不能把农村土地集体所有制改垮了，不能把耕地改少了，不能把粮食生产能力改弱了，不能把农民利益损害了。"实际上就是说，农村土地不能被私有化，耕地18亿亩的红线不能突破，农业改革的根本目的是提高农产品的生产能力和生产水平，在这个过程中农民收入只能提高，不能下降。

农业用地转为城市用地后，给被征地农民补偿，是因为他们没有社会保障，又不一定能及时找到工作，这种补偿并不是对他们拥有土地所有权的补偿，而是对他们失去土地经营权或使用权后又没有社会保障的补偿，如果建立了全国统一均等的社会保障体系，那么对新出生的农村人口，就不需要再进行补偿了。

国土资源部、国家发展改革委、公安部、人力资源社会保障部、住房城乡建设部联合出台了《关于建立城镇建设用地增加规模同吸纳农业转移人口落户数量挂钩机制的实施意见》指出："现阶段不得以退出农民土地承包权、宅基地使用权、集体收益分配权作为农民进城落户的条件；充分尊重农民意愿，切实维护进城落户农民土地承包权、宅基地使用权、集体收益分配权，保障其合法权益。"其"现阶段"一词也透露出这一政策是阶段性和策略性的，而不是最终政策。《全国农业现代化规划（2016—2020年）》说得更为明确："在有条件的地方稳妥推进进城落户农民土地承包权有偿退出试点。健全县乡农村经营管理体系，加强土地流转和规模经营的管理服务。"

在这之后，"拆二代"、拆迁暴力等问题就可以根本避免了——只对土地上的建筑成本进行补偿。"拆二代"的收入是后来的商户或住户支付的，实际上提高了后者的经营成本和消费品购买价格。

如何看懂中国经济?

土地承包权与经营权分离并不是目的,实现农业生产力升级,即农业的现代化才是目的。因为正如《全国农业现代化规划(2016—2020年)》所说:"农业的根本出路在于现代化,农业现代化是国家现代化的基础和支撑。没有农业现代化,国家现代化是不完整、不全面、不牢固的。"

第四章 为什么让市场配置资源又强调政府的作用

● **政策述要**

十八届三中全会审议通过的《中共中央关于全面深化改革若干重大问题的决定》指出：

经济体制改革是全面深化改革的重点，核心问题是处理好政府和市场的关系，使市场在资源配置中起决定性作用和更好发挥政府作用。市场决定资源配置是市场经济的一般规律，健全社会主义市场经济体制必须遵循这条规律，着力解决市场体系不完善、政府干预过多和监管不到位问题。

2014年5月，习近平在中共中央政治局第十五次集体学习时指出：

使市场在资源配置中起决定性作用、更好发挥政府作用，既是一个重大理论命题，又是一个重大实践命题。科学认识这一命题，准确把握其内涵，对全面深化改革、推动社会主义市场经济健康有序发展具有重大意义。在市场作用和政府作用的问题上，要讲辩证法、两点论，"看不见的手"和"看得见的手"都要用好，努力形成市场作用和政府作用有机统一、相互补充、相互协调、相互促进的格局，推动经济社会持续健康发展。

我们要坚持社会主义市场经济改革方向，从广度和深度上推进市场化改革，减少政府对资源的直接配置，减少政府对微观经济活动的直接干预，加快建设统一开放、竞争有序的市场体系，建立公平开放透明的市场规则，把市场机制能有效调节的经济活动交给市场，把政府不该管的事交给市场，

如何看懂中国经济？

　　让市场在所有能够发挥作用的领域都充分发挥作用，推动资源配置实现效益最大化和效率最优化，让企业和个人有更多活力和更大空间去发展经济、创造财富。

　　科学的宏观调控，有效的政府治理，是发挥社会主义市场经济体制优势的内在要求。更好发挥政府作用，就要切实转变政府职能，深化行政体制改革，创新行政管理方式，健全宏观调控体系，加强市场活动监管，加强和优化公共服务，促进社会公平正义和社会稳定，促进共同富裕。各级政府一定要严格依法行政，切实履行职责，该管的事一定要管好、管到位，该放的权一定要放足、放到位，坚决克服政府职能错位、越位、缺位现象。

　　"十三五"规划建议和规划纲要指出：

　　必须按照完善和发展中国特色社会主义制度、推进国家治理体系和治理能力现代化的总目标，健全使市场在资源配置中起决定性作用和更好发挥政府作用的制度体系，以经济体制改革为重点，加快完善各方面体制机制，破除一切不利于科学发展的体制机制障碍，为发展提供持续动力。

　　《关于创新政府配置资源方式的指导意见》指出：

　　创新政府配置资源方式，要发挥市场在资源配置中的决定性作用和更好发挥政府作用，大幅减少政府对资源的直接配置，更多引入市场机制和市场化手段，提高资源配置效率和效益。

　　对金融类和非金融类经营性国有资产，要建立健全以管资本为主的国有资产管理体制，优化国有资本布局。对用于实施公共管理和提供公共服务目的的非经营性国有资产，要坚持公平配置原则，引入竞争机制提高配置效率，提高基本公共服务可及性、公平性。

　　十九大报告指出：

　　必须坚持和完善我国社会主义基本经济制度和分配制度，毫不动摇巩固和发展公有制经济，毫不动摇鼓励、支持、引导非公有制经济发展，使市场在资源配置中起决定性作用，更好发挥政府作用。

● **提出问题**

　　市场是如何配置资源的，为什么要使市场在资源配置中起决定性作用？

第四章　为什么让市场配置资源又强调政府的作用

政府在经济建设中的作用是什么，如何更好发挥政府作用？政府和市场是什么关系，如何协调二者的关系？

◉ 经济原理

一

在市场经济中，劳动围绕"主流薪酬水平"在不同行业、企业或区域中流动；资本围绕"主流收益水平"在不同行业、区域或企业中流动；企业围绕"主流利润水平"在不同的产品中流动（创立、关闭，或进入、退出）；客户围绕"产品的性价比+自身购买成本"（购买成本与效用比）在不同的品牌、区域市场或不同形态的市场中流动。其中，企业包括消费性物质、文化、服务产品个体生产者，如个体手工业者、个体商贩、独立作家、独立艺人、独立律师等，以及以销售为目的进行研发的独立学者，如自然科学研究者、经济学研究者、人体科学研究者、心理科学研究者等。

主流不是平均，主流是一个统计学的概念，而平均是一个数学的概念。主流薪酬水平，是劳动者普遍接受的全部最低劳动报酬水平，在自然平衡的不成熟市场经济体制下，福利、保险、股票激励等实际上也属于薪酬。主流薪酬水平分为全国总体主流薪酬水平、行业主流薪酬水平和地区主流薪酬水平。行业或地区主流薪酬水平低于全国总体主流薪酬水平时，劳动就会向主流薪酬水平高的行业或地区流动。

主流收益水平是一个国家或地区的投资者在本国家或地区投资普遍接受的收益水平的底线，低于这个底线人们就认为这样的投资是不划算或不成功的。主流收益水平也分为全国总体主流收益水平、行业主流收益水平和地区主流收益水平。行业或地区主流收益水平低于全国总体主流收益水平时，资本就会向主流收益水平高的行业或地区流动。

主流利润水平，是企业进行某产品生产提供时普遍接受的不包括管理者和非管理者劳动薪酬的除分摊到当期的一切成本（费用）后的净利润。也就是说，主流利润由两项利润构成：一是管理者和非管理者的劳动薪酬，二是资本的收益。它是当期的销售收入减去分摊到当期的一切成本费用后得到的。这些费用包括，当期的房屋或土地租金（若是自购、自有、免费

如何看懂中国经济？

或政策性优惠的房屋土地，也要按当期同地段市价租金进行扣除）、水电费、原材料成本、设备折旧费、纳税、各种行政事业性收费（如果有的话）、差旅费、公关费、广告费、各类罚款（如果有的话）、赞助费或捐款（如果有的话），等等。主流利润水平也分为全国、行业和地区三种指标，也遵循低的行业、地区向高的行业、地区流动的规律。

主流薪酬水平、主流收益水平和主流利润水平都是一个动态指标，不同时段的水平往往是不同的。一般来说，它们会随着科技的发展而不断提高。另外，如果是开放市场，那么这种流动就会延伸到开放国家之间。

为什么劳动者、投资者和企业是以主流而不是最大薪酬、收益和利润为底线流动呢？原因有三个：一是最大薪酬、收益和利润水平是小比例和小概率事件，能容纳的人数极为有限，都达到最大薪酬、收益和利润没有现实可能性；二是在主流薪酬、收益和利润水平以上即意味着不落后，有安全感，也能得到外部的尊重和认可；三是未知的机会损失风险，使劳动者、投资者和企业的薪酬、收益和利润在主流水平以上时，不敢轻易进行转向、跳槽或转行，因为搞不好他们的最终薪酬、收益或利润有可能反而更低。

为什么劳动者、投资者和企业是以主流而不是零或者以下的薪酬、收益或利润为底线流动呢？原因有两个：一是因为劳动者、投资者和企业的薪酬、收益和利润低于主流水平后，劳动者、投资者就觉得自己落后了、没有面子，影响自尊心使其处于不安分状态，企业管理者则处于不被信任状态；二是劳动者、投资者和企业的薪酬、收益或利润低于主流水平后，就已经开始影响人们的生存或生存健康，尤其是劳动者。因此，有很多劳动者、投资者和企业不会等到零或者以下的薪酬、收益或利润才开始流动，而是薪酬、收益或利润低于主流水平时就开始跳槽、转投或转行，那些等到薪酬、收益或利润到了零或以下水平才流动的劳动者、投资者和企业，要么是后知后觉者，要么对企业的未来还有信心，要么就是因有其他特殊的原因。

主流薪酬、收益和利润水平都有可能比较低，造成比较低的原因主要是市场建设的方法不正确或不完善，市场水平比较低。此时，社会贫富差距较大，社会不稳定，容易发生抗议、游行、罢工或社会冲突对抗。主流薪酬、收益和利润水平过低还有一种原因是科技发展水平低造成的，如果内外部都低则影响不大，比如工业革命以前；如果只是内部低但外部高，就会影响社会稳定，出现移民偷渡等问题。

但是某些特殊的情况下，一些主体的行为也可能或暂时可能出现例外。对劳动者来说，在没有社会保障制度或社会保障制度不健全的情况下，一些劳动者为了个人或家庭的生存，通常会接受低于主流水平的劳动薪酬；还有的劳动者做兼职，也可能接受兼职行业的薪酬水平低于主流水平。对投资者来说，如果投资者预期被投资企业将来收益可以回升到主流水平上时，可能接受一定时期内的收益低于主流收益水平；以投资之名行投机之实者，也可能接受被投资企业的收益低于主流收益水平，因为这些人并不是通过企业的投资收益赚钱。对企业来说，在创立初期或生产出新产品时，由于产品不为消费者所知，还在推广产品或培育新产品市场，企业都会接受利润水平低于主流利润水平；经济危机、事故灾害等外部原因出现时，企业也可能暂时接受利润水平低于主流利润水平。非全职的个体经营者，如农民或工人利用空余时间做些小生意（如流动摊贩，兼职工匠），也可能接受低于主流利润水平的利润，这时个体经营者的利润同时包含劳动薪酬、资本收益的两项。

不过，这些特殊情况并不改变各种主体的总体行为规律。另外，以上主体的行为并不单纯由直接收入水平决定，还受到很多其他因素影响或决定。劳动者的流动除了由主流薪酬水平决定，还受个人知识技能、跳槽成本、家庭因素、用人单位的非能力门槛等因素影响；资本的流动除了由主流收益水平决定，还受投资转移成本、其他行业或地区设置的进入门槛等因素制约；企业的开关进退除了由主流利润水平决定，还受技术门槛、资本门槛、劳动门槛、企业转行或迁移成本、税收水平、行政门槛和效率等因素影响。但是，这些影响因素，要么总体上仍然服从于主流收入水平，要么是非市场因素，所以主流收入水平才是决定这些主体行为的根本因素。

客户包括个人、企业、事业单位、政府和其他社会组织等购买主体。"产品的性价比+自身购买成本"，实际上就是购买成本与效用比，简称成本效用比。成本效用比包括性价比，但不等于性价比。其中，性价比，只指功能、质量、安全都合格的产品，不合格的产品不适用本规律，也不纳入考虑。效用就是质量、性能或效果。成本，就是客户自身购买成本，是

如何看懂中国经济？

指每个个体的客户进行所需的产品购买过程中自己单独付出的成本，包括交通、通信费用等硬成本，时间、劳动、精力等软成本，以及为此而影响其他工作、做出更多更好的产品或赚到更多收入的机会成本等。客户选择便利店、超市或网络市场，都是从成效比因素考虑的，不同情况下会有不同选择。如果要上班或做别的事，来不及，就上便利店；如果有时间，要价格便宜就上超市；如果不急用，希望价格更低就在网络市场购买。但是，个人在非理性或由于不合法、不公平等原因收入来得太快太多时，企业、事业单位、政府和其他社会组织存在腐败等问题时，可能违背此规律。

同样，客户的行为也不是只受利益因素决定，情感（如民族情感，个人对某企业产品的情感印象等）、法规（如武器禁运、意识形态等原因造成的产品禁运、公车购买规定、弱势国内产品保护规定等）及其他因素也会影响客户的购买行为，但这些是非主流或非市场影响因素。由此可见，"看不见的手"是可以被看见的，当"看不见的手"被看见后，可以发现，它原来并不是"手"，而是"追求利益的脚"，他们分别围绕主流薪酬、主流收益、主流利润或成本效用比，在不同的企业、行业、区域或市场中流动。这些"脚"概括起来包括四类，他们分别来自企业劳动者、企业投资者、企业管理者和产品需求者，是他们分别控制着劳动、资本、企业和客户在不同企业、行业、区域或市场中流动。对劳动者、投资者和企业来说，哪个企业、行业或地方收益高于主流收入水平，他们就奔向哪里；哪个企业、行业或地方收入低于主流收入水平，他们就从哪里流出。对客户来说，哪个地方或通过哪种方式获得原料、设备或消费品直接支付的成本与机会成本之和更低，他们就奔向哪里或采用哪种方式；哪个地方或通过哪种方式获得原料、设备或消费品直接支付的成本与机会成本之和更高，他们就离开哪里或放弃哪种方式。在市场经济发展之初，投资者和管理者常常重合，即是相同的人，但随着市场经济的不断发展，特别是随着职业经理人和股份制的出现和发展，二者的分离会越来越明显。

劳动者、投资者、企业和客户"脚步"的运动都是科技发展带来的，因为新科技在不同企业运用与否或运用先后的不同，会使不同劳动者的薪酬水平、投资者的收益水平、企业的利润水平和客户的支出水平出现或将出现不同，出于自身利益最大化考虑，这些主体会依据上述规律流动。

二

公共管理之所以产生，是因为人类是群体性生物，为了实现某一群体的生存、发展，或解决群体生活中出现的矛盾和问题，必须要有专门的人员对这些公共事务进行决策，拿出可行的办法措施，并执行落实这些办法措施，以实现该集体成员的共同愿望和目标。

具体地讲，公共管理是为了让某一由人组成的集体实现某种目标而授权管理者对集体部分或全部内外部事务进行决策及对决策执行的活动。决策本质是一种服务，是在生产集体成员所需的公共产品。但是，通常所说的公共管理的集体是家庭或家族以外的集体，所处理的事务，也是家庭或家族成员内部事务之外的事务，即陌生人（非亲属）之间的共同事务，主要包括企业（事业单位）管理、行业管理、国家管理、世界管理等。

公共管理是影响和决定第一生产力的生产力，不直接生产内容性价值，但是影响和决定内容性价值生产能力的发挥和发展。内容性价值，就是资源的价值、科技的价值、资源与科技结合的产品价值，其中产品既包括人们直接消费的各种物质、文化、服务等消费品，也包括总结发现的各种自然科学理论、发明创造的各种生产工具等非消费品。体育、舞蹈、音乐、绘画、书法、小说、戏曲、影视等文化产品，本质上都是与人身心相关的自然科学知识影响和决定的产品，都属于内容性产品。公共管理的价值是非内容性价值，即它的价值既不是资源的价值，也不是科技的价值，或资源与科技结合产生的产品价值，而是一种与内容性价值性质完全不同的价值。

公共管理的价值分为两种类型：一种是促进正价值生产的价值，另一种是防控负价值生成的价值。对于企业管理来说，促进正价值生产的价值，就是通过分工或调整分工、制定与调整激励或惩戒方案、引入更好的生产要素或改进生产要素，提高本企业内容性价值（产品）生产的速度、质量，或促进既有产品的升级与新产品的发明创造而多生产或新生产的内容性价值；防控负价值生成，就是用以上方法降低产品不合格率或避免不合格产品流入市场，防止出现生产事故等而减少或避免内容性价值损失的价值。对国家管理来说，促进正价值生产的价值，就是通过社会保障体系和公共产品供应体系的建设、改进与维护，促进个人或企业更好地进行各种产品的生产与创新所产生的价值；防控负价值生成，就是通过社会保障体系和公共产品供应体系的建设、改进与维护，减少或避免境内个人、企业、组织，境外人员、企业、组织、国家给本国和国内民众造成负价值，或境内个人、企业、组织给境外国家和民众造成负价值。其中，负价值不包括因为公平合法竞争给其他个人或企业造成的价值损失。

可见，公共管理的价值必须借助或通过内容性价值来实现和体现。由于公共管理不直接生产内容性正价值，尤其是政府管理，相对企业管理离内容性价值生产较远，于是就有人认为政府管理不产生价值。但实际上，任何公共管理都会产生价值，无论是企业管理还是政府管理。而且越是远离内容性价值生产的管理，其管理价值越大，对内容性价值生产的影响越大。管理产生的价值是一种对内容性价值生产起放大作用的价值，其价值十分细微的变化，对内容性价值的生产都会产生极大的影响，使内容性价值的生产产生巨大的变化。相对于企业管理对内容性价值的放大作用，政府管理的放大作用要大得多得多，因为一个企业的管理只影响一个企业内容性价值的生产，而政府的管理影响的是所有企业和事业单位内容性价值的生产；同时政府管理对内容性价值和价值生产起保护作用，这种保护可以起到保障内容性价值生产和避免内容性价值损失的作用，这种价值也是十分巨大的。

政府有狭义与广义之分。狭义的政府是国家的行政机构。广义的政府，是指一切为国家公共事务服务的合法组织机构及代表组织机构行使职能的个人。其中，组织包括执政党、民主党（相对领导和执政的共产主义政党而言）、在野党等政治组织，以及工会、共青团、妇联、民族工作委员会、宗教协会等非党的社会事务管理辅助组织。机构包括议政（如政协或议院）、决策（政治局、总统、总理）、审查（人大会、立法会）、行政（国务院、总统府、内阁府及其部委）、司法（公安或警务、检察、法院、监狱）。在资本主义国家议政与审查（即立法）通常是合并的，决策不是执政党与其他政党和社会组织政治协商的基础上民主决策，而是执政党及其总统或总理独裁决策（含借助私人或政府机构的官方智囊）。

三

公共管理的内容就是某一集体需要管理的公共事务。公共管理的内容，

第四章 为什么让市场配置资源又强调政府的作用

从性质上，分为正价值促进与负价值防控；从空间上，分为内部管理与外部管理；从时点上，分为预调与纠治。

不同的集体，公共管理的具体内容和内容项目的数量是不同的，其具体内容和内容项目的多少，主要由集体本身的性质与其所从事的事务有关。

企业，是以分配收入为目的，进行内容性产品生产的单位。即，通过某一种或多种内容性产品的生产销售，最大限度地增加劳动者与投资者的收入。其管理正价值促进主要是促进内容性产品更多更好地生产和销售，收入更公平更合理地分配。

事业单位是以内容性产品生产为目的组建的社会公益型单位。即，通过包括分配在内的一系列激励方案，价值最大化地生产和向社会提供产品。其管理正价值促进，主要是促进内容性产品更多更好地生产、经费更公平更合理地分配、人员获得更好更公平的成就激励。

政府是以促进企业和事业单位更好地生产，以使民众更大受益的公益型组织和机构。即，通过建设维护社会保障体系、组织和进行公共产品生产供应，促进企业和事业单位更多更好地生产，实现国家和民众总体利益最大化，并保护这些生产单位的正常生产和民众的财富免受损失。其管理正价值促进，主要是建立、维护和优化企事业单位生产产品的社会保障体系，建立、维护和优化企事业单位生产的那部分公共产品的供应体系，组织和优化自产的那部分公共产品的生产供应（如信用货币发行、法律制定与维护、社会安全秩序维护、国家利益保护等）。

不同行业的企业或事业单位，其内容性产品是不同的，各自管理促进生产的内容性产品也是不同的，而且内容性产品的项目往往很有限，一般为一项或几项。如，钢铁生产企业的管理主要是促进钢铁生产，汽车生产企业的管理主要是促进汽车生产，工程建设企业的管理主要是促进工程建设，影视制作企业的管理主要是促进影视制作，基础教育单位的管理主要是促进基础知识教育，职业教育单位的管理主要是促进本专业知识技能的教育，自然科学研究单位的管理主要是促进本领域自然科学知识的研究。有的企业是企业集团，管理的内容性产品项目可能不止一项。比如，涉足产业链前后端、周边要素，或同时做几个不相关领域。但是，即便如此，相对于政府的全领域管理，也是十分有限的。

如何看懂中国经济?

　　政府虽然是全领域管理,但是与企业或事业单位管理的具体内容是不交叉的,一个是前端管理,管整体生产环境优化,管产业总体规划,管最低质量标准控制,管生产负外部性防控,促进标准接口的统一互换,促进市场的公平开放,促进交通、信息的互联互通,促进行业的协调共同发展,促进人与自然的和谐相处,促进经济的可持续发展;另一个是末端管理,管具体的生产组织与供应。同时,不同制度下,政府管理正价值促进的具体内容有所不同,但相同社会制度下,政府管理正价值促进的具体内容基本相同。到了成熟的社会主义社会,政府管理正价值促进的内容将发展到比较全面的水平,主要有十一项:一是制定调整国土规划,二是建立维护统一透明的公共市场平台,三是规划调整社会保障产品消费,四是规划调整企业生产的公共产品消费,五是规划调整事业单位生产的公共产品消费,六是进行货币发行并调整供应量,七是进行法定劳动时间调整,八是进行公企和事业单位管理者任命与监督,九是组建或投资公企和事业单位,十是建立国家级尊敬激励体系,十一是境外个人或集体正价值言行促进。这些内容只是直接内容,除了这十一项直接内容之外,政府管理正价值促进工作还有目标制定与制度改革两项间接内容。

　　公共管理负价值防控的内容有六项:一是非管理者内部负价值言行的防控。如,防控非管理者工作不负责任、消极怠工、制造内部矛盾、侵占集体财物给本集体造成价值损失。二是管理者负价值言行防控。如,防控负责管理的个人或组织因为决策错误失误、执行方法错误失误、管理者不作为、贪腐或侵占公私财物等给集体造成价值损失。三是本集体成员外部负价值言行的防控。如,防控企业成员谩骂或攻击客户给客户造成伤害或损失,或防控本企业人员用非法手段对待竞争对手给双方造成负面影响、伤害或价值损失。四是生产负外部性防控。如,防控乱排乱放给周边居民造成生产损失或健康危害。五是外部负价值言行防控。如,防控偷盗、抢劫、战争、外星人入侵,防控其他企业或国家的不当或不公平竞争给本企业或本国造成价值损失。六是灾害疾病防控。如,洪灾、旱灾、地震、海啸、流星、传染性疾病等给本集体成员造成健康危害。

　　不同集体,负价值防控的内容虽然是相同的,但是企业和事业单位与政府防控的方法和实现的目标是不同的。前者主要是规避,后者主要是消除，前者只是防止这些负价值不在自己身上发生，后者主要是从根本上避免这些负价值产生，或减少这些负价值对企业和事业单位及全体民众的危害，或降低这些负价值给单位或个人造成的损失。也就是说，企业管理的负价值防控，不能在总体上有效减少负价值，只能一定程度地改变负价值发生的对象；只有政府管理的负价值防控，才可能在总体上有效减少负价值。这就是为什么人们会把一些问题归结为制度问题，并希望通过国家层面的制度改革来减少或避免的原因。

无论正价值促进，还是负价值防控，作为公共管理者的个人或组织都必须按照正义与合法原则来进行，否则就将在道德和法律上出现问题，并可能最终失去管理的合法性和资格。

每一个集体除了进行内部管理，都还要与外部世界打交道，如企业与上下游企业、消费者与政府，政府与其他国家政府、企业、国际组织或个人。因此，每个集体的管理，都包括内部管理和外部管理两部分。

预调就是在问题还没有出现之前，提前进行的正价值促进与负价值防控工作；纠治就是问题出现后，进行的纠正性正价值促进与负价值防控。由于市场经济、企业等的建设理论和方法的发展水平问题，预调和纠治都可能出现误调和误纠问题，相关理论和方法越正确，出现误调误纠的可能性才会越少。

● 原理解读

第一，市场配置资源并不神秘，实际上就是市场的不同主体根据一定的利益原则使自己掌握的资源在不同的企业、行业、地区及市场间流动。这个利益原则就是，劳动围绕"主流薪酬水平"在不同行业、企业或区域中流动；资本围绕"主流收益水平"在不同行业、区域或企业中流动；企业围绕"主流利润水平"在不同的产品中流动（创立、关闭，或进入、退出）；客户围绕"产品的性价比＋自身购买成本"（购买成本与效用比）在不同的品牌、区域市场或不同形态的市场中流动。

搞清了市场配置资源的规律，就能避免做出违背规律的事，又能正确地利用这个规律来促进经济稳定均衡发展，使人们不再面对市场规律螳臂当车或束手无策。就像在万有引力发现前，人们不懂得地月之间的运行规律，想去月球，要么被摔死，要么上不去，但是掌握这个规律后，登月就慢慢变成现实。同样，当人们掌握市场配置资源的规律后，也会最终找到实现经济稳定均衡发展的方法，并最终实现这样的目标。

第二，政府管理是必不可少的，政府管理工作的核心是促进经济发展。有人群的地方就有社会，有社会的地方就有管理。政府管理是一种最全面、最系统的社会管理。政府管理工作的核心是促进经济发展，但是政府并不是发展经济的主体，企业以及个体经营者，才是发展经济的主体，政府、事业单位都是为企业等经济发展主体服务的。也就是说，政府无法直接促进经济发展，它只能通过为企业的发展创造更好更公平的环境和条件，用企业来推动经济的发展。

第三，政府和企业各有分工，其分工是互补的，不能交叉。企业管理内容性产品的生产，如食物、服装、建筑、道路、武器、旅游服务、文艺音像等，政府一般不管内容性产品的生产，只涉及法律、治安、国防、救助等少量的内容性产品提供，这些产品具有根本工作性质或者是对企业不愿做的事的补充。比如，救助工作企业就不愿意做，因为企业只做能赚钱的事，救助是必要的，但是不赚钱，所以企业不愿意做。

第四，政府除了通过为企业创造发展条件来促进经济发展外，还要对企业可能的负面性进行防控。因为单个的民众是没有能力、没有资源，也没有精力来防控企业的负面性的，因此民众委托政府并允许政府运用法律来强制实现对企业负面性的防控，如对生产假冒伪劣产品、进行虚假宣传、超标排放的企业及其企业主进行处罚。

第五，政府的管理必须适应市场配置资源的方式，并最大化地发挥其资源配置效能。市场配置资源，是通过不同类型的市场主体在不同企业、行业、区域及市场中的流动来实现的，政府不能违背这个规律，为了某种目的，阻止或限制这些主体的流动。比如，不能为了提高民众的收入水平，强行要求企业提高员工工资水平，或不断提高最低工资标准；不能为了保持本地的门市商业繁荣，保住税收和就业，就限制或禁止网络购物。这些都是违背市场配置资源规律的行为。

但这并不是说，政府在市场规律面前就无可作为，只能听任其发展了。政府可以利用这个规律，来实现其好的愿望或目标。比如，政府可以通过健全社会保障，来为人们在不同行业中的流动提供安全保证，当人们能够而且敢于向收入高的行业流动后，收入低的行业就会提高薪酬水平，从而促进民众整体收入水平的提高；健全的社会保障，会提高员工的薪酬议价能力，也有利于提高员工的收入水平。网络购买节省了本地居民的消费开支和购物时间，实际上是间接提高了居民的收入和总购买力，会事实上增加居民的获得感，是发展经济的目的所在；本地企业也可以通过网络扩大市场范围，从而获取更多的收入。虽然网络销售和购物的确可能造成一部分人失业，但是民众的受益要大得多，总体来说对促进经济发展是有积极作用的，而且这一部分人可以通过再学习培训转移到新的行业中去。

◉常见看法

一、市场配置资源的是无形的手，是看不见的，也是不可能被看见的，人们只能像服从上帝一样，无条件地服从市场之手，无须也不能有所作为。

二、政府不管市场就是对市场最好的管理，政府只是市场的守夜人，看好各家的财产不要被偷盗就行了。

◉认识更新

市场配置资源的规律是可以被认识的，也应该被认识。不能因为亚当·斯密曾经说市场是"看不见的手"，就认为市场的运行规律是不可被认知了，就不去认识它或者不敢去认识它。

做社会科学和做自然科学一样，一定要有好奇心和打破砂锅问到底的探究精神，不能说某个名人立了一个牌子，"此处我没走过"，于是就都绕道而行了。

换句话说，经济学理论当前最大的任务就是要破除对各种权威的迷信，去除各种假设，回归一般情况，用理性与科学的方法来研究问题，而不是给它套上一些高等数学公式来假装科学。如果这样做就是科学，那么算命先生搞个程序、配几套公式后，也成了科学了？！

从前面的论述看，市场配置资源的规律并不复杂，也很容易理解。它就

如何看懂中国经济?

体现在我们日常的工作生活选择中,只是没有人把它系统性地总结出来罢了。

对于市场配置资源的方式,习近平在2016年5月30日的"科技三会"上有类似的理解和看法,他说:"要加快完善科技成果使用、处置、收益管理制度,发挥市场在资源配置中的决定性作用,让机构、人才、装置、资金、项目都充分活跃起来,形成推动科技创新强大合力。"

当我们认识了市场配置资源的规律后,我们就能根据这些规律来促进和优化经济发展了,就像我们认识了水的不同形态和在空气中运动规律就能更好地利用水和防范水患、治理干旱一样。也就是说,认识市场配置资源的规律是为了利用这个规律来为人类服务,而不是认识了就完了,或在规律面前毫无作为,任由其摆布。如果是这样,那真还不如不认识,节省时间做点别的事。

个人的发展需要管理,企业的发展需要管理,国家的发展当然也需要管理,甚至人类的发展也需要管理。事实上,越大的集体越需要管理,世界因为没有管理已经经历了两次世界大战,生命和财产损失严重,如果再不加以管理,随着核武器的出现,真的有可能走向自我毁灭。人与自然的关系同样需要管理,如果不有序利用资源和保护好环境,人类也可能因环境的急剧变化而毁灭。没有管理的发展是无序的发展,更容易被各种风险打败,更容易失去可持续性。国家管理,就是要掌握和运用经济规律,选择优势突破,规避可能风险,促进平衡和可持续发展。

企业发展除了生产增量价值,也可能生产负外部性,甚至生产的都是负价值,因此必须要有人来监管。社会是一个整体,个体的发展必须以不破坏或促进整体发展为前提,而企业只可能关注自己或与自己相关的利益,在一定时空内它与其他企业和个人的利益是冲突甚至对立的,必须要有人将其行为规范在促进共同发展的轨道之内。

现代经济的发展是通过社会大分工实现的,除了横向分工,还有纵向分工,消费产品的创新,往往是从科学理论创新开始的,然后科学理论创新变成技术创新,技术创新变成生产工具和生产方式创新,生产工具创新和生产方式创新再变成广大消费者普遍接触和感受的消费产品创新。在这个创新链条中,企业只做最后的一、两个环节的工作,其他的都不是企业做出的,没有前面的创新就不会有后面企业的创新,因此单纯依靠企业,重大的创新是无法实现的,经济也不会有根本性的增长。以智能手机为例,经济学家玛利亚娜·马祖卡托(Mariana Mazzucato)搜集了智能手机所需的12项关键技术:包括微型微处理器、内存芯片、固态硬盘驱动器、液晶显示屏、锂基电池等五大硬件技术,还有快速傅里叶变换算法、互联网、HTTP和HTML、蜂窝网络、GPS、触屏和Siri等七大网络和软件技术,这些技术最初都是在广义政府(含科研机构、军事部门)的购买或支持下产生和发展起来,如GPS、互联网、Siri来自美国军方,触屏技术来自英国政府部门"皇家雷达研究所"(Royal Radar Establishment),等等。①

因此,政府绝不仅仅是各家财富的守夜人,而是经济社会发展的总体规划者,经济主体行为规则的制定者和守护者,是经济发展的促进者和保护者——虽然它并不直接发展经济本身。这个关系好比果园里的果树和果农,企业是果树,政府是果农,果树产果子,果农不产果子,但是你能说果农是无用的吗?果农中,有对果树生产规律一知半解,不太懂果树管理的,也有研究透了果树生长规律,精通果树管理的。同样的,政府的核心任务是发展经济,其中有好的政府,也有差的政府,全看政府有没有真正搞懂经济发展的规律。

---

① 《揭秘:智能手机背后那些鲜为人知的技术"大佬"》,中国新闻网 http://www.chinanews.com/gj/2017/09-15/8331749.shtml.

第五章　为什么既坚持发展公企又鼓励发展私企

◉ 政策述要

十八届三中全会提出：

公有制为主体、多种所有制经济共同发展的基本经济制度，是中国特色社会主义制度的重要支柱，也是社会主义市场经济体制的根基。公有制经济和非公有制经济都是社会主义市场经济的重要组成部分，都是我国经济社会发展的重要基础。必须毫不动摇巩固和发展公有制经济，坚持公有制主体地位，发挥国有经济主导作用，不断增强国有经济活力、控制力、影响力。必须毫不动摇鼓励、支持、引导非公有制经济发展，激发非公有制经济活力和创造力。

完善产权保护制度。产权是所有制的核心。健全归属清晰、权责明确、保护严格、流转顺畅的现代产权制度。公有制经济财产权不可侵犯，非公有制经济财产权同样不可侵犯。

国家保护各种所有制经济产权和合法利益，保证各种所有制经济依法平等使用生产要素、公开公平公正参与市场竞争、同等受到法律保护，依法监管各种所有制经济。

积极发展混合所有制经济。国有资本、集体资本、非公有资本等交叉持股、相互融合的混合所有制经济，是基本经济制度的重要实现形式，有利于国有资本放大功能、保值增值、提高竞争力，有利于各种所有制资本取长补短、相互促进、共同发展。允许更多国有经济和其他所有制经济发展成为混合所有制经济。国有资本投资项目允许非国有资本参股。允许混合所有制经济实行企业员工持股，形成资本所有者和劳动者利益共同体。

完善国有资产管理体制，以管资本为主加强国有资产监管，改革国有资本授权经营体制，组建若干国有资本运营公司，支持有条件的国有企业改组为国有资本投资公司。国有资本投资运营要服务于国家战略目标，更多投向关系国家安全、国民经济命脉的重要行业和关键领域，重点提供公共服务、发展重要前瞻性战略性产业、保护生态环境、支持科技进步、保障国家安全。

支持非公有制经济健康发展。非公有制经济在支撑增长、促进创新、扩大就业、增加税收等方面具有重要作用。坚持权利平等、机会平等、规则平等，废除对非公有制经济各种形式的不合理规定，消除各种隐性壁垒，制定非公有制企业进入特许经营领域具体办法。

鼓励非公有制企业参与国有企业改革，鼓励发展非公有资本控股的混合所有制企业，鼓励有条件的私营企业建立现代企业制度。

"十三五"规划建议指出：

坚持公有制为主体、多种所有制经济共同发展。毫不动摇巩固和发展公有制经济，毫不动摇鼓励、支持、引导非公有制经济发展。推进产权保护法治化，依法保护各种所有制经济权益。

"十三五"规划纲要指出：

坚定不移把国有企业做强做优做大，培育一批具有自主创新能力和国际竞争力的国有骨干企业，增强国有经济活力、控制力、影响力、抗风险能力，更好地服务于国家战略目标。商业类国有企业以增强国有经济活力、放大国有资本功能、实现国有资产保值增值为主要目标，依法独立自主开展生产经营活动，实现优胜劣汰、有序进退。公益类国有企业以保障民生、服务社会、提供公共产品和服务为主要目标，引入市场机制，加强成本控制、产品服务质量、运营效率和保障能力考核。加快国有企业公司制股份制改革，完善现代企业制度、公司法人治理结构。建立国有企业职业经理人制度，完善差异化薪酬制度和创新激励。加快剥离企业办社会职能和解决历史遗留问题。着力推进农垦改革发展。

如何看懂中国经济？

以管资本为主加强国有资产监管，提高资本回报，防止国有资产流失。改组组建国有资本投资、运营公司，提高国有资本配置和运行效率，形成国有资本流动重组、布局调整的有效平台。健全国有资本合理流动机制，推进国有资本布局战略性调整，引导国有资本更多投向关系国家安全、国民经济命脉的重要行业和关键领域。建立国有资产出资人监管权力清单和责任清单，稳步推进经营性国有资产集中统一监管，建立覆盖全部国有企业、分级管理的国有资本经营预算管理制度。对国有企业国有资本和企业领导人员履行经济责任情况实行审计全覆盖。

支持国有资本、集体资本、非公有资本等交叉持股、相互融合。推进公有制经济之间股权多元化改革。稳妥推动国有企业发展混合所有制经济，开展混合所有制改革试点示范。引入非国有资本参与国有企业改革，鼓励发展非公有资本控股的混合所有制企业。鼓励国有资本以多种方式入股非国有企业。

坚持权利平等、机会平等、规则平等，更好激发非公有制经济活力和创造力。废除对非公有制经济各种形式的不合理规定，消除各种隐性壁垒，保证依法平等使用生产要素、公平参与市场竞争、同等受到法律保护、共同履行社会责任。鼓励民营企业依法进入更多领域。

十九大报告提出：

要完善各类国有资产管理体制，改革国有资本授权经营体制，加快国有经济布局优化、结构调整、战略性重组，促进国有资产保值增值，推动国有资本做强做优做大，有效防止国有资产流失。深化国有企业改革，发展混合所有制经济，培育具有全球竞争力的世界一流企业。

● 提出问题

市场经济不是私有（民营，下同）企业效率最高吗？为什么还要坚持发展国有企业呢？中国是社会主义国家，发展私企与社会主义国家的性质有矛盾吗？国企是计划经济的产物，能够与民企兼容共存吗？

● **经济原理**

一

企业之所以产生，是因为它能更多更好地进行产品生产，更大程度地解决事物的稀缺性，更充分、更好和更多地直接或间接满足人们的需求。因为单个人的生产能力和能够生产的产品是有限的，科技的发展要求人们进行不同类型和规模的组合，以生产更多的产品，从而更多更好地满足人们的需求。

企业是市场经济下人们生存发展的主要公共平台。企业一经成立就具有公共组织的性质，绝不是哪个个人的企业，也不是个人想怎么做就可以怎么做的。企业管理者和企业的行为必须遵循公共组织的要求，把正义性作为首要原则，在不损害社会总体利益的前提下，通过创造价值或促进价值创造效率增加或质量提高来实现企业利润最大化和企业参与各方利益一定程度的增加。

企业是市场经济下人们生存发展不可或缺的公共平台。人一生的生存发展由两大主要活动构成：一是生产，二是消费。在自然经济下，这两大活动可以由自己独立进行，但是在市场经济下，这两大活动都必须借助企业这一公共平台才能进行——大多数人的生产都是在企业平台上进行的（事业单位和政府除外），消费是在企业平台上获得的，没有任何人的消费可以离开企业进行。

企业是市场经济下组织生产、联结供需的基本单元平台，人们分别以生产的参与者和消费者的角色在企业平台上工作生活。社会上各种各样不同功能的企业，不但共同形成了一个相互联系、相互补充的全方位供应体系，也把人们的生存生活与生产发展联结了起来，让人从自给自足的原始简单低质供需循环中跨入供需更丰富、质量更高的社会大供需循环中。

企业作为市场经济下人们生存发展不可或缺的公共平台，从产生到存在的每一刻都与社会其他人息息相关，它的一举一动都始终影响着其他人和社会的利益。因此，企业并不是哪个个人的企业，而是社会的企业，是人们共同的企业，企业不是个人的玩物，绝不是哪个人想怎么做就可以怎么做的，它必须服从和服务于社会公共利益，在符合公共组织公益原则的基础上来做。

　　作为公共组织，社会公益属性是企业的首要属性，企业必须首先坚持社会属性，维护社会公共利益，在促进或不导致社会总体利益损失的前提下，谋求各生产要素提供者利益的最大化，并尽可能地不断减小负外部性对社会的损害或潜在损害。具体应坚持以下四个原则：第一，只做增量利益，为消费者创造利益，而不损害其利益，促进社会总体利益增加，而不做导致社会总利益损失的事；第二，恪守竞争宗旨，只是为激活自己的潜能、创造更大的价值而竞争，不以物理消灭竞争对手为目的进行竞争，不选择导致社会总体利益减少的竞争方案，不采用不正当的竞争手段；第三，维护发展自由，无论是内部员工或是外部企业正确积极的想法和创意都应该尊重、鼓励和保护，而不应该批评、诋毁、攻击、打击或者压制；第四，坚持公平分配，确保生产要素参与各方都能根据在集体共有产品的生产销售中的贡献获得与贡献相适应的收入，而不是根据各自在生产销售以及收入分配中的实际控制能力，按照弱肉强食的自然法则进行分配。

　　这就是企业社会责任的来源和主要内容。可见，企业承担社会责任并不仅仅是捐点钱扶贫助学，捐钱扶贫助学既不是企业承担社会责任的全部内容，也不是企业承担社会责任的主要内容，甚至都不是企业承担社会责任的内容。

　　企业作为市场经济下最主要、最普遍的公共组织，其私有组织属性定义错误在整个市场经济的历史发展长河中只是短暂的一瞬。就像国家会从君王一个人或一个家族所有发展为全民共有一样，企业也会由一个人或一个家庭所有变为企业投资者和劳动者共有。

　　从企业的组织属性看，企业任何时候、任何情况下，都是社会的企业，而不是个人的企业，因为企业一定是服务于他人和社会才让自己获得利益的。不为他人和社会带来利益而只考虑自己利益的所谓企业一定不是真正的企业，比如骗子公司、投机机构或强盗组织。

　　从产品的所有权看，除个体经营者外，企业的产品都是在一定资本的参与下人们共同劳动创造的，因此企业的产品是劳动者和投资者共有的产品，它们最终要共同分配这些自己参与创造的产品或产品销售得到的利润。

从资本的所有权属性看，企业属于个人私有的时间非常短，在企业诞生后不久，就出现了股份制形式。股份制形式的出现，标志着企业资本所有权公有形式的诞生。企业资本所有权公有是企业发展的必然趋势。企业资本所有权公有主要有两种形式，一种是资本所有权全民公有，比如国企（准确的称谓应是全民所有企业）；一种是资本所有权不定多数人公有，比如上市公司（准确的称谓应是不定多数人所有企业）。

因此，企业无论从组织属性、产品属性还是资本属性上看都是公共组织，而不是私人组织，从所有权来看，未来的企业主要有两种：一种是全民公企，另一种是不定多数人的公企。

二

由于公企事务与国家事务是互不重合的两种完全不同的公共事务，所以政府不能参与公企具体事务的管理，即不能参与公企的经营决策，也不能参与公企日常的人员和工作管理。但是，为了避免公企的自发无序性，确保公企管理与分配的公平有序，政府应对公企管理者的产生程序和分配原则进行规定，同时要对公企经营管理者的道德合格性与法律合法性进行监督。

社会主义国家的公企，在企业内部设立党委、支部等党的组织，主要工作有三项：一是执行道德和法律监督职能。只监督举报企业各级管理者违反道德与法律的行为，查处工作分别由党的纪律部门或国家司法部门执行。二是执行民主议事职能。企业所有劳动者都可以在这个平台上以合法的方式自由表达意见和提出建议。三是执行监事会的职能。代表投资者和劳动者执行对企业管理者的选举与经营行为的监督，避免损害本企业投资者和劳动者利益的行为。非社会主义国家可通过设立道德委员会暂时代行相关职能。

公企党委或支部书记由组织部（处）任命，负责组织公企管理者的选举和监督公企管理者日常执行社会道德、党的政策和国家法律情况。公企党委或支部不再专门设纪检委员会，但其下可设职能小组。因为公企党委或支部主要执行思想宣传引导职能和对公企管理者执行道德与法规的监督职能，主要工作已经包括纪检工作。公企党委或支部只对本企业管理者违反道德与法律的行为向专门的纪检或司法机关举报，不负责调查和处罚，调查和处罚职能只能由专门的纪检机关和司法机关来行使。

公企党委或支部书记没有干部任免权和公企经营决策权，但列席公企所有的决策活动，所有的经营方案与管理规章都必须报送公企党委或支部书记进行道德与法律审查，公企党委或支部书记还负责收集公企员工的思想，并向公企管理者提出具体的意见建议。遇到管理者违反道德，先口头提醒；若未改正，书面提醒；如还不改正，可面向全体员工对其进行一次书面公开谴责，但仅限有一次。如不更改，管理者若是党员，要依党纪执行党内纪律，但不能影响和改变其在公企的行政职务，其在公企的行政职务最终通过选举由全体职工决定。但选举时，党委或支部书记须尽到提醒责任。公企管理者如果违反法规、法律和宪法，应向政府行政执法机构、地方检察院或地方宪法监督机构控告。

公企党委或支部书记执行担任领导职务的公务员工资标准，基本工资由财政支付，以利于其保持客观独立性；奖金由公企发放，以促其行为对公企负责任。公企党委或支部书记每年接受一次全厂职工的民主测评，若测评分低于60分，应免职，同时由纪检部门进行原因调查，如果只是工作方法和工作作风问题，要向其全面反馈意见，组织部（处）根据本人态度和综合情况仍可酌情考虑使用，但若发现道德品质问题应停止使用；若发现廉政或其他违法问题，应提交司法机构调查处理。

公企的管理者都是单个的人，而不是类似政党的专门组织，即使企业的管理者是组织化提供，比如由职业经理人培训管理公司提供，但也是公企化提供，与政党的性质完全不同。同时，公企是任务单一且比较小的公共组织，公企成员与管理者之间关系密切度高，因而对其关注比较多，了解也比较全面、深入和细致。

因此，更适合用选举的方式来选用或罢免管理者。但是，如果由公企自己组织，容易形成弱肉强食的丛林法则、分肥体制或造成贿选成风，所以公企管理者的选举应在共产主义政党的党委或支部组织下进行，并须经共产主义政党的组织部门进行确认生效，以确保选举的公正有序。

公企主管以投票方式由全体员工共同选举产生。公企选举的具体办法和程序由全国人大通过立法确定。公企管理者可以不是党委或支部成员，也可以不是党员。选举先由个人志愿报名，符合条件的都可以参与选举，如有贿选，一经查实，取消资格。每年由全体职工对本企业管理者进行一次满意度测评，测评分连续三年低于 60 分应撤职。无论是全民公企、不定多数人所有的公企还是二者的混合企业，管理者的任命都属组织部（处）。职工选举出的管理者需经组织部（处）任命。公企内部参选的管理者绝对票低于 50%，或者在公企内部选出的管理者管理下本企业业绩连续三次低于市场平均水平或职工对管理者满意度低于 60%，组织部（处）可以外调管理者。外调管理者一个任期满后通过选举决定去留。公企暂时缺管理者，组织部门可以临时指派，但半年之内应组织选举。职工选出的公企管理者如果没有违法，组织部（处）不能免除或调整其职务——本人同意的升职除外。

　　公企管理者是指企业的经营主管，每个公企只设一名副主管，且由主管自己选择并报组织部门确认。企业主管离任，副主管也一同离任。公企不再设董事会，因为代理投资公司及其驻公企代表起到了董事会的作用。公企的业务指导属国资委。国资委作为公共投资人的代表，代表全国人民进行具体投资、监测所投公企的经营情况、催收和检查股权收益兑付，以确保其资本收益及时足额地进入国库或进行全民分配。国资委与代理投资公司是性质与地位相同的两个机构，一个代表全体国民（政府任命的机构）、一个代表不定多数的投资者（民间自由选择的机构），二者可以合作投资，形成混合所有制企业。混合所有制企业，双方根据投资比例大小确定由谁派出驻企投资观察员，也可以同时派驻。

　　包括企业、事业单位、政府等一切有劳动能力人员的信息都纳入人力资源部注册登记。企业管理人员和非管理人员的学历、专业、等级、职务等变化信息都要及时报人力资源部备案。公企非管理人员的录用方法、开除条件、个人主动辞职后的要求等由全国人大立法确定。

　　公企的分配方案和财务向本企业所有员工、国资委和代理投资公司全面详细公开，具体薪酬与奖惩方案，由三方共同协商确定或调整。

　　公企的利润（含员工薪酬）分配，实行劳动者分配优先。原因有两点：第一，劳动者分配优先有利于社会稳定和人的可持续发展。劳动薪酬是合法收入的初始来源，也是绝大多数人的主要收入来源，关系到生存生活问

如何看懂中国经济？

题；而资本收益是节余收入用于投资获得的收入，是二次收入，即使不分配也不至于影响其生存生活（没有信贷的情况下）。在高级社会保障体制建立后，劳动薪酬虽然关系不到生存问题，但关系到生活的质量问题。第二，劳动者分配优先才能实现边际购买力的最大化。因为，以劳动薪酬为主要或唯一收入的人通常未获当时科技条件下科学维度生活层次消费需求边际满足，而通过投资获得收益的人通常已经得到一定程度的边际满足。

劳动薪酬分为基本收入（工资）和激励收入（奖金）两部分，公企的利润低于社会主流基本工资水平时，全部用于发放劳动者的基本工资；公企的利润高于社会主流基本工资水平时，超过以后那部分利润的10%（可在实践中根据公平合理情况适当调整）用于员工激励。剩余90%利润由投资者分配。政府可按年或按季公布全国和本地的社会主流基本工资水平（不是平均工资水平）。

由政府设定管理者与普通劳动者的收入比例，管理者的收入不能超过职工平均工资的200%，管理者的薪酬应与劳动者的薪酬同步增减。部分优秀研发人员的收入可以超过管理者，少数优秀技术人员和一线生产者的收入可以接近管理者。企业部门管理者是兼职管理者，首先应是该部门的专业人员，应该继续承担专业工作，其管理工作的主要内容是管理决策执行，基本不涉及管理决策工作，是非全职的管理者，所以其收入是在专业收入的基础上增加一定的管理补助。

建立企业成员成就记录部门，专门及时记录并永久保存每个员工的具体工作成就，并在企业显要位置流动播出其信息。生产部门主要记录个人生产产品类型、数量、参与的工序、个人所在环节的合格率等；研发部门主要记录个人参与了哪些项目的研发、负责的具体分工及完成情况等；决策者主要记录做了哪些具体决策、决策原因、决策的具体内容或措施等。所有记录一律只记录事实，不作任何评价，也不允许有任何评价性文字。因为，只有事实是最客观、公正和有说服力的个人成就记录。评功评奖带有主观性，且由于名额有限，并不能真正使每一个人都受到激励。而这种方法能对每一个人全天候地产生激励作用，而且有利于防止形式主义和造假现象。

这样，就能既有效保证党对公企的思想和组织领导，又能彻底避免党干涉不属于自己职能范围内事务的问题,即使党组织减少犯错误的概率,又避免受到干预指责,既能提高党组织的现实合法性和威信,又有利于充分发挥企业管理者和员工的积极性和创造性。

在这种情况下,由于公企的普通劳动者和普通投资者的收入肯定总体高于私企,所以在成熟产品和行业中(即通常所说的红海竞争阶段),私企的竞争力会不断下降,数量会大量减少。但是,私企具有嗅觉敏锐和行为活跃的特点,在新创产品和新兴行业中(即通常所说的蓝海竞争阶段)可能因能够获得超额利润而存在——私人企业主及其员工可以获得高于公企普通劳动者和普通投资者的收入。也就是说,私企是创造新产品和新产业的十分重要的活跃因素,所以对私企业不能限制,而应允许其与公企一道进行公平竞争,发挥不同性质企业各自的优势。从这个意义上说,公企是正规军或主力部队,所到之处,会建立和形成稳定发展的产业;私企是游击队或侦查分队,能得到多少战果是多少——蓝海阶段的超额利润水平。私企开创的产品或行业,公企会迅速地取代占领——主要凭借对员工的薪酬吸引力优势;当行业利润水平整体下降后,私企再寻找和开创新的可以获得超额利润水平的新产品和新行业,如此不断循环。需要提醒注意的是,此处的公企、私企与现在的公企、私企是不同的,现在的很多私企,尤其是上市公司都可以看成广义公企,此时的私企是指个体从业单位或少数人组成的合伙制企业。另外,由于蓝海阶段行业的利润水平高于红海阶段,所以私企业投资者、管理者和员工的薪酬和资本收益整体上会高于公企,但那些不成功的企业除外。

●原理解读

这个问题的相关原理论述比较长,但是归纳起来主要把握以下四点即可:

第一,企业本质上是一种公共属性的组织,而不是私人组织。企业不是同学会、同乡会等私人组织,组织内搞点活动,联谊联谊,交流交流,基本不与圈子外部的社会发生明显联系。企业无论从成员构成,还是产品销售来看,都与外部世界有密切的联系。换句话说,它实际上是完全依赖

如何看懂中国经济？

外部世界而生存的，并不是一个自娱自乐的封闭的自利组织或团体。因此，企业实际上是个公共组织，而不是私人组织。企业既然是公共组织，就必须遵循公共组织的行为原则，否则就可能对社会造成不利影响甚至严重危害。

第二，私企和公企都是社会历史发展的产物，私企是社会发展初期的组织形式，公企是社会发展到一定阶段后产生的组织形式。人类社会的企业，是从个体手工业者、手工工场开始的，之后，随着科技的发展和规模化生产的需要，所要求的资本投入越来越大，才开始产生合伙企业和股份制企业，最后出现了国有企业（实为全民所有企业）——用政府财政收入建立的企业及这些企业的留存利润建立的企业。个体手工业者、手工工场以及后来的个体工商户（含曲艺人员、作家、律师等）、私有企业（全部投资为个人或家族资本——不含贷款），都属于私企。股份制企业、集体企业、地方国有企业和中央国有企业，都是公有企业，他们的差别只是公有的人群范围或来源不同。合伙企业，实质上是一种介于私有企业和公有企业之间的过渡形态所有制企业。

第三，随着科技和社会的不断发展，公企将会成为经济主体和稳定因素，私企则会成为经济的重要构成部分和活跃因素。随着网络通信、交通运输技术的发展，具有规模和品牌优势的企业通过网络经营全国、全球市场的企业和实体连锁企业会越来越多，只做小范围人群的个体或私有企业的比例会不断下降，更多的企业或企业的主体将变成不同类型的公有企业，但是私有企业并不会完全消失，因为它有简便、快捷、灵活、不拘形式和很强的创新能力，所以仍然会成为经济的重要构成部分，并且是经济发展中最为活跃的因素，能对大型的公有制企业产生激活作用。

第四，企业能不能搞好，要看管理体制是否与所有制形式相适应，而与企业的所有制形式无关。用老的企业管理制度，管理新所有制形式的企业，当然管不好。企业的管理体制，不仅要随生产技术的发展变化而发展变化，还要随所有制形式的发展变化而发展变化。生产技术的发展主要改变的是企业的生产组织模式（包括服务的提供模式），如生产服务组织结构扁平化、自动化生产服务、远程生产服务等。所有制形式的发展变化，改变的是企业的整体组织架构和利润分配方式，如加入董事会、监事会、道德委员会等机构，管理者从所有者中独立出来，成为职业经理人。公有企业有公有企业的利润分配方法。私有企业中，管理劳动薪酬、资本收益都集中于一个人，公有企业产生后，职业经理人得管理劳动薪酬，资本所有人共同根据股份的多少分配资本收益，普通劳动者得劳动薪酬，知识产权提供者得知识产权收益，他们一起共同分配企业的利润。国有企业不但要向这个方向进行整体组织架构和利益分配方式的改革，还应该建设更加透明便捷的投资与经营监督体制，使全体投资者能够更方便有效地对投资与经营行为进行有效的监督，只要企业的管理体制设计得与所有制形式相适应，无论什么所有制形式的企业都是可以做好的。

● 常见看法

一、国企的所有者不明确，不能得到有效监督，会造成资产流失。

二、国企没有效率，也是搞不好的。

三、国企依靠行政垄断生存，不利于市场竞争。

四、混合所有制企业，私企没有发言权，会被侵占或剥夺利益，所以混合所有制行不通。

● 认识更新

2017年12月12日，习近平在徐州考察时强调："国企是中国特色社会主义的重要物质基础，是中国特色社会主义经济的顶梁柱。"这是对国企重要性的进一步定位。这些讲话是有针对性的，因为，国内外还有很多人反对国企。主张国企私有化。

国外反对公企，更多的是由于意识形态原因，主观上排斥。比如，《经济学人》在一篇名为《改革中国的国有企业》中就有这样的表达："关于新加坡国联企业的学术研究越少越令人鼓舞。"按理说国企能不能搞好不是谁主观说了算的，只有通过理性研究和不断的实践才知道，而他们就不愿意人们去做这样的事，可见他们并不希望国企能搞好，因为这样的研究越少，国企搞好的可能性越小，所以国企不一定是搞不好，而是他们内心就不希

如何看懂中国经济？

望国企搞好。

国内的经济学家、部分官员、企业家和很多民众都认为国企搞不好，是因为他们迷信西方经济学和西方经济学家，因为这些书和人都说国企搞不好，所以他们就认为国企肯定搞不好。

国企到底能不能搞好，不要听别人的，要靠自己对经济规律的理性研究与系统分析。

国企的所有者并不是不明确，而是有确定主体的，其所有者就是全体民众——含国企成立后先后去世的人口，以及不断出生的人口。在一定时期以内，地方或集体企业是国有企业的一种特殊形式，它是由地方自有财政资金，或部分单位集体收入，或民众集资资金投资组建的公有企业，这样的企业既部分利用了国家资源，也有自己的独立投入，所以当地民众或所在集体的成员应该单独分享一部分投资利润。随着社会管理体制，特别是财税体制的统一，地方或集体所有制企业会逐步退出，全民投资企业会成为主要的国企形式。即，国企将由生产企业更多地转变为投资企业，生产企业则更多地变成混合所有制企业——既可能有国家投资企业的投资，也可能有一般投资企业的投资，还可能有个人的投资。

国企不是不能够监督，而是没有开放给民众监督，或者监督的制度设计不合理，方式方法不够有效。如果从这些方面认真地进行研究探索，只要制度设计合理，国企同样是可以监督的，资产是不会流失的。比如，要全面详细公布企业财务，允许所有人对财务进行了解和查询等。

管理有没有效率，关键是看两个制度，一是对企业职业经理人的管理和激励制度；二是企业内部的生产运行制度。只要这两个制度设计合理，能够充分而有效地调动各类人员的积极性和创造性，国企同样会很有效率。既然股份制企业能搞好，那么国企也能搞好，关键是开放民众对国企的监督，同时发扬企业内部的民主，特别是对全体员工的民主——充分尊重、认真关切和合理考虑他们的利益和要求。

除武器制造等少数企业外，其他国企都是可以开放准入的。事实上，有很多国企，如华润、保利、中铝、中建等都是非行政垄断企业，他们同样能够和私有企业一样的竞争。所以，国企并不是只有依靠行政垄断才能生存，而且他们在市场竞争中还有自己独特的优势，比如更守法、市场行为更规范、更愿意提高员工的薪酬福利等。

也就是说，企业效率的低下并不是由于其所有制造成的，而是管理体制没有适应公有制的需要。所以，对于公企，不是要进行私有化，而是要研究与这种所有制相适应的管理体制，只要管理体制适应了这种所有制的需要，公企同样会很有效率。公企和私企对于发展经济的作用是不同的，都有存在的必要性，不可肯定一方而否定另一方。公企是经济的基本盘，是正规军，是主体力量，同时有助于缩小收入差距，实现共同富裕；私企业是活跃力量，是游击队，是突破力量，有助激活经济，促进经济不断向前发展。

只要依法进行混合所有制企业的投资和管理，按照统一和公平的原则进行利润分配，私企或个人的投资利益在混合所有制企业中是可以保证的。怕就怕私企可能想得到不合理或更多的利益，如果这种利益实现不了，就说混合所有制企业不好或者搞不好，对于这样的观点或意见，大可以忽略或视而不见。

重新认识撒切尔主义。撒切尔主义主要有三条措施：一是国企私有化，二是控制货币供应，三是削减福利开支。由于认为是战后多个行业的大规模国有化导致了"英国病"，即经济停滞、通胀严重，所以撒切尔主义把国企的私有化作为首要任务。1979年，撒切尔夫人上台后，决意推行国有企业私有化。在这一波私有化浪潮中，英国石油公司、宇航公司、英国联合港口公司、国际航空无线电公司、电讯公司、煤炭、钢铁等先后出让股权或整体出售，后来进一步延伸到供电、供水等"自然垄断"部门，私有化在英国遍地开花。并认为这种改革使企业的效率和社会活力得到了极大增加，促进了经济的长足发展。

国企私有化，表面上确实改善了企业的收支平衡情况，使企业出现了盈利，但实际上是把债务扔给了国家，并由民众承担，因为购买企业的个人或私企是不承担企业的债务的。这些债务在购买时会通过剥离、破产等方式留给投资者（实际就是全民）或债务人来承担。同时，国企私有化，导致资产大量转移到少数个人头上——很多是超低折价贱卖，收入出现极度分化，贫富差距迅速拉大。

这导致的主要后果有四个方面：一是为后来的债务危机埋下了伏笔。

如何看懂中国经济?

因为中产阶级的减少和收入的相对下降，导致社会总购买力与实际生产能力的比例下降，也导致了政府实际税收占 GDP 的比例下降。这就是英国不但在国际上的地位下降，在欧洲的领导地位也被德国取代的根本原因。二是社会保障和公共产品供应水平下降。由于政府财政收入水平相对下降，债务比例不断升高，于是只好减少政府开支，社会福利水平下降，即社会保障水平降低，公共产品特别是基础设施长期得不到更新发展。李嘉诚收购英国的基础设施企业和大陆对英核电项目的投资都能说明这个问题。三是民众的创新能力下降。由于社会福利水平的下降，人们的生存生活压力加大，用于创新创造的时间和精力减少，社会的创新创造能力下降。这就是近二十年来，英国无论在科技还是产品上都鲜有比较有名的创新创造的原因。四是使社会变得越来越不稳定。社会保障和公共产品是人们获得感的重要体现，当这些水平不断下降时，人们的获得感就会不断降低。同时，由于贫富差距加大导致的社会总购买力相对下降，也使人们的实际收入水平在下降，因此社会的不满和分离主义倾向会越来越明显。比如，时不时出现的大规模罢工、游行，北爱尔兰独立公投的出现，以及英国脱欧公投意外成功。

对于这些问题，西方部分经济学家也开始了反思，5 月底，三位 IMF（国际货币基金组织）的经济学家发表了题为《新自由主义：已超卖》（*Neoliberalism: Oversold?*）的论文，罕见对"新自由主义"提出了批评。

林书友则列举了智利、阿根廷、俄罗斯、埃及、印尼等国作为例证[①]。

阿根廷梅内姆政府上台后，规定对国有大型企业推行大规模的私有化运动，社会保障体系也部分私有化和解除管制。大规模私有化导致国内实际工资普遍下降，进一步从总体上弱化了阿根廷经济。私有化并没有带来效率的上升，与科斯的产权理论的预言相反，阿根廷经济的效率总体上在私有化后下降，并进一步引发恶性通货膨胀。1989 年阿根廷消费物价上涨 5000%。2001 年底以来的震惊世界的阿根廷经济危机，为实行了 10 多年的新自由主义经济政策作了总结。10 年盘点下来，阿根廷所欠巨额外债 1300

---

① 林书友：《那些年被新自由主义经济政策坑过的国家》，观察者网 http://www.guancha.cn/LinShuYou/2016_06_12_363583.shtml.

多亿；巨额财政赤字造成财政崩溃；社会分化、全国30%人口陷于贫困，失业率超过了20%。

后来被称为俄罗斯"私有化之父"的丘拜斯当初宣称，私有制和市场是俄罗斯社会富足的唯一保证，并大规模出售和转让国有企业资产，培植有产者和私营企业主阶层。在推行"休克疗法"的不到10年时间里，俄罗斯陷入了前所未有的经济社会危机：经济大幅下滑，少数人暴富，广大民众普遍贫困化，社会动荡，政局混乱。1989年，俄罗斯的GDP是中国的两倍多，而10年后仅为中国的三分之一。

从1985年到2009年底，土耳其共有270家公司、103家机构、22家未建成企业、8个收费高速公路、2座博斯普鲁斯桥、1家服务单位、524家不动产和6个港口的国家股份被私有化，工人收入在私有化后普遍降低。1998年的12年间，国民收入增加38.3%，人均收入只增加9.6%，年均增长不足1%。换言之，近30年来，土耳其经济是"有增长无发展"，经济数量看似不断增加，但实际人均收入却在急剧下降。

其实，受影响的并不只是这些国家，只是它们是新市场经济国家，不如英美底子厚，所以危害程度和表现更甚而已。

第六章 为什么供给侧结构性改革的核心是解放和发展生产力

● 政策述要

2016年1月,习近平在省部级主要领导干部学习贯彻党的十八届五中全会精神专题研讨班上讲话指出:

供给侧结构性改革,重点是解放和发展社会生产力,用改革的办法推进结构调整,减少无效和低端供给,扩大有效和中高端供给,增强供给结构对需求变化的适应性和灵活性,提高全要素生产率。

从政治经济学的角度看,供给侧结构性改革的根本,是使我国供给能力更好满足广大人民日益增长、不断升级和个性化的物质文化和生态环境需要,从而实现社会主义生产目的。

2016年4月,习近平在安徽考察调研时指出:

在适度扩大总需求的同时,着力加强供给侧结构性改革,是对我国经济发展思路和工作着力点的重大部署。各地要结合自身实际,认真贯彻新的发展理念,围绕去产能、去库存、去杠杆、降成本、补短板,优化现有生产要素配置和组合、增强经济内生增长动力、优化现有供给结构、提高产品和服务质量、培育发展新产业新业态、提供新产品新服务。归结到一点,就是要进一步解放和发展社会生产力,用新供给引领需求发展,为经济持续增长培育新动力、打造新引擎。

2016年5月,习近平在中央财经领导小组第十三次会议上指出:

第六章 为什么供给侧结构性改革的核心是解放和发展生产力

供给侧结构性改革的根本目的是提高供给质量满足需要,使供给能力更好满足人民日益增长的物质文化需要;主攻方向是减少无效供给,扩大有效供给,提高供给结构对需求结构的适应性,当前重点是推进"三去一降一补"五大任务;本质属性是深化改革,推进国有企业改革,加快政府职能转变,深化价格、财税、金融、社保等领域基础性改革。

2016年7月,习近平主持召开经济形势专家座谈会时指出:

从经济运行看,我国经济发展新常态的特征更加明显,必须坚定信心、增强定力,坚定不移推进供给侧结构性改革,培育新的经济结构,强化新的发展动力。

十九大报告指出:

建设现代化经济体系,必须把发展经济的着力点放在实体经济上,把提高供给体系质量作为主攻方向,显著增强我国经济质量优势。加快建设制造强国,加快发展先进制造业,推动互联网、大数据、人工智能和实体经济深度融合,在中高端消费、创新引领、绿色低碳、共享经济、现代供应链、人力资本服务等领域培育新增长点、形成新动能。支持传统产业优化升级,加快发展现代服务业,瞄准国际标准提高水平。促进我国产业迈向全球价值链中高端,培育若干世界级先进制造业集群。加强水利、铁路、公路、水运、航空、管道、电网、信息、物流等基础设施网络建设。坚持去产能、去库存、去杠杆、降成本、补短板,优化存量资源配置,扩大优质增量供给,实现供需动态平衡。

● 提出问题

为什么经济转型升级要进行供给侧结构性改革,为什么供给侧结构性改革的核心是解放和发展生产力,如何解放和发展生产力?

● 经济原理

一个国家一段时间的社会生产总能力是由该国该段时间的生产关系、生产力和国家基本情况三大因素决定的。

如何看懂中国经济？

社会生产总能力 = 生产关系（制度）系数 × 生产力（科技）水平值 × 国家基本情况值

生产关系系数是一个大于 0 小于 1 的数值，它由社会科学水平特别是制度设计水平决定，分为两个方面：一是由国家管理理论和制度水平决定的国家制度系数；二是由企事业单位管理理论和制度水平决定的企事业单位制度系数。生产关系系数 = 国家制度系数 ×（企业制度系数 + 事业单位制度系数），这三个系数的值也都介于 0 到 1 之间。奴隶社会和封建社会的生产关系系数值最小，资本主义社会生产关系系数值较小，成熟社会主义社会生产关系系数值较大，共产主义社会生产关系系数值最大，接近于 1。

生产力水平值是一个大于 0 的正数，它的值可以无限增长。生产力水平值由自然科学发展水平特别是技术水平决定，主要包括产品技术与工具技术，生产力水平值主要影响产品的生产效率、质量水平和种类数量。

国家基本情况是一个相对固定的常数，由有效劳动人口数量、自然物质资源、法定劳动时间等三个方面的情况决定。

有效劳动人数是一个小于实际人口数的非零正数。因为未成年人、多数退休人员和失能者不参加劳动，所以有效劳动人口数不等于实际人口数，又因为存在部分失去劳动能力者，所以有效劳动人数可以是小数。

自然物质资源（简称资源，下同），包括国土（含海洋）面积、国土里蕴藏的矿产、国土中生长的生物、国土上的气候水文等。封闭市场解决资源限制的唯一途径是发展技术，包括资源节约利用技术、资源循环利用技术或资源替代利用技术等。

法定劳动时间是指除去周末、节假日和业余时间外的法定工作时间，一般以小时计。虽然较长的法定劳动时间能够提高社会生产总能力，但是法定劳动时间并不是越长越好。法定劳动时间越长，人们的劳动效率越低，随着科技的发展产生的失业率越高；人们的消费时间和消费方式越少，社会总购买力越低；人们的自由想象的时间越少，社会的创新发展能力越弱。因此，法定劳动时间应随科技发展带来的生产效率增加而减少，与科技发展水平相适应，不能过多也不能过少，否则都会造成问题。

第六章 为什么供给侧结构性改革的核心是解放和发展生产力

●原理解读

第一,生产力发展的本质是科技发展,生产力发展的表现是经济发展,经济发展的表现是产品质量提高、功能改进和创造出新的产品,同时人们的收入同步增加,能买得起这些产品。

第二,生产力是一个可以无穷大的正数,发展生产力没有止境,必须不断地发展,而且必须尽可能快地发展。国家基本情况是个相对稳定的不变量——但不是绝对稳定,比如人口,就在一定幅度内变动;制度是一个有发展极限的对科技和经济总量有很大影响的可变常量——一个值域范围在0到1之间的系数;科技是一个可以无穷增长的变量——是一个大于零且可以无穷大的实数。因此,一个国家要发展,必须而且只能通过科技创新才能实现持续不断的发展和经济增长。这也就能很好地理解邓小平说的"科学技术是第一生产力"。

第三,生产关系是什么?生产关系就是制度。制度包括国家治理制度和企业经营制度,国家治理制度(也就是国家治理体系),就是马克思所说的上层建筑。生产力是什么?生产力就是科技发展水平?上层建筑要适应生产关系,翻译成现在人们听得懂的语言,就是国家的治理体系要适应科技的发展水平。

第四,制度是一个影响和决定科技发展的重要因素,制度发展对科技发展有极大的推动作用。要跳出科技本身抓科技,其核心是要释放影响科技发展的各种束缚,创造激发科技发展活力的物质条件与意识环境,也就是解放和发展生产力。

供给侧结构性改革,改革是核心。改什么?就是改生产关系。什么是生产关系?包括两个方面,一个是政府管理,一个是企业管理。如何改生产关系?对政府来说,一是做减法,简政放权;二是做加法,提供更多更好的公共产品。由于具体的管理体制机制设计不合理而造成的企业交易成本过高,影响企业的生存、发展和对外竞争力,是体制束缚经济发展的一种重要表现,此外还有腐败、不合理的行政门槛、服务效率低下等其他表现。除了发展问题,供给侧结构性改革,还要解决产业平衡发展的问题和

如何看懂中国经济？

人与环境之间的问题。行业发展畸轻畸重，或者某个行业的不良发展，实际上也会损害经济发展。比如，房地产行业的投机化使整个经济的投资不断向房地产集中，使其他行业的货币投资不断快速流出，严重削弱了其他行业的发展与发展能力。环境是生产空间，也是人的生产空间，环境被破坏了，生产空间就会受到破坏，经济发展必然受到影响；生存空间破坏了，不仅会直接造成巨大的经济损失，影响经济发展，更重要的是如果环境都不适合人居住了，这样的经济发展还有什么意义呢？经济发展、结构平衡、环境友好都是生产力的一个维度，他们共同构成生产力，因此供给侧这些方面的改革，实质上都是解放和发展生产力。对企业来说，供给侧结构性改革包括国企体制改革和私企自身的管理改革。

可见，供给侧结构性改革，改革的是政府和企业，促进的是科技和产品发展，是通过改革政府和企业管理，来使科技和产品得到更快更好的发展。一是通过改革来为企业松绑，使之获得更大的创新创造自由，这就是解放生产力；二是通过改革来提供更多更好的公共产品，使企业的创新创造条件更好、成活率更高，这就是发展生产力。

这就是为什么要改革的原因，因为不改革，"第一生产力"，即那个可以无穷增长的变量——科技，就不能充分增长，就像一棵被困在水泥管中的树，永远也长不大。改革错误或不适应的制度就是要拆除水泥管，让它自由的生长；更好地发挥政府的作用，就是要为个人、企业、事业单位等主体创新提供更好的生长条件，就是在拆除束缚其生长的水泥管的基础上，还要给它充足的阳光、雨露和肥料，让它更健康、茁壮的生长。

因此，供给侧结构性改革，改革的对象是（广义）政府，但是改革政府不是目的，改革政府的目的是要解除束缚经济发展的不好的制度，创造更好的生产力发展条件和环境，使经济得到更好发展。

制度发展必须与科技发展水平相适应，既指制度的发展不能落后于科技发展的水平，也指制度的发展不能超越科技发展所处的水平。落后了，是制度束缚，会限制科技和经济的发展；超前了，是拔苗助长，不利于科技和经济的发展。因此可以说，制度是"影响和决定第一生产力的生产力"，或者叫第一生产力之母。

第六章　为什么供给侧结构性改革的核心是解放和发展生产力

◉ **常见看法**

一、中国经济下降主要是有效需求不足，应该进行需求刺激，而不是进行供给侧结构性改革。

二、供给侧结构性改革就是萨伊定理——供给自动创造需求，就是经济自由主义，就是政府不要管理经济。

三、供给侧结构性改革就是撒切尔主义，就是把国有企业都私有化。

四、供给侧结构性改革就是减税，同时削减政府预算和民众福利。

◉ **认识更新**

首先，中国经济传统模式难以为继，必须进行调整。过去的经济增长是粗放式的，能耗高、资源浪费严重，不节约、不经济、不能充分有效利用资源。同时，企业乱排乱放，对土地、空气等造成很大污染，严重危害人们的身体健康；经济泡沫化，大量的资金进入楼市和股市进行投机炒作，实体经济的发展资金被抽离，发展能力越来越弱；随着劳动工资水平的上涨，人力资源价格低形成的出口产品成本优势已经不再；国外经济整体下滑，购买力大幅下降，对外产品出口减少。如果这些问题不及时解决，持续下去，中国的经济将积重难返。所以，必须提前主动作为，就像航船遇到了礁石，再开下去船就要触礁沉没了，不能船撞到礁石上了，才来调整航向，到那时就晚了。在这种情况下，必须主动及时调整航向。调整航向只是为了避免礁石，防止经济的巨轮在前进中触礁，而不是要改变航向，更不是要走回头路。调整航向后，航行的方向或者说经济发展的目标不变，但是具体的航行路径要调整。

其次，企业在技术和模式上已经追赶到接近西方先进水平，再往前只能自己进行创新。通过多年的学习、引进、合作、模仿，中国的企业在技术、产品和模式上与国际主流企业已经十分接近了，但是总体上还存在一个差距，这个差距是由于被学习模仿国家的企业害怕"教会学生，饿死师父"而"留了一手"，这一手是很难被学到的，也很难被引进。这就像是师父的技艺基本传授完了，剩下的看家本领不再传了。因此，即便企业有时因为经营管理等原因愿意卖，其政府也会限制和阻止。2008年华为收购3Com公司，因美国外国投资委员会反对而失败。2010年，华为再收购美国3Leaf公司，又因美国国防部门的介入而失败。2016年1月，中资企业在力图收购飞利浦旗下照明业务品牌Lumileds时，美国外国投资委员会就以国家安全为由审查收购，阻止了该项收购计划。2月，又由于该委员会的调查，清华紫光撤销了以38亿美元投资西部数据的交易。年中，美的收购德国机器人制造商库卡公司时，德国政府也对这项收购百般阻挠。之后，在中国三安光电与德国老牌照明与半导体厂商欧司朗达成收购协议后，德国经济部立即出面表示反对该交易。10月，美国情报机关直接联系德国总理，阻止福建宏芯基金收购德国半导体设备制造商爱思强公司，导致该收购最终失败。2017年9月28日美国外国投资委员会阻止了腾讯对丹麦地图公司Here的股权收购（该公司在美国芝加哥有资产）。

  供给能力和供给水平发展的确能创造新的需求，或者升级需求，但是并不能得出供给侧结构性改革就是要实现经济自由主义，就是要求政府不要管经济。

  政府和企业，不是相斥的关系，而是互补的关系，它们各自有各自的功能，各自有各自的行为边界，在边界内有效履行各自的职责，就能促进经济发展，擅自扩大或超出内在的边界行动，就会对经济的发展产生负面影响。因此，供给侧结构性改革，需要改革政府，需要减少政府不合理的经济干预，但并不是要实行经济自由主义，并不是不要政府管理。

  正如中财办尹艳林所说："供给侧结构性改革，首先是改革，对象是体制机制，这是供给侧结构性改革的实质。离开了这个'改革'实质，去谈供给侧结构性改革，就会偏离本来的含义。""'虽然三去一降一补'是'供给侧结构性改革'的重大任务，但不是改革本身。关键是看，谁去做，以怎样的方式去做。改革的对象是体制，而不是问题或任务本身。""供给侧原本不是问题，之所以有问题，是因为有一只'有形之手'在起反作用。供给侧结构性改革，就是要理顺这些关系，让市场真正起到资源配置的决定性作用，该入土的'僵尸企业'，就让它'入土为安'。""供给侧结构性改革，虽然也包括通过降低税费来减轻企业负担的要求，但不仅改革的性质与供给学派主张有根本的不同,而且改革的范围也要远远超过供给学派的主张。"①

把供给侧结构性改革当成撒切尔主义的人认为,是撒切尔夫人当政期间推行的对二战期间形成和留下来的国有企业私有化促进了英国经济发展。这种认识有两个方面是欠妥的。

首先,企业能不能搞好,与所有制是没有关系的,它只与企业制度的发展和建设水平有关系。无论是全民所有、不定多数人所有,还是个人或家庭所有,只要制度合适,企业都是可以搞好的。同时,必须认识到,由于技术不断发展会引起产品的不断迭代,企业都是有自己的生命周期的,有的周期长一点,有的周期短一点,企业的产生与消亡是自然而然的事,私有企业不能违背这个规律,国有企业也不应该违背这个规律。因此,国有企业的管理,在改进企业管理制度的同时,要由企业管理改为资本管理。管住了资本,保证有不低于市场主流水平的资本收益率,就是管好了国有企业。换句话说,要保留和新增部分生产型国有企业,但是更要发展投资型国有企业。

其次,英国国有企业的私有化虽然真的可能促进了当时经济的发展,但是它也促成了英国社会后来贫富差距的快速扩大,导致社会购买力整体相对下降,从而影响到税收增长,使财政赤字不断扩大,社会福利不断下降。这既影响了人们的幸福感,降低了社会的创造力,也导致了如今英国的债务危机,还间接促进了英国的内部分离主义和脱欧思想的产生。

因此,对国企私有化的供给侧结构性改革,短期看可能对经济有增长作用,但长期看会给经济发展带来无穷的后患。

认为供给侧结构性改革就是减税,是根据美国供给学派经济学家拉弗(Laffer)的"拉弗曲线"做出的。拉弗曲线认为,当税收为百分之百时,就没有人愿意生产了,这时政府实际能收到的税为零,因此主张减税,认为税率越低,人们的生产积极性越高,实际能收到的税越多。这个观点有三个地方是站不住脚的:

---

① 中财办官员:《供给侧结构性改革不是新的计划经济》,凤凰网http://news.ifeng.com/a/20160710/49328570_0.shtml.

如何看懂中国经济?

第一,反过来看,当税率为零时,政府能收到的实际税收也为零。所以,税率并不是越高越好,也不是越低越好,而是应该有一个最佳税率。最佳税率也只是一个理论上的值,实际上,现实中的企业,不同国家或地区的利润率是不同的,不同企业之间的利润率也有很大的差距,并没有一个固定的税率能适用于所有国家或所有企业。因此,供给侧结构性改革并不是无限地降低税率就行了的,也不是一个降税就完了。

第二,过度降税会扩大收入差距,降低民众的福利水平。降税是有条件的,必须是税收不合理或者太高导致企业难以生存或对外缺乏竞争力。当税率降到合理水平后,还要通过减少企业的生产和交易成本来提高企业的利润率,从而提高企业生存率和对外竞争力。实际上,过度降税、退税或补贴增加的企业利润绝大多数甚至全部都只会进企业主或少数大股东的口袋,企业的员工很少能分配到。与此同时,这些降、退、补的钱,或者要由个人税,比如消费税、所得税等弥补;或者通过调减民众的社会福利等来平衡,从而造成收入或实际获得差距的扩大。根据供给学派的理论,减税必须同时伴随削减社会福利,实际操作中也是如此。无论当初的里根主义,还是如今欧盟对希腊的救助,都同时进行了社会福利的削减。很明显,这对普通民众是不公平的,对社会稳定是有害的,对经济的可持续发展尤其是创造力的发挥是不利的。

第三,过度的降税会导致为平衡收支不断推高政府债务,最终引发债务危机。社会福利——实际上就是社会保障和公共产品供应,降低是有限度的。换句话说,政府、司法机构、军队、科研机构、医疗卫生机构、养老机构等的开支是不能无限压缩的,否则就会无法正常运行。在这种情况下,政府只能通过增加内外国债来支付。税率调下去后,一般也很难调上来,如果增加的税收不足以弥补减税的损失,随着时间的推移,政府的债务就会越积越高,最后只有不断突破规定的债务上限。比如,美国自1971年以来,已经80次批准提高债务上限。债务上限越高,当期的财政无法偿还到期的债务的可能性越大,国家破产的严重债务危机越可能出现。美国之所以还没有出现国家破产的严重债务危机,主要是因为美元的国际货币地位,它可以把很大一部分债务转嫁给其他国家,从而延缓其国家破产的严重债务危机的爆发。

第六章 为什么供给侧结构性改革的核心是解放和发展生产力

因此,把供给侧结构性改革简化为减税,或者过度强调和依赖减税,是有很大问题的,甚至是严重错误的。不过,这并不是说不可以减税,对于税收制度不合理或税率过高的国家,的确需要改革税收办法或适当降低税率。

对于供给侧结构性改革的背景、核心与作用,全国政协委员、政协经济委员会委员、中国财政学会顾问贾康2016年7月在第十三届SNAI-ASU企业家高层论坛上讲的一段话有比较好的理解。他说,当前中国进行的供给侧结构性改革并非横空出世,而是改革的承前启后、继往开来,经济体进入中等收入阶段后,下滑符合经济体发展的一般规律,供给侧结构性改革的核心就是以新常态改革的攻坚克难作为核心内涵,进一步解放生产力,激发微观主体的潜力、活力,靠结构优化和创新驱动,在完成阶段性探底后,形成升级版的中高速增长。①

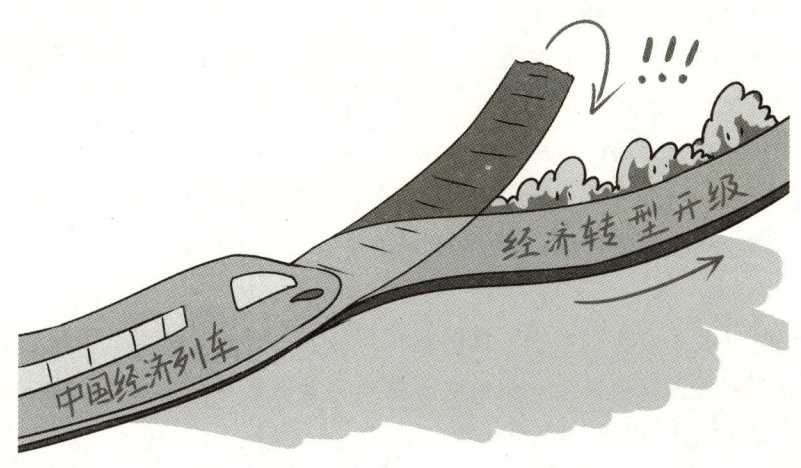

---

① 贾康:《中国经济会形成"升级版的中高速增长"》,中国新闻网http://www.chinanews.com/cj/2016/07-02/7925486.shtml。

第七章　为什么偏偏把创新放在新发展理念之首

● 政策述要

"十三五"规划建议提出：

实现"十三五"时期发展目标，破解发展难题，厚植发展优势，必须牢固树立创新、协调、绿色、开放、共享的发展理念。

创新是引领发展的第一动力。必须把创新摆在国家发展全局的核心位置，不断推进理论创新、制度创新、科技创新、文化创新等各方面创新，让创新贯穿党和国家一切工作，让创新在全社会蔚然成风。

"十三五"规划纲要指出：

把发展基点放在创新上，以科技创新为核心，以人才发展为支撑，推动科技创新与大众创业万众创新有机结合，塑造更多依靠创新驱动、更多发挥先发优势的引领型发展。

在2016年5月30日的科技创新大会上习近平指出：

纵观人类发展历史，创新始终是一个国家、一个民族发展的重要力量，也始终是推动人类社会进步的重要力量。不创新不行，创新慢了也不行。如果我们不识变、不应变、不求变，就可能陷入战略被动，错失发展机遇，甚至错过整整一个时代。实施创新驱动发展战略，是应对发展环境变化、把握发展自主权、提高核心竞争力的必然选择，是加快转变经济发展方式、破解经济发展深层次矛盾和问题的必然选择，是更好引领我国经济发展新常态、保持我国经济持续健康发展的必然选择。

2016年7月20日国务院常务会通过的"十三五"国家科技创新专项规划中指出：

增强原始创新能力，加强基础和前沿技术研究，整合优化资源配置，瞄准引领未来发展的战略领域，布局建设一批重大科技设施、国家科研与技术创新基地等。扩大创新型人才规模、提高质量。强化区域和国际创新合作。使国家综合创新能力世界排名明显提升。

构筑先发优势，用好比较优势，聚焦国家战略和民生改善需求，在量子通信、精准医疗等重点领域启动一批新的重大科技项目，强化种业、煤炭清洁高效利用、第五代移动通信、智能机器人等重大产业技术开发，推进颠覆性技术创新，培育新动能，带动传统产业改造升级，使科技进步贡献率达到60%，提高人民群众生活品质。

十九大报告指出：

创新是引领发展的第一动力，是建设现代化经济体系的战略支撑。要瞄准世界科技前沿，强化基础研究，实现前瞻性基础研究、引领性原创成果重大突破。加强应用基础研究，拓展实施国家重大科技项目，突出关键共性技术、前沿引领技术、现代工程技术、颠覆性技术创新，为建设科技强国、质量强国、航天强国、网络强国、交通强国、数字中国、智慧社会提供有力支撑。加强国家创新体系建设，强化战略科技力量。深化科技体制改革，建立以企业为主体、市场为导向、产学研深度融合的技术创新体系，加强对中小企业创新的支持，促进科技成果转化。倡导创新文化，强化知识产权创造、保护、运用。培养造就一大批具有国际水平的战略科技人才、科技领军人才、青年科技人才和高水平创新团队。

● 提出问题

从这新发展理念可见，创新被放在了各项发展理念之首，并且认为创新是引领发展的第一动力，为什么这么说呢？如何理解创新是引领发展的第一动力呢？

如何看懂中国经济？

●经济原理

一

经济的运行，就像一个滚动力学问题。一个国家某一时刻的经济运行情况，就是一个处于科技发展形成的推力和收入差距扩大形成的摩擦阻力共同作用之下滚动的钢球。当科技发展形成的推力较大，大到足以克服收入差距扩大形成的摩擦阻力时，经济就表现为增长，且科技发展越快经济增长越快；当科技发展形成的推力太小，不足以克服收入差距扩大形成的摩擦阻力时，经济就表现为衰退，且科技发展越慢经济衰退越严重。

所以，一个国家，无论制度如何，只要有足够快的科技发展，无论自主发展还是引进技术，都会有经济增长，而且科技发展越快，经济增长越快。这就是为什么随着蒸汽机、电力、无线电、网络等技术革命的出现会为欧美国家带来一轮轮高速经济增长的原因，这也是"金砖国家"通过开放和引进技术能实现快速增长的原因。

工业革命以前，人类的科技发展一直十分缓慢，没有形成推动经济增长的有效推力，同时，小农经济为主的自给自足经济也未使收入分配的差距发生明显的变化，所以人类经济一直处于既无明显增长也无明显下降的以某一固定速度（接近匀速）运行的状态。此时，影响经济的主要因素是自然灾害、战争以及部分君主的昏庸残暴，所以这个时候人们最盼的是风调雨顺、没有外敌入侵和明君。中国的儒道法等社会科学就是在这样的背景下形成的，因而科技发展因素没有被关注到并纳入社会科学理论和方法体系之中。因此，中国的传统社会科学思想虽然已经进入了大同社会的最高境界，但是由于少了一个参数而不能充分发挥作用，或者说作用受到了极大的限制，而科学社会主义思想的产生和发展则将这一缺失的参数补上了。

工业革命以后，科技快速发展，对经济形成了强大的推力，经济以加速度的方式运行，影响经济的主要因素就变成了科技发展的速度。科技发展的速度越快，经济增长的速度越快；科技发展的速度越慢，经济增长的速度越慢。在不考虑收入差距扩大形成的摩擦阻力的情况下，经济增长主要有两大原因：一是科技发展原因，二是人口和资源增长原因。科技发产生的经济增长，实质上就是经济的加速增长，会使人均收入和消费水平提高；人口、资源增加形成的经济增长实质上只是单纯的经济总量增加，一般不会使人均收入或消费水平提高。

二

科学发展总水平，是一个国家某一时点或时段的自然科学、社会科学和工具科学的综合发展水平，包括理论（规律）发现、工具创造、内容生产三个层次。理论（规律）发现、工具创造水平越高，该国此一时点或时段的社会生产总能力越高。

理论发现，是指物理、化学、生命等自然科学各学科，人性、历史、政治、经济等社会科学各学科，以及数学、逻辑、哲学等工具科学各学科规律的发现。

工具创造，是指生产、消费等各种工具（设备）的发明创造和制度（模式）的设计创造。包括生产工具和消费工具的发明创造、文艺和娱乐模式的设计创造、销售和服务模式的设计创造，国家（国际）和企业（事业单位）制度的设计创造，语言和文字（符号）的发明创造等。其中，文艺和娱乐模式，包括小说、歌曲、电影、足球、篮球、武术、益智游戏、竞技游戏等；销售和服务模式，包括综合市场、专卖店、便利店、超市、在线市场、售后服务、上门服务、在线服务等。

内容生产，是指自觉或不自觉地运用规律或生产工具进行物质、文娱、服务产品生产的活动。内容生产分为简单、专业和综合三个主要层次。人工拖地、洗衣、挖煤、搬砖，普通歌手表演时唱别人唱出名的歌，生产线上的组长的管理都是简单层次的内容生产；会熟练使用各种设备或软件的技术工人、能够把自己歌曲唱出名的歌手、部门管理者都是专业层次的内容生产；设备和软件技术人员、歌曲编写人员或影片编导、不进行理论和制度创新的普通企业或国家主要管理者从事的都是综合层次的内容生产。

科学的发展并不是从理论开始的，而是从具体内容生产开始的。以采果子为例，人们最初是直接采果子，然后才开始进行相关的各种工具创造，如编篮子、制作刀具等，之后才发现相关的理论，如果树的生长规律、藤条的特性、铁器的特性等；而理论的产生，即规律的发现，反过来会极大

如何看懂中国经济？

地促进工具的发展与内容的生产，于是出现了果树种植，并出现了锄头、肥料，从而使果子产量极大增加。这就是自然科学实践与理论的作用与反作用的具体路径过程。社会科学实践与理论的作用与反作用的具体路径过程与之相似，只是分别改成了方法→制度→理论→制度→方法。

实际社会生活中，人们并不一定都是按三个层次进行绝对的分工，有一部分人是同时跨越多个层次工作，并且通常是从内容生产、工具创造向理论发现等逐步跨越。

●原理解读

这一章的经济原理要结合上一章一起来理解，为了不重复，这一章未再列出上一章已列过的内容。结合起来，理解为什么把创新放在新发展理念之首，应把握以下几点。

第一，创新就是增加社会生产总能力，就是扩大经济总量。但是这种总量的增加不同于人口和资源增加形成的总量增加，前者是产品升级、丰富型的增加，后者只是产品总数量的增加。创新包括四个方面：一是工具科学，二是自然科学，三是社会科学，四是文艺体育。但是促进经济发展的创新主要是自然科学创新和社会科学创新，文艺创新只是增加经济的总量。

由于工具科学的创新可以而且一般被分解到了自然科学和社会科学之中来理解，所以通常所说的创新主要是三个方面。文艺体育由于是纯内容性产品，其创新虽然会增加经济总量，但不会使经济向前发展。一个国家诗歌、文学、字画、音乐作品创作再多，水平再高，足球、篮球、乒乓球、长跑、游泳等体育水平再高，如果自然科学水平和社会科学水平（理论、制度等）不发展，那么这个国家还是一个低水平或未发展的国家。比如，几千年的中国封建社会，特别是四大发明后，由于科技和制度没有明显进步，所以虽然产生了无数的诗文、曲艺、字画、手工工艺品，也有门派众多的武术，但是并没有改变中国经济低水平的情况，以至于亚当·斯密说，自马可·波罗以来500年间，中国经济几乎没有任何发展。

也就是说，真正能促进经济向前发展的只有自然科学和社会科学方面的创新。因此,创新促进发展,实际上是指自然科学和社会科学方面的创新。

当然,这并不是说文艺体育就不重要,或者文艺体育就不需要创新。自然科学和社会科学的创新需要文艺体育的创新来表现和体现。因为人们的消费包括物质、文化和服务三大部分,文艺体育是人们文化消费的重要组成部分,而文化消费又是人三大消费之一。文艺体育创新是内容创新,其创新得益于自然科学和社会科学创新,自然科学和社会科学的创新不仅会改变和丰富文艺内容创新的内容和水平,也会改变文艺体育创新的形式。比如,摄影、录音技术的发展产生了电影,无线广播技术的发展产生了广播剧和电视剧,电子技术的发展产生了电子游戏,网络技术的发展产生了网络游戏。

第二,科技创新是创新的主战场,要进行尽可能多、尽可能快的创新。在创新尤其是科技创新上,只有进行时,没有完成时,必须持续不断地创新,无论一个国家过去的创新是多么的伟大和辉煌,只要放慢或停止了创新都要落后。因此,绝不能沉湎于过去四大发明的伟大创新,而要将此作为中国人有天生优秀的创新基因的证明,相信自己能够进行伟大创新,并继续发扬这种创新精神,不断进行更多更伟大的创新。创新是没有终点的马拉松,必须持续地跑,而且跑慢了也不行。

第三,人是创新的主体,创新只能依靠人、通过人、激发人。创新是一种高级劳动。劳动分应用劳动和创新劳动,无论应用劳动还是创新劳动都分为技术性劳动和管理性劳动,技术性劳动由自然科学的发展形成,并随之而发展;管理性劳动由社会科学的发展形成,并随之而发展。

应用劳动分为纯重复性应用劳动和创新性重复应用劳动。创新性重复应用劳动是联结纯重复性应用劳动和创新劳动的中间形态劳动,是最为活跃的劳动,能够影响和推动另外两种劳动的发展。

纯重复性应用劳动最终会被机器所取代,创新性重复应用劳动也会部分被机器人取代,但是原来的创新性重复应用劳动被机器人取代后,又会产生新的创新性重复应用劳动,所以创新性重复应用劳动作为整体是不会被机器取代的。创新劳动,即纯创新性劳动是不会被机器人取代的。

任何创新,无论是应用性创新还是纯创新,都是人做的。创新,从产生的链条看,可分为理论创新、制度创新(或技术创新)、产品创新,其中理论又分为社会科学理论和自然科学理论,产品又分为物质产品、文化产品和服务（含管理）产品。

　　机器或机器人只能做应用劳动不能做创新劳动，即只能做纯重复性应用劳动和部分创新性应用劳动，不能做纯创新性劳动。虽然IBM的"深蓝"可以下国际象棋，谷歌的Alphago可以下围棋，看起来是很智能的脑力劳动，但是这些劳动本质上还是一种应用劳动，只是它们是有很多演算和判断的复杂的劳动，虽然有创新，但不是纯创新，发明国际象棋和围棋才是纯创新劳动，当然也包括发明"深蓝"和Alphago。即使机器人能写歌、写小说，也不是纯创新劳动，它不过是对既有的素材，按照一定的规则进行随机组合，只是一种结果不重复的重复性劳动，而创造写歌、写小说机器的劳动才是纯创新劳动。

　　无论是机器人下棋，还是机器人文艺创作，实际上都是通过人实现的，没有人对这些机器的创造，这些看起来有所创新的活动是不可能实现的。

　　人的行为是受动机支配的，要产生创新或实现更多的创新，就要通过制度、环境激发人们的创新欲望。当人们都有创新的欲望和激情后，创新就能不断产生。

●常见看法

　　一、创新就是科技创新，欧美制度是终极制度，再不需要创新。
　　二、创新是企业之间竞争的事，与经济增长没有明确的关系。

●认识更新

　　科技创新就是发展生产力，制度创新就是改革，改革就是解放生产力，使生产力得到更大更快速的发展。只进行科技创新不改革，生产力会受到束缚，得不到解放和充分发展；只改革不进行技术创新，改革就会失去内核，不能有效促进生产力和经济的发展，改革与创新是影响和决定经济发展的两个根本问题。"在'十三五'规划开局之年进入下半程时，回顾中共中央总书记、国家主席习近平2016年上半年的调研路径和系列讲话，人们可以清晰地看到改革和创新这两条贯穿始终的主线。"从中新社的这段总结可见，中国的政策正好抓住了影响和决定经济发展的两个最根本问题。

新中国成立后，中国提出了四个现代化，其实就是用科技的现代化来改造农业、工业、国防。所谓现代化，实际上就是在科技及与科技相适应的管理上跟上国际最主流或最先进的水平。邓小平说"科学技术是第一生产力"，强调和指出了科技在经济发展中第一动力的作用。"十三五"规划把创新放在新发展理念之首，更是强调了科技的极端重要性。创新的含义也更广了，除了科技创新，还有社会科学的理论和制度创新，以及文化创新。与主要强调科技相比，创新的提法更全面了，把推动经济发展的两大根本动力都包括在内了。习近平在2016年"科技三会"上说："科技创新、制度创新要协同发挥作用，两个轮子一起转。"

长期处于经济领先地位的中国，为什么在西方工业革命后突然相对远远落后了。因为科技长足发展带来的西方工业革命形成了很大和很持久的经济动力，推动了西方经济极大地向前发展，正如马克思在《共产党宣言》中所说："资产阶级在它的不到一百年的阶级统治中所创造的生产力，比过去一切世代创造的全部生产力还要多，还要大。"同时，也可以看到，中国的经济落后是一种相对落后，而不是倒退，是停滞者相对快跑者的落后，就像两个人一开始都在以蜗牛般的速度在走路，后来后面的人突然坐上汽车把前面的人远远地甩在了后面。这种落后主要是因为中国的科技没有继续发展，而西方的科技获得了突破性的大发展。假如当时中国的科技能与西方同步起来，那么中国当时的经济至少可以与西方国家并跑，而不会远远地落在后面。

西方国家的发展，无论是昔日的日不落帝国英国，还是今天世界的唯一超级大国美国，都是由于科技的发展带来的。经典力学创立者牛顿等科学家、瓦特等改良蒸汽机的工程师所带来的科技发展，为"日不落帝国"提供了根本支撑。美国的发展，最根本的原因也是科技创新，是科学家爱因斯坦、爱迪生、冯·诺依曼的发现和发明，以及企业家卡内基、洛克菲勒、约翰·皮尔庞特·摩根、亨利·福特、比尔·盖茨等将发现发明用于生产生活，才成就了美国的超级大国地位。

正如习近平在2016年1月省部级主要领导干部学习贯彻党的十八届五中全会精神专题研讨班总结讲话中指出：

如何看懂中国经济？

回顾近代以来世界发展历程，可以清楚看到，一个国家和民族的创新能力，从根本上影响甚至决定国家和民族前途命运。

16世纪以来，人类社会进入前所未有的创新活跃期，几百年里，人类在科学技术方面取得的创新成果超过过去几千年的总和。特别是18世纪以来，世界发生了几次重大科技革命，如近代物理学诞生、蒸汽机和机械、电力和运输、相对论和量子论、电子和信息技术发展等。在此带动下，世界经济发生多次产业革命，如机械化、电气化、自动化、信息化。每一次科技和产业革命都深刻改变了世界发展面貌和格局。一些国家抓住了机遇，经济社会发展驶入快车道，经济实力、科技实力、军事实力迅速增强，甚至一跃成为世界强国。发端于英国的第一次产业革命，使英国走上了世界霸主地位；美国抓住了第二次产业革命机遇，赶超英国成为世界第一。从第二次产业革命以来，美国就占据世界第一的位置，这是因为美国在科技和产业革命中都是领航者和最大获利者。

中华民族是勇于创新、善于创新的民族。前面说到我国历史上的发展和辉煌，同当时我国科技发明和创新密切相关。我国古代在天文历法、数学、农学、医学、地理学等众多科技领域取得举世瞩目的成就。这些发明创造同生产紧密结合，为农业和手工业发展提供了有力支撑。英国哲学家培根这样讲到：印刷术、火药、指南针，这3种发明曾改变了整个世界事物的面貌和状态，以致没有一个帝国、教派和人物能比这3种发明在人类事业中产生更大的力量和影响。一些资料显示，16世纪以前世界上最重要的300项发明和发现中，我国占173项，远远超过同时代的欧洲。我国发展历史上长期处于世界领先地位，我国思想文化、社会制度、经济发展、科学技术以及其他许多方面对周边国家发挥了重要辐射和引领作用。近代以来，我国逐渐由领先变为落后，一个重要原因就是我们错失了多次科技和产业革命带来的巨大发展机遇。

之前，尽管中国改革开放以来，经济取得了长足发展，经济总量上升到了世界第二的位置，但是美国人对中国还是很不屑，他们说："中国靠的是模仿，而美国有巨大的创新能力。"可见，他们认为只有创新能力才是一个国家的核心竞争力，没有创新能力，无论你今天发展多好，经济总量多大，也不值得尊敬，也不足为惧。但是，当中国提出新发展理念，并把创新放在首位后，他们开始认真对待了。因为他们太清楚创新的重要性了，一旦中国通过制度改革和观念引领充分激发出创新活力，13亿人就会爆发出无比强大的创新能力，对世界发展产生的影响是无法想象的。

如今，中国对创新的认识、重视和举措达到了前所未有的高度。2016年5月17日在哲学社会科学座谈会上，提出哲学社会科学创新；5月30日，有4000多人参加的"科技三会"上，在更高层次上规划部署了科技创新，这些都必将对中国的各方面发展产生重大而深远的影响。

新华网在梳理习近平的调研活动发现，"创新"是其一以贯之强调的主题。"每到一地，他必了解当地创新进展，督促新旧动力加快转换。在重庆，习近平指出，创新作为企业发展和市场制胜的关键，核心技术不是别人赐予的，不能只是跟着别人走，而必须自强奋斗、敢于突破。在江西，习近平表示，高校作为科技创新的生力军，要创新人才培养机制和教育方法，为国家现代化建设培养造就更多的合格人才、创新人才。在安徽，习近平说，当今世界科技革命和产业变革方兴未艾，我们要增强使命感，把创新作为最大政策，奋起直追、迎头赶上。在黑龙江，习近平指出，实施创新驱动发展战略，必须着力构建以企业为主体、市场为导向、产学研相结合的技术创新体系，政府要搭建平台、创造环境、提供相关政策支持、保护知识产权。在宁夏，习近平强调，越是欠发达地区，越需要实施创新驱动发展战略。欠发达地区可以通过东西部联动和对口支援等机制来增加科技创新力量，以创新的思维和坚定的信心探索创新驱动发展新路。在河北，习近平要求在改革创新、开放合作中加快实现新旧动能转换。①

李克强在2016年夏季达沃斯论坛上说："一路走来，可以说充满风险和挑战，但是令人欣慰的是新动能呈快速增长态势，尽管目前在规模上还难以和传统的动能等量齐观，但它在保障就业、增加收入、促进转型升级方面，乃至在推动发展方面，正在发挥着越来越大的作用。假以时日，异军突起的新动能必将撑起未来中国经济的新天地。"2016年7月22日，在与世界银行行长金墉、国际货币基金组织总裁拉加德、世界贸易组织总干

---

① 《总书记频繁地方调研背后的考量》，新华网 http://news.xinhuanet.com/politics/2016-08/11/c_129219860.htm.

如何看懂中国经济？

事阿泽维多、国际劳工组织总干事赖德、经济合作与发展组织秘书长古里亚和金融稳定理事会主席卡尼共同举行的"1+6"圆桌对话会新闻稿中更是指出："创新是生产率、经济增长和社会福祉的核心驱动力……创新作为长期经济增长的源泉在未来将变得更加重要。"①

2016年9月3日，习近平在G20峰会上，面对世界经济增长乏力的问题，开出的药方的第一味药就是创新："建设创新型世界经济，开辟增长源泉。创新是从根本上打开增长之锁的钥匙。""中方把创新增长方式设定为杭州峰会重点议题，推动制定《二十国集团创新增长蓝图》，目的就是要向创新要动力，向改革要活力，把握创新、新技术革命和产业变革、数字经济的历史性机遇，提升世界经济中长期增长潜力。"

2016年10月12日，在落实创新驱动思想的重要形式"双创周"上，李克强强调，从政府到社会到学校再到企业，都要营造"相信人类智慧"的氛围，"双创开展不是一个活动，而是一项事业，是大众的事业，是全社会和全人类的事业"②。

---

① 《"1+6"圆桌对话会联合新闻稿》，中国政府网 http://www.gov.cn/premier/2016-07/22/content_5093758.htm.

② 《李克强与中外顶级创客刮起"头脑风暴"》，人民网 http://politics.people.com.cn/n1/2016/1013/c1001-28776878.html.

第八章　为什么要通过促进社会保障均等化进行托底

● **政策述要**

"十三五"规划建议指出：

建立更加公平更可持续的社会保障制度。实施全民参保计划，基本实现法定人员全覆盖。坚持精算平衡，完善筹资机制，分清政府、企业、个人等的责任。

"十三五"规划纲要指出：

按照人人参与、人人尽力、人人享有的要求，坚守底线、突出重点、完善制度、引导预期，注重机会公平，保障基本民生，不断提高人民生活水平，实现全体人民共同迈入全面小康社会。

2016年4月，习近平在安徽考察时指出：

扶贫机制要进一步完善兜底措施，在医保、新农合方面给予更多扶持。

2015年3月，李克强在政府工作报告中指出：

民之疾苦，国之要事，我们要竭尽全力，坚决把民生底线兜住兜牢。

十九大报告指出：

按照兜底线、织密网、建机制的要求，全面建成覆盖全民、城乡统筹、权责清晰、保障适度、可持续的多层次社会保障体系。全面实施全民参保计划。完善城镇职工基本养老保险和城乡居民基本养老保险制度，尽快实现养老保险全国统筹。完善统一的城乡居民基本医疗保险制度和大病保险制度。完善失业、工伤保险制度。建立全国统一的社会保险公共服务平台。统筹城乡社会救助体系，完善最低生活保障制度。坚持男女平等基本国策，保障妇女儿童合法权益。完善社会救助、社会福利、慈善事业、优抚安置等制度，健全农村留守儿童和妇女、老年人关爱服务体系。发展残疾人事业，加强残疾康复服务。

●提出问题

为什么要建立社会保障体制，将每个人纳入社会保障之中？为什么社会保障只保障基本民生，兜住底线？

●经济原理

一

市场竞争必然造成部分人的临时甚至较长时间失业，这不是这些人本身的原因造成的，而是市场机制的必然结果——即便失业率降为零甚至劳动力不足，同样会有短期失业。市场经济下，如果没有失业保障，失业往往意味着生存问题或是消亡——尽管他们可能会创造出很多自己消费不了甚至许多人都消费不了的价值，并导致人口越来越少，直到最终所有人都剥葱（或锈蚀）式消亡。

因此，必须对抗市场竞争导致的经济社会发展不可持续的这种负面性，而建立社会保障体系是对抗和消除市场竞争的这种负面性的根本方法。社会保障与市场竞争是一对相生相克的孪生体，必须同时建立，而且方法水平越高越好。

社会保障体系就是以保证每个人生存层次的消费需求为限，使每个人都获得确实有效的生存安全保障，以便为个人参与社会竞争创造基本的条件。保险模式的社会保障体系是一种初步的社会保障体系设计，由于会导致"福利陷阱"等诸多问题，应该而且终将被替代。最好的社会保障体制是由中央政府用财政收入统一为每个人预算相同的经费，通过个人独立或共同选择的方式向企业统一购买必要项目基本层次的物质、文化、服务产品来为每个人提供一种保底消费，从而确保每个人在任何时候都无条件地获得生存层次的消费安全保障和最好的生存安全感。

除此之外，社会保障体制的建立还有以下作用：一是帮助劳动者获得与企业的平等劳动力议价能力，提高劳动力价格水平，减少或避免劳动剩余价值的产生；二是整体提高劳动者的绝对收入水平，增加社会总购买力，避免跌入拉美国家的"中等收入陷阱"；三是稳定基础GDP（生存层次消费产生的GDP），提高社会稳定水平；四是为个人的创新创造提供坚实的生存安全基础，解除其后顾之忧，促进社会科学、自然科学与经济的快速发展。

因此，"无恒产者无恒心"，应改为"没有消费需求安全感的人没有发展自由和创造力"。因为，一个时刻面临生存安全问题的人往往只是为生存而工作，很难从理想、兴趣、使命出发来选择自己的职业方向。一个人没有发展自由就难以形成创造力，即使有了也不能充分发挥出来，从而只能很有限地对经济社会发展做出贡献。社会保障水平越高，人们越有生存安全感，越有利于实现人的发展自由和激发人的创造力，越能有效促进经济社会的快速发展。

二

劳动剩余价值在发达国家已经通过建立保险救济式货币化社会保障体制得到了很大程度的消除，但是保险救济式货币化社会保障模式却让这些国家掉入了"福利陷阱"。

发达国家或地区之所以进入发达国家或地区行列，不是因为它们的发展历史长，更不是因为采用了多党选举制度或人更聪明，而是因为这些国家或地区建立了保险救济式货币化社会保障体系，提高了劳动者的议价能力和劳动力的绝对价格，使企业大股东和中高级管理者能够占有的劳动剩余价值大为减少，劳动者的绝对收入水平和社会边际总购买力大幅提升。

这一点，从新加坡、韩国、中国的台湾和香港地区的发展与拉美的"中等收入陷阱"的对比就能发现。新加坡、韩国、中国的台湾和香港地区在引入欧美国家科技的同时，建立了保险救济式货币化的社会保障体制，普通劳动者的劳动力价格上升，其收入的绝对水平提高，所以进入了发达国家

如何看懂中国经济？

或地区行列；而拉美等地在引入欧美国家科技的同时，没有建立起有效的社会保障体系，普通劳动者的劳动力价格无明显增长，其收入的绝对水平较低，所以掉入了"中等收入陷阱"。

这个过程是可逆的，也就是说，如果让欧美或新加坡取消其社会保障体制，那么经过一段时间后，这些国家又会跌回到中等收入陷阱中——普通劳动者的薪酬水平会下降，贫困人口会增加，整体创造力水平会下降。

同时，从中国取消农业税和对农民实行直接补贴后，沿海地区农民工市场劳动力价格迅速攀升，甚至超过了一般大学毕业生的事实也能说明这个问题：农民工有了生存保障，劳动力议价能力提高，工资水平上升，大股东和企业中高级管理者能占有劳动者的剩余价值就会减少；大学生没有生存保障，劳动力议价能力弱，工资水平上不去，大股东和企业中高级管理者能占有劳动者的剩余价值就会较多。扩招等不是大学生工资低的根本原因，甚至不是原因，因为所有人大学生化（含高等技术学校）是趋势，是发展的必然要求和结果。

保险救济式货币化社会保障体制的建立，在减少和消除劳动剩余价值的同时，也使这些国家进入了发达国家行列，但是这种模式的社会保障体制，也让发达国家遭遇了"福利陷阱"。

为什么保险救济式货币化社会保障模式会导致"福利陷阱"呢？一是这种保障模式是逐利的，只向有钱人服务。越没钱的人是越需要社会保障的人，但他们却越被排除在保险体系之外，越得不到社会保障，所以这样的社会保障模式并不能真正保障那些最需要保障的人。这就是这些国家虽然建立了社会保障体系，仍然到处都是流浪汉的原因，也是救济制度产生的原因。二是无论如何划设"救济线"，始终存在夹心层问题，且划设任何救济线，对救济线以外的人都不公平，对越接近"救济线"的人越不公平，这会影响这部分人的公平感和劳动创造的积极性，并出现养懒汉情况。三是造成大量资金沉积，缩减当期社会总购买力和GDP，缩减企业收入和国家税收，因为这些本该用于消费的大量收入被搁置起来了，不能正常用于消费。四是用于保障消费的货币常常被用作投资，造成资本与生产过剩。五是保障资金管理、审查与支付需要专门机构和大量人员，不但会极大增加社会保障的成本，扩大保障费支出，还容易造成腐败。

由于这些原因，通常会导致财政收入不抵社会保障所需或财政收入的增长不抵社会保障所需的预算增长，即入不敷出，这就是所谓的"福利陷阱"。

另外，保险救济式货币化社会保障模式还有以下问题：一是需要一定的审查时间和较为复杂的审查程序，不能及时提供有效保障；二是社会保障资金会陷入"投资有风险与不投资会贬值"的两难困境。

三

一个国家能不能走出"中等收入陷阱"，进入发达国家行列，关键是看有没有建立起有效的社会保障体制。目前，发达国家都建立起了基本有效的保险救济式货币化社会保障体制，但是这种社会保障体制都存在一个致命的制度设计缺陷，即没有处理好社会保障与促进劳动创造积极性的关系问题，不能实现收支平衡，会导致所谓的"福利陷阱"。

不建立社会保障体制，经济社会无法升级发展，会出现"中等收入陷阱"，建立保险救济式货币化社会保障体制又会出现"福利陷阱"。虽然相对"中等收入陷阱"，"福利陷阱"可能更好些，但是能不能同时避免两个陷阱呢？答案是肯定的——能。

发达国家或地区之所以出现"福利陷阱"，不是因为"福利陷阱"不可避免，而是因为社会保障的方式方法上出了错——采用了保险救济式货币化的社会保障体制。避免"福利陷阱"的办法不是降低社会保障水平、不是不进行社会保障、更不是多收税或延长工作时间，而是建立统筹普惠式产品化社会保障体制。

统筹普惠式产品化社会保障体制，就是将社会保障由国家财政统一全部负担、人人平均预算，但只保生存层次需求。

统筹普惠式产品化社会保障体制建设有四大原则：一是人人均等预算，即钱要由国家财政统一出，无论收入高低都执行预算且都相同，这样做既充分体现了公平，又为每个人都筑起了生存安全防线。二是直接进行必要生活品的提供，避免物价变动、预算调整滞后，审查周期长、支付滞后，以及利润低、企业不愿生产、购买不到相应的产品等问题。三是只保生存层次的各种必要需求——需求品的质量与安全有保证，高品质（含奢侈）

如何看懂中国经济?

和非必要需求品必须自己通过劳动或投资挣钱自费满足，以避免"福利陷阱"。四是随技术发展，升级基本的社会保障产品，使具体保障产品随着科技的发展及时升级变化。因为随着科技的发展，必要产品的产品形式在不断地发展变化。

统筹普惠式产品化社会保障体制实施的方法：政府购买（规划与支付）、民众选择（产品供应主体）、企事业单位提供（产品和服务）。政府购买，是社会保障产品的必需品和产品水平由政府进行规划确定，并进行预算和支付。民众选择，就是具体选择哪家企业或事业单位为自己提供保障产品或者由民众个人自己独立选择，或者由一定单位（如县、小区、企业、事业单位等）集中在一起的人口共同选择。企事业单位提供，就是被个人或单位共同选中的企事业单位在被选择期内获得这些人口的保障经费（财政部直接把为这些人口预算的社会保障经费按月提前打到相应企事业单位账上，不经过任何中间环节），并为这些人生产提供物质、文化、服务保障品。这种方法既可以保证保障的质量、提高保障效率，又可以防止腐败。这种方法之所以能保证保障的质量和效率，是因为被供应者对非自主购买产品供应主体有了选择权，从而能在非自主购买产品供应主体之间形成竞争，这就能保证非自主购买产品供应的质量和提高供应的效率。这种方法之所以能避免腐败，是因为产品供应的企事业单位的选择是被保障个人或者被保障单位的全体消费者。如果是个人自主选择，那和个人在市场上买东西是一样的，只是付账的人发生了变化，所以政府工作人员没有机会和可能腐败。如果是单位全体被保障者共同选择，因为全体被保障者是无法被收买的——如果一定要收买，那么付出的成本必然大于提升产品质量和提高效率所付出的成本（这和行政选举会出现贿选不同，因为行政选举利益不具体，与投票人的利益相关性不足），所以企业宁愿选择改进产品质量和提高效率，而不会再考虑行贿，从而消除官方选择公共产品供应主体（即政府代为采购）制造的腐败空间。这样，就既能提高社会保障品提供的质量和效率，又能彻底有效避免该领域原模式可能的腐败。

最重要的是，统筹普惠式产品化社会保障体制使每个人都获得了彻底的生存安全感，为每个人都以兴趣或使命为动力进行劳动创造，即实现发展自由提供了坚实的条件，从而有利于人们追求发展自由。当更多的人追求发展自由后，社会的创造力将极大增加，经济增速和财政收入都将快速增加，再加上采用的是基础标准的生存层次的保障，所以正常情况下，不可能出现入不敷出的"福利陷阱"。

四

市场经济下，个人消费由三个部分构成：社会保障品消费、公共产品消费、自主购买品消费，不同类型的消费有不同的作用，在一定的历史时期内，三种消费需要长期共存。简单地说，社会保障品就是统购自消品——政府（最好是中央政府）统一规划购买，个人自己消费；公共产品就是统购共消品——（中央）政府统一规划购买，人们共同消费；自主购买品就是自购自消品——个人规划购买，个人自己消费。为防止腐败或产品品质下降，三者的具体产品供应者选择权都在消费者，有的是自主选择，有的是共同选择。单位使用公共产品是生产性使用，主体选择权在全体生产者。

社会保障品消费，是个人的保底消费，是确保每个人生存安全的兜底消费。就像杂技演员有了保险绳，才敢大胆玩动作，人们有了社会保障品消费，才敢大胆地进行开拓创新。公共产品消费，是个人的共同消费，是作为社会的人的必要消费。没有公共产品消费，人们就只能以自然人的方式生存，如鲁滨孙和人猿泰山，而不能以社会人的方式生存。自主购买品消费，是个人的更高消费，是用来激发人的劳动创造积极性的消费。在共产主义社会实现以前，自购产品消费是人劳动创造的主要动力来源，没有自购产品消费，社会就会失去发展的动力。

这三类产品消费各有各的作用，在个人的需求层次整体升级到尊敬层次之前，这三类产品消费是不可以相互取代和合并的，并且贯穿于每个人从出生到离世的全过程，尤其是社会保障品和公共产品消费。

在市场经济下，个人可以没有自主购买品消费，但是绝不能没有社会保障品和公共产品消费。没有社会保障品消费，个人将随时因为失业或投资失败而消亡；没有公共产品消费，个人就只能以一般动物的方式生存；而没有自购产品消费，个人只是不能实现生活层次的消费自由，其他一切不受影响。

市场经济下，消费就是最终购买力，消费就是 GDP，三部分消费都是

如何看懂中国经济？

GDP 的直接构成部分。政府不能把社会保障投入看作财政负担，因为它就是个人消费的组成部分，是消费和 GDP 本身，增加社会保障投入就是直接增加 GDP。实际上，社会保障品消费是 GDP 的最基础构成部分。一个国家社会保障水平的高低直接决定着 GDP 基本盘的大小与经济稳定状况，同时也决定着人的可持续发展能力与社会稳定水平。

政府更不能把社会保障做成商业保险，否则，不但无法提供及时无缝的生存层次的消费安全保障，而且会造成巨大的资金沉淀，损失很大一部分基础社会购买力（即一部分 GDP），同时还容易出现社会保障资金管理腐败。

政府也不能把公共产品提供当成一种财政负担，因为消费型公共产品就是个人一种类型的消费，只是这种产品是以共用的形式而不是私用的形式消费，因此消费型公共产品就是个人消费的一部分和 GDP 本身，增加消费型公共产品供应就是直接增加 GDP。物质型公共产品都具有消费品和（企业生产所用的）工具品的产品二重性，而非消费型公共产品中的非物质放大型公共产品不会因为企业的使用而减少，只会因企业的利用而不断放大价值，所以应不受任何限制地免费让个人或单位使用。虽然，这样并不一定能增加消费 GDP，但是能增加全值 GDP，经济社会发展有很大好处，长远看也能增加消费 GDP。

政府更不能把公共产品的提供作为投资来看待，因为个人已经或将会以税收的方式支付费用，不应该重复收费，所以公共产品对个人应该免费。实际上，个人并不是只有缴纳个人所得税的时候在纳税，在消费时也在纳税。土地、矿产等资源收入和国企利润没有平均分给个人，也相当于个人在纳税。

◉ **原理解读**

第一，建立社会保障体制是科技发展到机械化生产阶段之后的必然要求。在自给自足的自然经济阶段，社会生产总能力小于总需求，只要愿意劳动，就有岗位；工业革命后，机械化生产使社会生产总能力大于总需求（此时的实际需求等于当期的社会总购买力），产生了失业，想劳动不一定有岗位。因为科技发展到这个阶段后，随着经济市场化程度的加深，无论

第八章　为什么要通过促进社会保障均等化进行托底

社会人口多还是少，总有一部分人是暂时或长期处于失业状态的。在这种情况下，对于那些想劳动而又找不到工作的人怎么办？不能让他们和他们的子女因他们找不到工作而饿死、冻死，也不能让他们的子女因他们找不到工作而得不到教育，否则社会就会锈蚀式消亡。这就要求必须建立社会保障体制，让他们渡过一时的失业，有机会重新或通过再学习找到工作，也可以自己创业。因此，在自然经济向市场经济过渡的过程中，建立社会保障体制，不仅仅是个人道主义或人权问题，而是经济和社会健康可持续发展的根本要求。

第二，社会保障体制只保底线，只满足人的基本生活需求。人的生活需求有两个主要层次：一是生存需求，即当时技术条件下，满足基本生存所需的最低限度的物质文化服务产品的数量、质量和种类；二是生活需求，即根据自己的收入和生理消费极限，自由选择产品的数量、质量和种类。生活层次的需求又分为两类：一类是科学维度的需求，一类是奢侈维度的需求。前者是可以充分满足的，后者是无法充分满足的。社会保障只能保人们生存层次的需求，不保人们生活层次的需求，因为这样有助于激发那些还没有找到发展兴趣或发展使命的人为了更好的生活去劳动，否则就会出现"养懒人"的情况——愿意劳动的人越来越少，社会生产总能力和实际生产总量不断下降，经济停滞甚至衰退，人们的生活水平越来越低。

第三，社会保障是安全绳，有助于促进人们勇于创新创造。如果每个人无论什么条件下，都不用担心自己和家人的基本生存，不用为自己的子女得不到适当的教育而担忧，那么这个人就会有更多的冒险精神，更愿意和更敢于在基础科研、创新创造上进行大胆的尝试。这就好比一个杂技演员，有了保险绳后，就敢于做更多更大胆的动作，也可能发挥得更好。但是，保险绳一定要提前系好，且保证工作良好，这样在个人危险时能正常发挥作用。不能等到危险已经发生时才来找、才来系，这就来不及了，也不可能真正发挥作用。

第四，社会保障应坚持均等原则，不能搞成商业保险。商业保险是用来规避和分担某方面的不确定性风险的，其根本特征是，出钱多保障好，出钱少保障差，不出钱没有保障。社会保障的根本原则是，无条件地保障当时科技条件下的基本生存需求，用商业保险来进行社会保障，实际上违背了社会保障的根本原则。因为最需要保障的往往是那些收入低、出不起钱的人，如果把他们排除在外，那么就起不到避免社会锈蚀消亡的作用。在市场经济下，每个人，尤其是企业从业者，哪怕是收入较高的大股东或管理者，都存在突然因经营失误问题或其他原因破产无着落的可能性，因此社会保障应该均等的保障每一个人，无论其收入高低，无论其从事的是什么职业，无论其是为社会做出了贡献或是否有能力为社会做出贡献，包括犯罪人员——只要没有执行死刑的人，无论在服刑中，还是服刑后，都应该有。

　　第五，社会保障就是消费本身和GDP的组成部分，不能当成负担。在市场经济条件下，每个作为社会人的个人，在社会上生活，都需要三种类型的消费：一是社会保障品消费，二是公共产品消费，三是个人自主购买品消费。GDP的消费部分实际上是由三个部分共同构成，传统认为的只有个人自主购买品消费才是GDP的消费部分，这种认识是不完整的，需要调整和升级。社会保障消费，实际上是每个人基础层次的消费，个人自主购买产品消费是个人更高层次的消费，这个层次的消费主要由个人的收入情况决定。前者是保个人生存，保社会稳定和可持续的，后者是促进个人劳动创造，促进社会发展和可持续的，两者偏废任何一个方面，都会导致社会发展不可持续。只是，作为个人来讲，由于生活层次的消费对生存层次的消费有替代性，个人自主购买品消费满足后就不再需要单独的社会保障品消费，两者常常是融合在一起的，所以人们一般不会注意，也没有作区分。

● 常见看法

　　一、社会保障好了会养懒人。
　　二、出钱的才能有保障，不出钱的不能保障，出钱少的应该保障差，出钱多的应该保障好。
　　三、社会保障好了会增加财政负担。

第八章 为什么要通过促进社会保障均等化进行托底

◉ 认识更新

社会保障和公共产品是有区别的,各有各的供应原则。公共产品的供应原则是当时成熟技术条件下最优,在量上还要保持一定的余度;但是社会保障品的供应原则是保底,是保生存,而不是保过得好。只要掌握了社会保障的这个原则,就不会出现养懒人的问题。因此,认为是社会保障好导致养懒人的观点是完全错误的。由于持这种观点的人,对什么是社会保障及其保障原则没有搞清楚,所以才造成了这种错误认识。

不能用商业保险的思维来看待社会保障。商业保险具有投资性质,投资的分配原则是投资越多,收益分配的占比越大,没有投资就没有收益;社会保障不同,社会保障不是投资,是消费,是保障每个人生存安全的底线消费,它与个人的投资或投入是没有关系的,更不能用投资分配的原则来看待和搞社会保障。

6月8日,开国务院常务会议部署实施健康扶贫工程,提升农村贫困人口医疗保障和健康水平时决定,实施健康扶贫工程,补上贫困地区医疗服务"短板":一要减轻农村贫困人口医疗负担,对参加新农合的个人缴费部分给予财政补贴,提高政策范围内住院费用报销比例,加大对大病保险的支持力度。将农村贫困人口全部纳入重特大疾病医疗救助范围。将符合条件的残疾人医疗康复项目纳入基本医保支付范围。二要对患大病和慢性病的农村贫困人口进行分类救治。今年起选择负担较重、能一次性治愈的大病开展集中救治。三要实行农村贫困人口在县域内定点医疗机构住院先诊疗后付费,实现各类医保、救助"一站式"即时结算。四要确保每个连片特困地区县和国家扶贫开发工作重点县至少有1所县级公立医院、每个乡镇有1所标准化乡镇卫生院、每个行政村有1个卫生室。从全国遴选三级医院对这些地区的县级医院开展一对一帮扶。五要深化贫困地区公立医院改革,先行探索制定绩效工资总量核定办法,调动医务人员积极性。2017年底前完成对贫困地区乡村医生的轮训,提高乡村医生养老待遇。鼓励和支持企业、慈善机构等社会力量参与健康扶贫。

如何看懂中国经济？

这些政策措施，就体现了按社会保障的原则做社会保障，而不是按商业保险或投资模式做社会保障。

用保险模式做社会保障还有个很大的问题，就是保障只给钱，不能解决保障资源和保障产品不足的问题，而且还可能不断提高保障资源和保障品的价格，反过来又不断提高保费。比如奥巴马的医保法案，虽然历尽波折最终在部分妥协的基础上通过了，但是实施后却招来保险公司的不满和反对，因为他们感觉这让他们赚不了钱。而用社会保障自身所要求的原则做社会保障，就是从增加保障资源和产品，提高保障质量入手来做社会保障，社会保障的质量和水平会越来越高，对民众的保障会越来越强，整体费用水平不但不会被不断抬高，相反，还可能因为资源的整合利用而在总体上降低社会保障费用。

比如以下措施，就会在提高整体保障水平的情况下降低保障费用：一是按照安全为先、保护隐私的原则，优先整合利用现有资源，建设互联互通的国家、省、市、县四级人口健康信息平台，实现部门、区域、行业间数据开放融合、共建共享。二是集成医学大数据资源，构建临床决策、疾病诊断、药物研发等支持系统，拓展公共卫生监测评估、传染病疫情预警等应用。重点推进网上预约分诊、检查检验结果共享互认、医保联网异地结算等便民惠民应用，发展远程医疗和智能化健康医疗设备。三是制定完善法律法规和标准，建立健康档案等基础数据库，规范居民健康信息服务管理，严格健康医疗大数据应用准入，建设实名认证等控制系统，保护个人隐私和信息安全。

社会保障本身是 GDP 的重要组成部分，也是市场经济必不可少的构成部分——建立市场经济就必须建立社会保障体制。当认清了社会保障本身就是消费和 GDP 的必要构成后，就不会觉得社会保障好了会增加财政负担，如果按照保底和非商业保险原则来做社会保障，其总体费用是可控的，并不会无限提高。而且，"充分发挥社会保障体系的托底作用，不仅可以保护那些不能从当前的增长中获益的群体，也可以帮助低收入群体积累资产，

第八章 为什么要通过促进社会保障均等化进行托底

以求未来实现脱贫致富"①。

---

① 《"1+6"圆桌对话会联合新闻稿》,中国政府网 http://www.gov.cn/premier/2016-07/22/content_ 5093758.htm.

第九章　为什么要在全国范围内推进公共产品均等化

● **政策述要**

十八届三中全会关于全面深化改革若干重大问题的决定提出：

紧紧围绕更好保障和改善民生、促进社会公平正义深化社会体制改革，改革收入分配制度，促进共同富裕，推进社会领域制度创新，推进基本公共服务均等化。

"十三五"规划建议提出：

坚持工业反哺农业、城市支持农村，健全城乡发展一体化体制机制，推进城乡要素平等交换、合理配置和基本公共服务均等化。

"十三五"规划纲要提出：

坚持普惠性、保基本、均等化、可持续方向，从解决人民最关心最直接最现实的利益问题入手，增强政府职责，提高公共服务共建能力和共享水平。

围绕标准化、均等化、法制化，加快健全国家基本公共服务制度，完善基本公共服务体系。建立国家基本公共服务清单，动态调整服务项目和标准，促进城乡区域间服务项目和标准有机衔接。合理增加中央和省级政府基本公共服务事权和支出责任。健全基层服务网络，加强资源整合，提高管理效率，推动服务项目、服务流程、审核监管公开透明。

开放市场并完善监管，努力增加非基本公共服务和产品供给。积极推动医疗、养老、文化、体育等领域非基本公共服务加快发展，丰富服务产品，提高服务质量，提供个性化服务方案。积极应用新技术、发展新业态，促进线上线下服务衔接，让人民群众享受高效便捷优质服务。

推动供给方式多元化，能由政府购买服务提供的，政府不再直接承办；能由政府和社会资本合作提供的，广泛吸引社会资本参与。制定发布购买公共服务目录，推行特许经营、定向委托、战略合作、竞争性评审等方式，引入竞争机制。创新从事公益服务事业单位体制机制，健全法人治理结构，推动从事生产经营活动事业单位转制为企业。

党的十八届三中全会提出，政府要加强各类公共服务提供，加大政府购买公共服务力度。做好公共服务，是全面正确履行政府职能的一项重要内容。目前，我国公共服务的制度框架初步形成，上学、就业、就医、社会保障、文化生活等方面存在的问题得到了有效缓解。但随着工业化、城镇化快速推进，政府在公共服务提供中缺位等问题仍然十分突出，公共服务能力和水平难以适应经济社会快速发展的要求。落实中央部署，推进城乡基本公共服务均等化，稳步推进城镇基本公共服务常住人口全覆盖，需要不断提高政府公共服务能力和水平。

政府要加强发展战略、规划、政策、标准等制定和实施，加强市场活动监管，加强各类公共服务提供。加强中央政府宏观调控职责和能力，加强地方政府公共服务、市场监管、社会管理、环境保护等职责。推广政府购买服务，凡属事务性管理服务，原则上都要引入竞争机制，通过合同、委托等方式向社会购买。

十九大报告指出：

履行好政府再分配调节职能，加快推进基本公共服务均等化，缩小收入分配差距。

到二〇三五年……基本公共服务均等化基本实现，全体人民共同富裕迈出坚实步伐；现代社会治理格局基本形成，社会充满活力又和谐有序；生态环境根本好转，美丽中国目标基本实现。

◉ 提出问题

为什么要推动公共产品均等化提供？公共产品供给主体有哪些，各自供给方式有何不同？

◉ 经济原理

一

没有公共产品就没有人类社会，科技和市场越发展，需要越多越好的公共产品；公共产品越多、水平越高，社会发展水平越高。公共产品就是个人和企业生存发展的土壤与气候，公共产品提供越多、水平越高，个人和企业生存发展得就越好，所以个人和企业都是往公共产品提供好的地方或国家流动。无论国内不同地区之间的人口流动，还是国际上的移民偷渡，最本质的原因都是公共产品提供的水平不同。

公共产品，是不能被独占使用或分割消费的物质、文化、服务产品。公共产品从与人关系远近的角度看，可分为理论产品、中间产品和最终产品三个层次：理论产品，包括自然科学的理论、社会科学的理论和工具科学的理论；中间产品，包括设备、消费品等发明，企业、国家、公益组织、国际组织等组织制度设计，语言中的戏曲形式、诗歌形式、口语形式，数学中的各种公式等应用模型的设计；最终产品，包括道路、桥梁、公园、体育场馆等物质产品，小说、影视剧、音乐、体育活动、游戏、科研、航空航天等文化产品，行政、秩序（治安、法律等）、国防、教育、医疗、灾害救助等服务产品。

公共产品从常规供应主体的角度看，分为政府自产型、事业单位生产型和企业生产型三类。政府自产型公共产品，是指政府自己直接提供的各种管理性服务产品，涉及经济、社会、国防等国家各个方面的决策与执行活动，包括内外政策的制定与落实、法律条约的订立与执行、灾害防御方案的制定与落实、国际援助行动的组织与实施等。事业单位生产型公共产品，是指财政供养的学校、科研机构、政策研究室等单位生产的公共产品。

如，陈景润证明的哥德巴赫猜想、社会科学研究机构参与设计制定的制度调整改革方案和法律法规、政府抽调人员制定的汉语拼音方案和汉字简化方案、航天和探月等科研试验成果等。企业生产型公共产品，是指财政支付且由企业生产的公共产品，如公路、铁路、机场、码头、市政设施等。

公共产品从产品特征的角度看，分为最终公共产品和再生公共产品两类：最终公共产品，是指那些不用于再生产的公共产品。如，公园广场、树荫绿地、文体场馆、政府为个人提供的服务等。再生公共产品，是那些可用于或为了用于再生产而生产的公共产品。如，公路、铁路、站台、机场、航线、码头、航道、市政设施，教育科研产品、自然科学和社会科学理论、发明专利和制度设计，航空航天等基础应用型科研试验，等等。再生公共产品又分为有限再生公共产品和无限再生公共产品。道路等基础设施、无科研的教育是有限再生公共产品，这种产品既可以由企业生产，也可以由事业单位生产。无限再生公共产品，通常为事业单位生产，如大学、科研院所进行的科研；也有可能为政府生产，如社会科学发展的具体理论方法发展滞后时，政府可能代替社会科学研究机构直接进行理论与制度创新发展。中国改革开放以来，很多关于社会主义经济政治的理论创新与制度设计都是党和政府领导人直接进行的。但是，由于事务性工作繁忙，没有时间和精力深入，这种理论与制度创新的学术性（普遍规律）会受到限制，创新更侧重于现实性（具体特殊）问题的解决，因此最终仍然需要发展学术理论——从特殊性中找出蕴藏于其中的普遍规律（这应该是习近平要求从中国改革开放的经验中总结出新的经济学的根本原因，编者按）。

公共产品从常规需求的主体看，分为个人、企业级组织和政府级组织三类。每个人都是公共产品的使用者，无论个人从事何种职业，也无论年龄大小，在其生命过程中，都需要而且经常在消费公共产品，如公路、秩序、国防等。企业级组织，包括个体户，规模大小、所有权性质等各不相同的各类型企业，学校、科研机构、卫生防疫机构、防灾减灾机构等事业单位，这些单位同样会用到公路、秩序、国防等公共产品。政府级组织，就是广义的政府，包括政党组织，行政、司法、军队等机构，工青妇等社会团体，宗教组织，各类协会等，这些机构同样会用到公路、秩序、国防等公共产品。总之，每个人或组织都是公共产品的需求者，公共产品既是个人消费的必要部分，也是个人或组织进行各类产品生产必要的基础条件，没有公共产品就没有人类社会。

二

社会保障品和公共产品提供的共同和首要考虑因素是是否均等和运转良好，而不是是否节省和赢利。社会保障品和公共产品提供的水平决定一个地方的经济发展水平，社会保障品和公共产品提供的思路正确与否，决定一个国家各地经济发展的平衡状况。

社会保障品和公共产品的提供不能用企业"赚"的效益思想，而有自己的独有的思想，即以"养"为核心的环境建设思想，因为公共产品就是个人和企业生存发展的土壤、肥料与气候，土地越肥沃、水肥越合适、气候环境越好，个人和企业越容易生存、成长越健康、发展能力越高，没有社会保障品和公共产品的地方就是不长庄稼的戈壁和沙漠。政府在一个地方做社会保障品和公共产品就是在那里做土壤改良、维持水肥和调节气候。这些做好了，庄稼自然会生长，生意自然会盎然。其中，社会保障品相当于土壤，企事业单位提供的公共产品和个人或集体贡献的公共产品相当于水肥，政府自产的公共产品相当于气候。

社会保障品和公共产品提供的首要共同原则是均等，这就相当于种庄稼，土质要均匀、水肥要均匀、光照要均匀，只有这些都均匀了，庄稼长势才会均匀——各地经济才会同步均衡发展。同时，只有政府规划提供的社会保障品和公共产品均等了，人才会获得共同发展。虽然每个人最终创造的价值有大小，但是如果社会保障品和公共产品提供做到均等了，所有人（未成年人、严重失能者或被限制自由中的罪犯除外）就都能实现以发展自由为核心的全面自由。

因为人和企业都是围绕社会保障品和公共产品流动的，一个地方或国家的社会保障品和公共产品提供得越多越好，流向该地方或国家的人就越多，吸引入住的企业就越多，企业的收入水平就越高；吸引入住的企业越多，企业的收入水平越高，产生的工作岗位就越多；产生的工作岗位越多，能吸引到的人就越多；能吸引到的人越多，政府的税收就越多；政府的税收越多，社会保障品和公共产品提供水平就越高，如此不断循环。这就是自然平衡情况下，大城市越来越大的原因。小城市则正好相反，由于社会保障品和公共产品提供水平低，所以人越来越少，企业越来越少，企业的收入水平越来越低；企业越来越少，企业的收入水平越来越低，吸引的人就更少，政府的税收就更低；政府的税收越低，社会保障品和公共产品提供的水平就更低，人和企业就更少，如此不断循环，所以小城市越来越小，有些村镇则直接荒芜，没了人烟。

因此，中央政府应根据规划，在需要发展且适合人居的地方均等地提供社会保障品和公共产品，这样小城镇的人就不会离开，大城市的人因为公共资源不足或拥挤，就会向人少的地方转移，久而久之，各个地方的人口就会趋于均匀。

其次，还要确保社会保障品和公共产品供应持续稳定。社会保障品和公共产品不管使用的人多还是少，不管亏还是不亏，不管亏得多还是亏得少，都要保持其正常的运行，不能因为人少或没有人，为了节省开支就减少或暂停运行。如果减少公共产品的提供和公共设施的运行，来该地的人就会减少，走的人就会增多，时间一久，这些公共设施就会暂停运行，暂停久了就会废弃，但如果保持正常运行，那些嫌其他地方人多太拥挤的人就会流动过来，社会保障品和公共产品的利用率自然就会高起来。

因此，必须改变和摈弃社会保障品和公共产品随人走的错误思路，使各个地方的社会保障品和公共产品供应完全均等化。当一个地方人太多，社会保障品和公共产品供应紧张时，人们就会主动地向其他人少的地方和城市转移，人转移过去后，企业也会跟着转移过去赚钱（企业也可能因为生产成本更低，先于人或同人一起转移），企业转移越多又会带动越多的人转移，这样人少的地方的人和企业就会多起来，人多的地方的人和企业就会减少，从而实现各个地方共同平衡发展。

也就是说，不能让人和企业牵着社会保障品和公共产品流动，哪里人多、企业多就提供更多或更高水平的社会保障品和公共产品，导致发展不平衡和不可持续；而要通过提供均等的社会保障品和公共产品，引导个人主动向人少的地方流动，并带动企业向这些地方流动，这样才能最终实现各个地方的共同发展和均衡发展。

社会保障品和公共产品提供的政府层级越高越能确保供应的有效性和

稳定性，也越有利于实现各个地区的共同均衡发展，因此社会保障品和公共产品最好由中央政府直接统筹规划和支付购买提供。

由于不同地方的自然条件不同，进行相同水平的社会保障品和公共产品供应，需要的投入可能不同，一般来说，自然条件差的地方，中央政府需要而且必须投入更多的预算来抵消自然条件的差别，否则人们常常不愿意向自然条件差的地方流动。所以，除非涉及国家主权、安全、科研等问题，非宜居或自然条件较恶劣的地方可以延后开发——先把这些地方的人集中到宜居和自然条件较好的地方，以节省公共产品提供的成本费用。

三

公共产品无论是否赢利都应该坚持提供，因为公共产品是"放水养鱼"，人和企业都是在有公共产品后才慢慢聚拢来的。这和企业做平台是一样的，前期甚至很长一个时期都是亏损的，而政府做公共产品还要更不怕亏损，因为它本身就是政府的责任，其首要任务就是满足人们的公共消费需求。一般来说，凡是有人的地方就应均等地提供公共产品，无论人多人少，哪怕只有一个人——要么政府提供足够的条件让其转移到有公共产品的地方。

物质型公共产品的提供原则主要有三个：一是最优，即当时技术下最成熟、最先进的产品；二是均等，即按当时的技术，为等量人口提供最合适的相同数量和质量的公共产品；三是有余，即公共产品的提供不能采用企业的"零余度""零库存"思想，要留有一定的余度并主动建立库存。因为人口和企业是在各处流动变化的，只有这样才能适应一定时期内的人、企业或其他组织流动与发展所需。主动建立库存相当于在河流中整饬湖泊或修建水库等蓄水池，只有这样才能增强国家承受波动和应对意外情况的能力，如果企业不愿建立库存，政府也不建立库存，遇到特殊情况就很难有效应对。也就是说，企业不愿意做，但社会又需要的事，都需要政府以公共产品的形式提供。

只要财政收入能够承受，非物质型公共产品提供得越多、品质越高越好。原因有三：一是非物质型公共产品不会过期，不会腐败、风化与变质，也不会造成对环境和资源的过度消耗和占用；二是产品以公共产品的形式存在可以实现价值的最大化放大和利用，非物质型公共产品提供得越多，公共产品的基数越大，非物质型公共产品的品质越高，其所产生的放大型价值得到的价值放大程度越大,对个人、企业和经济社会发展越有利;三是非物质型公共产品本身是个人和国家财富(个人的公共财富)储存的最佳形式,因为它是以不消耗或最少自然物质资源消耗的形式存在的,并且真正和最大化地在产生价值放大——即财富的最大化增值。

公共产品提供的原则和方式因提供主体不同而不同。公共产品的提供主体除了常规主体外,还有临时性和阶段性主体。综合起来,可以分为三类:一是政府,二是有偿第三方,三是无偿第三方。其中,政府和有偿第三方是常规供应主体,无偿第三方是临时性和阶段性供应主体。

政府提供公共产品的原则和方式,是政府在预算经费内,最大化地生产和提供公共产品。如政治、经济、军事、法律等各种国家层面对内外的决策服务和内容服务,都是在既定的预算经费内力求质量最好地向每一个有需求者最及时最有效地提供。

有偿第三方,包括企业和事业单位,其公共产品提供的原则和方式类似于社会保障品。即,政府规划支付、使用者选择具体的供应主体、企业或事业单位生产提供。采用这种提供方式的目的也是为了实现产品质量最好、提供效率最快和腐败最小。

无偿第三方,包括社会慈善人士、志愿者和特殊时候的普通人,公共产品提供的原则是无偿、自愿、量力而行,方式由提供者自主决定。

无偿第三方提供公共产品按照自愿和可及原则进行:一是要完全自愿,不能强迫或变相强迫,集体提供时不能用本集体的资产或收入提供,只能让集体中的个人自愿提供,但集体可以提出倡议;二是个人或集体要量力而行,不超过其能力范围提供。

无偿第三方提供公共产品的具体方式是多种多样的,有的捐款请企业生产公共产品,如希望小学、集美大学;有的将自己的产品免费贡献出来作为公共产品,如侯德榜把他发明的侯氏制碱法免费公开;有的将自己的财物捐给政府并通过政府提供公共产品,比如文物捐献、抗击外敌入侵捐款捐物、救灾捐款捐物;有的自己直接提供公共产品,如爱国者志愿抗击外敌入侵,见义勇为,志愿者到灾区服务、提供社会服务或提供会议等活动服务。

无偿第三方提供公共产品时,不要求补偿成本费用或获得劳动报酬。但直接提供产品时,通常需要进行生活安排和一定的补偿,如抗击外敌者、

如何看懂中国经济?

见义勇为者、活动志愿者。

无偿第三方提供的公共产品,具有不稳定、不全面、不充分的特点,是一定历史时期由于政府、企业和事业单位公共产品提供不足而进行的补充,政府、企业和事业单位才是公共产品提供的正式和永久主体,随着社会科学理论发展与制度的完善,公共产品的提供会越来越完善和充分,需要无偿第三方提供的公共产品会越来越少。

公共产品的需求主体与社会保障品的需求主体相比有很大的不同。社会保障品的需求主体只有国内全体民众个人,而公共产品的需求主体除了国内民众个人外,还有企业、事业单位和政府,另外还有一些非常规主体。公共产品的需求主体概括起来主要有以下三种:

第一,在境内的全体公民、本国企业级组织和政府级组织。其中,对个人、事业单位和政府级组织,是在既定标准的条件下,根据个体的需要无偿提供公共产品;对企业是按统一的价格有偿提供公共产品,目的是防止企业无限扩大,过度占用公共产品造成个人、事业单位、政府或其他企业无法获得和使用公共产品,比如,某企业因为大量运输,会把路堵了或破坏了。特别需要指出的是,如果是某个企业、事业单位或政府单位内部的公共产品,其供应主体的选择权属于该单位的全体成员,而不属于该单位的领导。即,单位需要的公共产品的供应主体的选择方式与个人需要的公共产品的选择方式是一样的,都必须由单位全体个人集体选择,而不能由单位的某个部门、某个或某些领导选择,因为只有这样做,才能提高产品供应的质量、效率与防止腐败。比如,某企业、事业单位或政府单位内部的基建、绿化、耗材采购等。

第二,合法出境的本国公民、企业级组织和政府级组织。为他们提供公共产品的主要内容包括:敦促有关国家执行国民待遇,为本国的个人和组织平等地提供公共产品并在人格、人权、法律等方面平等对待;在遇到战争、灾害等非个体主观原因造成的困难,当事国又不能提供庇护时提供救援和帮助。给这些人的公共产品,通常是政府直接提供或政府委托企事业单位提供。

第三,在境内合法居留的外国公民、合法活动的企业级组织和合法存在的政府级组织。合法居留的外国公民,如留学生、游客、被派遣的公司职员、访问学者、执行合作任务的军警、参加会议的政府或非政府人员等。

合法活动的外国企业级组织，如在境内依法经营的企业、红十字会等非政府组织。合法存在的政府级组织，如大使馆、领事馆、联合国等国际机构。这些组织或个人由于要耗占本国公共产品，所以如果不是红十字会等非公益组织，也必须以一定方式支付一定的公共产品耗占费用。这些个人或组织，如果流动性小，如外企，可参与公共产品供应主体的选择；如果流动性较大，如游客，则不参与公共产品供应主体的选择。流动性大的个人或组织不参与公共产品供应主体选择的原因有三：一是因为他们不了解情况，起不到应有的效果；二是他们的时间不允许，参与的热情低；三是组织难度较大。

在境内合法活动的个人或组织参照国内相应的个人或组织的方式和标准提供公共产品——即国民待遇。

●原理解读

第一，公共产品提供，是社会发展水平高低的重要标志。人类社会之所以不断发展，就是人类社会群体会为群体成员的生存发展不断在提供更多更好的公共产品。这些公共产品由群体的成员按一定规则贡献，也由群体成员共同继承并按一定规则共同享用，正是因为有公共产品的继承和分享，群体对个人才形成了吸引力和凝聚力。如果群体能够给予个体的公共产品很少，或者群体中的个体不能继承和分享到公共产品，那么个体就会产生离散之心，退出该群体，参加其他能够分享公共产品的群体。通常情况下，国际移民中绝大多数人都是从公共产品提供差的地方向公共产品提供好的地方流动。索马里、肯尼亚的人向欧美移民的很多，欧美的人向这些国家移民的情况几乎不存在。

第二，公共产品生产提供的主体是多种多样的。个人、企业、事业单位和政府都可能是公共产品的提供者，个人的物质文化遗产、捐赠、服务都是公共产品，很多公共产品，如公路、铁路、机场、市政设施等也都是企业生产的——但是钱通常是财政支付的；事业单位和政府都是公共产品的全职提供者，即他们的唯一任务就是提供与其职能相适应的公共产品。

第三，公共产品包括物质、文化或服务等各种形态的产品。和个人消费品一样，公共产品也包括物质产品、文化产品、服务产品等三种形态的产品，其中企业主要提供物质形态的产品，如桥梁、道路；事业单位主要提供文化形态的产品，如科研、教育；政府主要提供服务形态的产品，如治安、市场负面行为监管处罚。但是，这并不是绝对的，也可能出现交叉，比如公共的理想信念——西方的人权自由社会（单纯强调人权自由，由于不能保障生存自由，发展自由也常常难以实现）、中国的全面自由社会（生存自由和人权自由基础上的发展自由，即共产主义社会），作为文化产品，就是由政府提炼、确立和倡导。

第四，公共产品生产提供的原则与社会保障产品是不同的。公共产品提供的三原则是均等，当时成熟科技条件下的最高水平，有适当的余度。因为公共产品是个人和企业的生长和发展环境，均等和高水平有利于实现发展的最大化，即，使最多的个人和企业都得到最有利的发展；留适当的余度，是因为人和企业是流动的和发展的，只有留有余度才能适应这种流动和发展的需要。

第五，公共产品提供水平越高的国家社会化水平越高。人的社会化，是通过公共产品来实现和体现的，一个人享有的公共产品越多、水平越高，那么其生存和发展对社会的依赖程度就越高，其社会化程度就越高，如大城市的多数市民；反之，一个人如果享有的公共产品越少、水平越低，那么其生存发展对社会的依赖程度就越低，其社会化程度就越低，比如深山中的村民。

● 常见看法

一、公共产品必须要政府生产提供。

二、政府效率低，只有私有化才能提高产品生产效率，无论什么产品。

三、把公共产品看作投资，追求与企业一样的即时利润。

四、把公共产品和社会保障品混淆起来，用一种原则和方法来看待和提供两种产品。

● 认识更新

公共产品的生产提供主体，并不只是政府，企业、事业单位和政府都是公共产品生产提供的主体。公共产品不同的性质特点，决定它的生产提供主体，或者说公共产品的生产提供主体是由该公共产品的性质特点决定的，不同性质特点的公共产品有不同的生产提供主体。国防、司法、治安、行政等的性质决定了这些公共产品只能由广义的政府来生产提供，公路、铁路、码头、机场、市政设施等公共产品的性质决定了这些产品只能由企业来生产提供；教育、科研、航天等前沿应用科学探索的性质决定了它主要应由事业单位来生产提供。有些公共产品，也可以由不同的主体同时提供，如教育、医疗等。

无论公共产品的提供主体是谁，规划和支付的主体都是（广义）的政府。

个人、企业或非政府组织也可以自愿捐赠或提供公共产品。如建希望小学、逸夫楼等。这种情况下，支付不是政府，但是规划还是离不开政府。

政府的效率并不低，在有些事情上，政府的效率是很高的，因为有行政、法律等强力力量的推动。其实，很多问题并不是政府效率的高低问题，而是到底是不是应该由政府来做的问题，即这些公共产品是不是应该由政府来生产提供。刨去不该由政府生产提供的公共产品后，那些应该由政府生产提供的公共产品生产提供效率低的真正原因是政府管理体制落后或不适应，只要改革实施了先进的政府管理体制或这些管理体制能够及时适应科技和经济发展的要求，那么，那些本应该由政府生产提供的公共产品的生产提供效率也可以很高——完全可以高于企业提供的效率，而且可以避免企业提供可能产生的各种问题。

公共产品是消费品而不是投资标的，对公共产品的支付是消费而不是投资，虽然再生性公共产品，如铁路、机场、教育、科研等也有投资品的性质，但是在总体上，它们都是消费品，这些产品的消费主体包括民众、企业、事业单位、广义的政府。因此，不能用企业投资的思路来规划和生产提供公共产品，而应该按照公共产品自身的性质要求来规划和生产提供公共产品——均等，当时科技条件下最优，为发展留适当的余度。因为公共产品是生存环境，先有合适的生存环境，人口、企业等才会聚拢来，环境条件越均等，人口和企业的分布也越均匀。政府可以用公共产品的均等化来引导和推动人口逆向流动，解决自然状态下的人口过度集中或过度流失导致的地区人口分布和发展不平衡问题。

如何看懂中国经济？

新一届政府的政策就体现了这种思路。2016年4月20日，国务院常务会议，部署开展交通基础设施扶贫，增强贫困地区脱贫致富能力。以革命老区、民族地区、边疆地区和贫困地区为重点，加强交通基础设施建设，是顺应群众渴盼、推动脱贫攻坚、促进区域协调发展的重要举措。会议确定，到2020年，在贫困地区建成广覆盖、深通达、提品质的交通网络。一是实施百万公里农村公路建设工程，实现乡镇和建制村通硬化路、通客车，改造公路危桥，改善贫困地区发展旅游等产业交通条件。二是实施高速公路、铁路、机场等百项骨干通道工程，实现二级及以上高等级公路基本覆盖所有县城，铁路和高速公路基本覆盖州（市）行政中心。推进沿边公路空白路段建设。加大财税、用地等政策支持，建养并重，健全投资和管理长效机制。实施"双百"工程，可拉动有效投资，扩大就业，放大交通扶贫效应，造福亿万群众。2016年6月29日，国务院常务会议通过了《中长期铁路网规划》，以交通大动脉建设支撑经济社会升级发展。会议指出："我国铁路密度低于发达国家，路网布局不完善，尤其是中西部铁路发展不足。建设铁路网这一国民经济大动脉，既稳增长、更调结构，既增加有效投资、更扩大消费，是一举多得的利当前、惠长远重大举措。""一是打造以沿海、京沪等'八纵'通道和陆桥、沿江等'八横'通道为主干，城际铁路为补充的高速铁路网，实现相邻大中城市间1—4小时交通圈、城市群内0.5—2小时交通圈。二是完善普速铁路网，扩大中西部路网覆盖，优化东部网络布局，形成区际快捷大能力通道，加快建设脱贫攻坚和国土开发铁路。打通普速干线通道瓶颈、卡脖子路段，实现铁路交通基本覆盖县级以上行政区。推进与周边互联互通。三是按照'零距离'换乘要求，同站规划建设以铁路客站为中心、衔接其他交通方式的综合交通体，扩大集装箱中心站、末端配送等货物集散服务网络，形成配套便捷、站城融合的现代化交通枢纽。四是培育壮大高铁经济新业态，促进沿线区域交流合作和资源优化配置，加速产业梯度转移，带动制造业和整个经济转型升级。五是深化投融资、价格等改革，提高中央资金对中西部铁路建设投入比重，培育多元投资主体，放宽市场准入，鼓励支持地方政府和广泛吸引包括民间投资、外资等在内的社会资本参与铁路投资建设。铁路总公司要推进自身改革，加快建立现代企业制度，盘活现有资产，用市场化方式多渠道融资,在铁路建设发展中发挥关键作用。"

公共产品应该包括物质、文化和服务等三种形态的产品。公共产品和社会保障(品),是两个不同的概念,在西方经济学中,一般的提法是公共服务,同时没有把这两个概念区分开来。

实际上,公共产品并不只是服务,国防、治安、司法和行政上的规划、产品安全与质量控制等是服务;但是,政府做的事显然不止于此,公园、市区道路、排水管道、机场、铁路、公路等等,都需要政府用财政支付购买生产,这些是物质形态的公共产品;用什么样的世界观来看待世界、用什么样的公共理想来凝聚共识和行动、用什么样的道德标准来促进和谐与发展,这些都是政府直接提供的公共的无形的文化产品,部分广播、影视节目是有形的文化产品,公立大中小学校和幼儿园是由物质产品和非物质产品共同组成的公共文化产品。

公共产品和社会保障品是两个内涵完全不同概念,各自的作用也完全不同。只有对公共产品的理解和提供不仅仅局限于服务,同时把公共产品与社会保障品区分开来,才能促进政府管理水平进一步提高。

公共产品是全方位的产品,只有对公共产品理解不局限于服务,才能为社会提供更全面的公共产品,使民众有更高的获得感,也更有利于提高社会的稳定性和发展的无限潜力。只有把公共产品与社会保障品区分开来,才能既提供好公共产品,又不至于出现"福利陷阱"。

第十章 为什么要主动调减法定劳动时间增加休假

● **政策述要**

2008年1月,国务院制定的《职工带薪年休假条例》正式实施,规定:

机关、团体、企业、事业单位、民办非企业单位、有雇工的个体工商户等单位的职工连续工作1年以上的,享受带薪年休假(以下简称年休假)。单位应当保证职工享受年休假。职工在年休假期间享受与正常工作期间相同的工资收入。

职工累计工作已满1年不满10年的,年休假5天;已满10年不满20年的,年休假10天;已满20年的,年休假15天。

国家法定休假日、休息日不计入年休假的假期。

2015年8月,国务院办公厅发布《关于进一步促进旅游投资和消费的若干意见》,规定:

落实职工带薪休假制度。各级人民政府要把落实职工带薪休假制度纳入议事日程,制定带薪休假制度实施细则或实施计划,并抓好落实。

鼓励错峰休假。在稳定全国统一的既有节假日前提下,各单位和企业可根据自身实际情况,将带薪休假与本地传统节日、地方特色活动相结合,安排错峰休假。

鼓励弹性作息。有条件的地方和单位可根据实际情况,依法优化调整夏季作息安排,为职工周五下午与周末结合外出休闲度假创造有利条件。

第十章 为什么要主动调减法定劳动时间增加休假

◉ 提出问题

为什么要主动调减法定劳动时间，增加民众的法定休息时间？调减法定劳动时间有哪些作用？正确调减法定劳动时间的方法是什么？

◉ 经济原理

一

失业有三种性质，一是临时失业，二是长期失业，三是不定期失业。临时失业主要是竞争引起的，长期失业是科技发展引起的，不定期失业是经济衰退和经济危机引起的。临时失业是必要的，不可控也不能控的；长期失业是非必要的，是可控也能控的；不定期失业是错误的，必须而且能够从根本上消除。

长期失业，也叫硬失业，是社会实际能够提供的岗位数小于需要就业的人数产生的失业（通过正确的方法创业能自己为自己提供岗位或向社会提供更多的岗位）。长期失业率，是一个国家应就业人口数减去社会提供的岗位总数再除以应就业人口数的比值。即，

长期失业率 =（应就业人口数 - 社会提供的就业岗位总数）÷ 应就业人口数 × 100%

长期失业率的变化，从根本上看，主要是由于科技发展引起的。企业、事业单位和政府管理体制的优化也会减少就业岗位，增加长期失业率。科技发展既可能导致就业岗位减少，也可能导致就业岗位增加。

科技发展导致就业岗位减少，是由于工具技术发展造成的。工具技术发展对就业岗位的减少分为三种：一是减少原岗位的数量。比如，织布机更新换代，同一时间内生产同样量的产品，原来需要100个纺织工人，后来只要20个。二是用新岗位取代旧岗位。比如，原来是人工挖地基，同样时间内挖同样的土方需要200人，后来用机械作业，只要3名机械操作手。三是无人化（监控人员除外）。比如，采用无人作业的全自动生产线生产某种产品，或用智能机器人从事餐饮服务等。其中，第三种工具技术对非创造

如何看懂中国经济?

性就业岗位的减少最为明显和彻底,可能涉及各行各业的非创造性就业岗位。

科技发展增加就业岗位,是由于内容技术或工具技术发展引起的,包括三种类型:一是内容技术发展使产品满足人口范围扩大或程度增加。比如,肉鸡养殖技术的出现,使鸡肉消费人口和消费量扩大,会增加大量与肉鸡生产相关的就业岗位。二是内容技术的发展创造出新的消费项目。比如,家用汽车技术的产生和发展、手机技术的产生和发展,都会增加大量的就业岗位。三是新工具的研发生产。比如,集装箱和吊装工具的生产会带来本身及上游产品生产的大量就业岗位;又如,计算机和自动化技术应用于生产的同时,计算机及软件的研发生产也会创造大量的就业岗位。

当一个国家当期工具技术发展产生的失业人数大于当期内容和工具技术发展创造的新增就业岗位时,长期失业率就上升,反之长期失业率就下降。

长期失业是非必要的,是可以消除的,也是能够消除的。长期失业率可以为零甚至为负值。消除长期失业的办法主要有两种:一种是缩减法定劳动时间,另一种是发展创造性劳动岗位。其中,缩减法定劳动时间是控制长期失业率的必要手段和发展创造性岗位的条件,发展创造性劳动岗位是增加就业岗位的主要目的和根本出路。

随着科学不断发展,特别是智能机器人等自动化技术的发展,非创造性岗位会不断减少,创造性岗位会不断增加。由于创造性岗位的无限性,所以当绝大多数人都具备创造能力时,人们会发现人类就业岗位会远大于需要就业的人数,此时长期失业会基本消失,长期失业率会接近于零,但临时失业还会一直存在,临时失业率永远不会为零,因为一部分企业的关、缩、并、转是永远存在和不断发生的,就像人体细胞的新陈代谢。

不定期失业,也叫错误失业,从根本上看是由于经济理论发展水平低与经济制度设计错误造成的,随着社会经济理论与社会经济制度的发展会最终消失。引起不定期失业的直接原因是经济衰退和经济危机,这种失业既可能是短期的,也可能是长期的,关键看政府对经济衰退和经济危机的控制情况,如果政府及时止住了衰退或走出了经济危机,不定期失业就是短期的;如果政府不能及时止住经济衰退或走出经济危机,不定期失业就会变成长期的。

不定期失业率是由于经济衰退或经济危机的程度不同导致的不定期失业人口与社会应就业人口的比值。经济衰退或经济危机越严重，不定期失业率越高，反之则越低。

如果政府消除了引发经济衰退和经济危机的原因，这种不定期失业就不会再出现，不定期失业率也将不复存在。

二

调减法定劳动时间是控制长期失业率直接也是最基础的方法，不但可以起到立竿见影的效果，而且也能为人们进行创造性劳动和实现发展自由提供必要的时间基础。

生产效率提高节约出来的时间和减少的岗位，必须适时通过调减法定劳动时间来消化，但是企业为了获得更高的利润率，通常不会因为效率提高主动调减劳动者的劳动时间，更主要的是因为单个企业自主地调减劳动时间可能造成其成本上升和竞争力下降，有被淘汰的风险，因此需要政府通过法律来统一调减劳动时间。这样，一是可以让更多的劳动者参与到劳动中来，减少长期失业率；二是一些企业因生产效率提高得到的增量利润的一部分能惠及更多的劳动者，从而促进收入分配更均匀；三是避免单个企业调减劳动时间给企业自身带来的生存风险。

更主要的是，调减法定劳动时间能增加人们的消费娱乐时间、学习提高时间、思考创新时间。消费娱乐时间的增加能直接增加社会边际消费总量，从而增加生产和就业岗位总量；学习提高时间的增加，就是增加人们的再生消费，它不但能直接增加消费和就业岗位，还因为提高人们知识技能使社会生产总能力提高，有利于 GDP 的增长；思考创新时间的增加，能促进自然科学和社会科学的更快发展，创造出更多的产品类型，从而增加人们的消费和就业岗位，同时也有利于提高生产效率和改进产品质量。

最主要的是，重复性劳动的岗位是有限的，而创造性劳动的岗位是无限的，通过调减法定劳动时间和促进人们从事创造性劳动，能最终彻底消除长期失业率——也就是使长期失业率变为零或负值。随着科技的不断发展，简单重复性劳动和大量技能性劳动会逐步被机械和自动化技术所取代，人将主要从事创造性劳动。

简单重复性劳动和技能性劳动的岗位是有限的,而创造性劳动的岗位是无限的。因此,失业问题的根本解决在于实现全民创造,包括自然科学和社会科学规律的发现、产品设计、制度创新、文娱创作等。届时,问题将发生转换,长期存在的问题将不是个人找不到工作,而是企业找不到足够的人手——无论人口多还是人口少,也无论人口如何增加。当然,政府可以通过调节法定劳动时间来减轻问题,使之处于企业可以承受的范围之内。

个人一生的时间是有限的,用于消费的时间越多,用于劳动创造的时间就越少;用于重复性劳动的时间越多,用于思考创造的时间就越少。一个人一生价值创造的大小,从时间上看,取决于它用于思考创造的时间的多少。一个人的自由时间用作什么,不仅决定了个人一生价值创造的大小和所能达到的发展高度,也影响着经济社会发展的速度和水平。

创造性劳动的特点是灵感式和触发式,其劳动时间是不固定的,消费、娱乐、休息等任何时候都可能突然转换为劳动,所以要实现全民创造性劳动,一是要让人们有更多的自由支配时间,二是人们的这些自由支配时间要更多地被用于思考与创新,而不是被用于赌博、闲聊、看肥皂剧或娱乐猎奇,否则这些时光就会被白白地消磨浪费。因此,一个国家,要实现全民创新思考,要最终消除长期失业率,要实现经济社会的快速发展和人们生活水平的不断提高,除了要根据科学发展的情况适时适量地调减法定劳动时间外,还要建立激发人们从事创造性劳动的社会环境,使每个人都发展自己的创造性劳动兴趣,更要把个人自由支配的时间更多地引导到用于各自感兴趣或有使命感的事的学习、思考和创新上来。

总之,根据科技发展情况适时适量地缩减法定劳动时间,对控制整体失业率、降低贫富差距、促进经济快速发展,提高人们整体生活水平和减少其他社会问题都有十分重要而积极的作用。

三

法定劳动时间的调减并不是任意的,首先要根据科学发展提高社会生产效率的情况及长期失业率的大小来确定,其次还要有正确的调减方案,

第十章 为什么要主动调减法定劳动时间增加休假

否则不但不能有效降低失业率,还可能造成企业成本增加和对外竞争力下降。

政府调减劳动时间的根本依据是科技与管理模式发展引起的生产效率的提高情况与科技发展增加需求项目和扩大需求满足范围新增的岗位情况,必须使调减的法定劳动时间总量与二者的差额相适应,既不能调减过多,也不能调减过少。调减太多,企业的劳动力不够,影响社会生产总能力,并且会导致人们的消费水平降低;调减太少不能有效减少长期失业率,达不到所需要的效果。政府调减法定劳动时间的具体公式为:

新劳动时间 = (现劳动时间 × 现实际劳动人数) ÷ 现全部有效劳动人数 需要调减的劳动时间 = 现劳动时间 - 新劳动时间

政府调减劳动时间还要考虑社会资源占用、对企业生产组织工作的影响以及对个人利益的影响等问题,应按照社会资源占用最小、对企业生产组织影响最小、实现个人利益最大的原则优化时间缩减方案。

早期,调减法定劳动时间的方法,通常为减少每天的劳动时间或每周的劳动时间,比如,10小时工作制改为8小时工作制,每周六天工作制改为每周五天工作制,增加法定节假日等。这种办法确实能起到增加就业岗位的作用,因为同等生产效率的情况下,每个劳动者时间的减少必然使产品生产总量减少,为了保持产品生产总量,企业、事业单位和政府等用人单位正常情况下就只能增加劳动人数,从而增加就业岗位,减少失业率。但是这种方法会影响社会生产总能力,造成社会生产总能力下降,同时对增加就业岗位、减少长期失业率的作用也不十分明显。另外,同步休假必然造成人们集中消费,如购物、旅游等,形成明显的淡旺时段,使相应设施淡时闲置浪费,旺时不堪重负。

随着科技的发展和生产效率的提高,法定劳动时间需要继续缩减,但缩减的办法需要改变。具体办法有三种:一是每天4小时两班工作制。即,每周工作时间不变,但是每天只工作半天,同一岗位上半天由一人值守,下半天由另一人值守。二是每周3天两班工作制。即,每天仍然工作8小时,但是每周只工作3天,同一岗位前3天由一人值守,后3天由另一人值守。三是半年两班工作制。即,每周工作时间和每天工作时间不变,同一岗位上半年由一人值守,下半年由另一人值守。其中,管理岗位可以通过

如何看懂中国经济？

与副职轮岗处理日常事务来解决。将来，随着生产力的继续发展和生产效率的大幅提高，还可以同时采用其中两种或以上的法定劳动时间缩减方案。也就是说，随着科技发展和管理方式的改进，人们的固定劳动时间会越来越少，更多的时间将成为自由劳动和创造时间。

这些办法的核心思想是，分班生产，人休息但生产工作不停息，从而既避免削减法定劳动时间造成劳动力不足和社会生产总能力下降，又避免形成消费淡旺时段。

此外，现在很多国家通行的个人自由确定休假时间的法定带薪休假，也能增加消费，且不会造成明显的消费淡旺季，但是这种休假往往需要同事代岗，或造成该工作暂时停滞。如果是代岗，不但对工作质量和连续性有一定的影响，也会加重部分人一段时间的工作负担。如果造成工作停滞，则会影响社会生产总能力，而且还会给其他人的工作生活造成不便。

法定劳动时间调减之初，很多利润较低企业员工的收入短期可能会下降，但不会下降太多，并且会很快恢复甚至增加；部分利润较高的企业员工的收入并不会有明显下降。原因有两点：一是短期内会出现劳动力短缺，所以企业会尽量减少工资降幅以维持运营；二是就业岗位及人们因消费时间增加带来的边际消费总量增加，会较大地增加企业的总收入和总利润，所以一段时间后人们的收入水平又会恢复到原来水平甚至大幅增加。

法定劳动时间调减之初，企业成本肯定会上升，虽然会有部分利润水平低的企业被淘汰，但是由于激活了更多的消费潜力，社会总购买力反而会增加，所以企业的整体市场环境会更好，只是进行了企业之间的结构调整和优胜劣汰（市场经济的优胜劣汰只能针对企业而不能针对人，人是不能劣汰的，工作年龄段有劳动能力的人都应该有工作岗位，只是需要筛选到更适合他的岗位上）。另外，GDP和国家财税收入也会增加，在征收企业税的情况下，政府可以让渡这部分增加的财税收入，降低企业税赋以增强企业的对外竞争力。

● **原理解读**

第一，一项科技发展通常会为人们带来便利或利益，与此同时，可能

第十章　为什么要主动调减法定劳动时间增加休假

既增加岗位，也减少岗位，不能因为其减少岗位就不利用其所带来的便利或利益。以网络购物为例，网络购物导致实体店减少，减少相应的销售、运输、装修岗位，但是网店又会增加网络销售、软件开发、虚拟装修、仓储配送岗位。但是二者相加可能在总量上会减少岗位。然而，网络销售的出现，一方面提高了人们购物的便捷度——可以随时随地购物，增加了商品的选择性——快速浏览多个店铺、多款商品，减少产品购买的时间占用——不用一家一家的进店对比，降低了成本投入——打车、开车等交通费用；另一方面扩大了商家的市场辐射范围——由实体店铺覆盖周围几百米或几公里，扩大至全国甚至全球，增加了总收入，对消费者和生产者都有利，因此不能因为它导致了岗位总量的减少就禁止网络销售的发展，否则个人和企业都无法享受这些利益。

第二，科技的发展、新岗位和消费的增加往往是以生产效率的增长为人们节余更多的自由时间为基础的。只有当人们有更多的闲暇，有自由的时间对所感兴趣的事物进行思考时，科技才能得到发展。发现科学原理、进行科技发展的科学家，他们大多都有很多的自由时间从事对自己感兴趣问题的思考或进行想要的发明创造。爱因斯坦1905年发表狭义相对论论文《论动体的电动力学》(*On the Electrodynamics of Moving Bodies*) 时，在瑞士伯尔尼专利局工作。如果爱因斯坦当时是在井下每天工作12小时的采煤工人，累得一下班就只想睡觉，纵然他有天才的头脑，也不可能有机会发表狭义相对论。同样，亚里士多德、高斯、爱迪生，他们能从事不同领域科研或发明工作，一开始都是有一些自由时间的。

第三，基础科学研究、产品发明创造本身，就是在创造岗位，当这些方面取得进展并应用于生产后，又会增加大量的工作岗位。比如，从事基础数学、理论物理、微粒结构等研究，会创造出一些岗位；从事航天器的研制、纳米产品材料的研发，又会创造出一些岗位；从事太空旅游服务、量子通信产品生产，也会创造出一些岗位。

第四，人们消费是需要时间的，即使产品生产出来了，也有足够的收入购买，但是如果没有时间消费，那么购买和消费仍然不能完成，产品生产能力再强、人们的收入再多也是没有用的。比如，咖啡店、旅游景点形成服务产品提供能力，影视作品、体育比赛等文娱产品生产出来后，都需

如何看懂中国经济?

要人们有时间才能购买消费，如果大家的工作时间很长，业余时间很短，除了吃饭、睡觉，几乎没有什么空余时间，那么这些产品生产得再多再好，人们有足够的收入，也不能形成实际消费，从而不能带来GDP的增长和人们生活水平的提高。

第五，法定劳动时间的调减必须与劳动生产率的提高程度相适应。法定劳动时间的调减，必须以技术和管理发展带来的生产效率提高情况为依据，既不能减少太多，也不能减少太少。减少多了社会生产总能力会下降，企业生产成本会提高，对外竞争力会下降；减少少了达不到增加社会总购买力和为人的创造力的发挥提供发展基础的目的，不利于经济的增长。

第六，法定劳动时间的调减必须要照顾企业和个人的方便。要尽量减少对企业生产管理的影响，要尽量降低带来的企业生产成本增加，要有利于个人更好更方便地使用这些休息时间，要避免或平滑可能造成的消费高峰，使企业能更好地安排生产，使个人能享受到更好的服务。

● 常见看法

一、政府调减法定劳动时间，会提高企业生产成本，降低对外竞争力，减少员工收入，降低投资收益，导致人们收入水平下降。

二、科技在提高生产率的同时，会造成大量的失业，不利于社会稳定，因而对科技发展持矛盾或反对心态。比如，认为集装箱导致码头搬运工失业，互联网造成大量实体店的关闭，网络约车影响城市出租车的生存，工业机器人导致生产线工人失业。

三、面对科技引发的失业，增加岗位的科技就鼓励发展，减少工作岗位的科技就限制发展。

● 认识更新

失业会对社会安全稳定和可持续发展构成巨大的挑战和威胁，这是人所共知的。为应对失业的威胁，凯恩斯提出了增加政府开支的办法，从而使经济学出现了宏观经济学和微观经济学的划分，也出现了政府需要干预

第十章 为什么要主动调减法定劳动时间增加休假

经济和政府不能干预经济的争论。但是，凯恩斯给出的办法却并没能解决失业问题，不但没有解决失业问题，还导致了以下两个方面的问题：

一是经济滞胀。即，一方面经济增长停滞，另一方面物价飞涨，通货膨胀，普通民众的实际购买力下降，生活水平降低。

二是债务危机。政府要扩大投资，需要钱，没有钱就发行国债或地方债向国民或外国政府借债。但是，后面增加的财产收入，又不抵到期需要归还的贷款，于是只能一次又一次地扩大预算赤字，即提高国债或地方债贷款占 GDP 的比例。以美国为例，美国的国债规模已经从 20 世纪 80 年代的 1 万亿美元扩大到了如今的 20 多万亿美元，比重达到其 GDP 的 100% 以上，远超国际公认的马斯特里赫特条约规定的 60% 的负债率红线。这种局面如果一直发展，由于债务总量越来越高，总有一天会出现（在既定债务上限水平下）财政总收入不足以支付当期到期债务的情况，于是就会出现国家破产，如冰岛、希腊、西班牙等国在 2008 年美国金融危机后出现的情况。

这实际上有点类似于旁氏骗局，也就是我们通常所说的"拆东墙，补西墙"，因为长期看，政府的财政总收入不足以支付其总支出。当然二者还有本质的不同。因为，国家是有实际生产的，只是出现了总体收支不平衡——总支出大于总收入；而旁氏骗局往往没有实际的生产，或者实际生产只是其借钱的幌子或道具，其真实目的是为了骗取投资者的本金。

实际上，科技对岗位，即失业率的影响分为两个方面：一是科技的发展可能增加岗位，二是科技的发展也可能减少岗位。

科技创造新产品、改进老产品，出现替代性产品，通常都会增加岗位，减少失业率。影像技术的出现，创造了摄影、电影、电视等多个行业和产业，增加了大量的就业岗位；与功能手机相比，智能手机的出现，无论在硬件还是软件行业，都极大地增加了岗位数量；马车升级到自行车，自行车升级到摩托车，摩托车升级到汽车，都带来了相关就业岗位的极大增加。

另外，产品智能化程度越高，生产产品增加的岗位越多。比如，DOS 操作系统使用起来很复杂，需要记住很多命令、格式及其用法，但是一个人或几个人就编写出来了；而 windows 操作系统使用起来很简单，照着图形和文字揭示操作就可以了，但是却需要很多人才能编写出来。又如，单桶

如何看懂中国经济？

洗衣机使用起来不方便，但需要的生产岗位少；智能洗衣机使用起来更方便，但会增加研发和生产岗位。也就是说，产品使用者使用产品越方便，产品生产者生产产品越不方便，前端劳动量的减少是以后端劳动量的增加为基础的，一端劳动量的减少必然带来另一端劳动量的增加，不可能两端同时减少。因此，机器人的使用虽然减少了生产相应产品的岗位数量，但是增加或极大增加了生产机器人岗位的数量，如材料开发生产、硬件设计制造、软件编写调试等。换句话说，机器人生产其实是部分地将生产岗位向后端进行了转移，实际转移的数量可能大于、也可能小于未转移之前的岗位需求数量。

一个国家或地区科技发展对失业率的影响，应该把当期科技发展所增加的岗位与科技发展所减少的岗位相加才能正确判断。如果增加的岗位多于减少的岗位，那么当期科技的发展就降低了失业率；如果增加的岗位少于减少的岗位，那么当期科技的发展就提高了失业率。

虽然科技的发展的确可能增加失业，但是不能因此而限制科技的发展和应用，这种原因导致的失业，政府可以通过调减法定劳动时间来减少，以实现劳动力的供需平衡。

因为科技发展不仅仅影响失业率，还有很多其他积极作用，对于这些作用，不能因噎废食。比如，为什么网络购物的兴起会导致实体店大量减少呢？因为实体店的铺面租金大于网店的仓库租金，实体店面的物质装修成本大于网店的虚拟装修成本，导致实体店所销售的产品的价格竞争力不及网店而大量关闭。虽然实体店也有其优势，即现货交易、体验更好、欺诈风险小、退换货更方便，但是无疑价格，即相同性能质量情况下，哪种形式的市场上的产品价格更低才是人们商品购买选择的主要决定因素，而且随着网络企业对诚信管理的加强和人们因收入水平提高和提前预购产品习惯的养成，购买风险和交货延迟对人们购买选择的影响会变得越来越轻。同时，网购更节省购买时间、可选择的商家和品类更多的特点，能一定程度的弥补网店相对实体店体验更差的不足。

短期内，调减法定劳动时间的确可能提高企业的生产成本，减少员工收入、降低投资收益，导致人们收入水平下降，但是只要调减幅度不是太大，所产生的影响并不大，而且这种影响是暂时的，是可以恢复的。

第十章 为什么要主动调减法定劳动时间增加休假

因此,绝不能因为看到科技减少工作岗位就限制科技发展,或者某项科技的应用存在减少岗位的因素就限制该项科技的应用。无论科技是增加岗位,还是减少岗位,无论它有没有减少岗位的因素,都不能对科技发展进行限制。因为,总体看,它对社会的发展和人们生活水平的提高都是有利的,至于其所带来的失业率上升问题,用其他方法是可以解决的。

据《经济日报》报道,截至 2016 年上半年,已有河北、江西、重庆、甘肃、辽宁、安徽、陕西、福建、浙江和广东等 10 个省份正式出台意见,明确提出鼓励有条件的地方和单位实行新的休假模式①。这实际上就是通过法定劳动时间的调减来解决科技发展提高生产效率造成的长期失业率增加的具体例子。

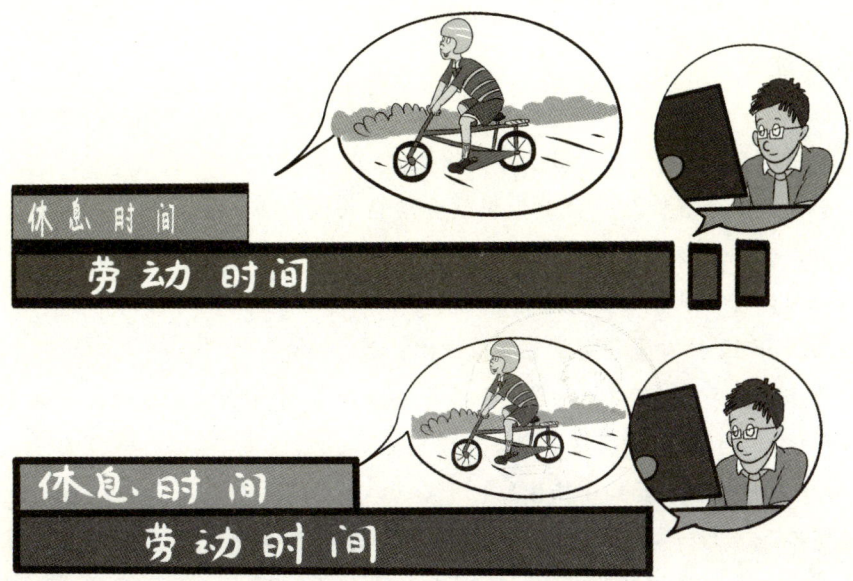

---

① 《河北等 10 省份进入周末"2.5 天休假"模式》,中国经济网 http://www.ce.cn/xwzx/gnsz/gdxw/201606/13/t20160613_ 12732774. shtml.

第十一章　为什么要求金融政策必须服务于实体经济

● 政策述要

2013年12月，中央经济工作会议提出：

要保持货币信贷及社会融资规模合理增长，改善和优化融资结构和信贷结构，提高直接融资比重，推进利率市场化和人民币汇率形成机制改革，增强金融运行效率和服务实体经济能力

2015年12月，国务院常务会议提出：

选择一批条件成熟的地区分类开展金融改革创新试点，可为深化金融改革开放积累经验，增强服务实体经济能力。

《十三五规划纲要》中指出：

完善金融机构和市场体系，促进资本市场健康发展，健全货币政策机制，深化金融监管体制改革，健全现代金融体系，提高金融服务实体经济效率和支持经济转型的能力，有效防范和化解金融风险。

2016年7月26日，中共中央政治局召开会议，针对下半年经济工作指出：

要引导货币信贷和社会融资合理增长，着力疏通货币政策传导渠道，优化信贷结构，支持实体经济发展。

2017年7月，全国金融工作会议提出：

金融要把为实体经济服务作为出发点和落脚点，全面提升服务效率和

第十一章 为什么要求金融政策必须服务于实体经济

水平,把更多金融资源配置到经济社会发展的重点领域和薄弱环节,更好满足人民群众和实体经济多样化的金融需求。

十九大报告提出:

深化投融资体制改革,发挥投资对优化供给结构的关键性作用。加快建立现代财政制度,建立权责清晰、财力协调、区域均衡的中央和地方财政关系。建立全面规范透明、标准科学、约束有力的预算制度,全面实施绩效管理。深化税收制度改革,健全地方税体系。深化金融体制改革,增强金融服务实体经济能力,提高直接融资比重,促进多层次资本市场健康发展。健全货币政策和宏观审慎政策双支柱调控框架,深化利率和汇率市场化改革。健全金融监管体系,守住不发生系统性金融风险的底线。

◉ 提出问题

金融为什么要为实体经济服务,金融不为实体经济服务有什么危害?金融如何为实体经济服务?

◉ 经济原理

一

货币本质是一种市场交易的中介工具,具有价值衡量与交易支付、财富储存、生产组织四种功能。

货币的价值衡量功能,是指货币可以用来对各种资源、产品、劳动的价值进行量化的特性。这种量化功能和尺子、秤、温度计等的量化功能是类似的。

在量化的基础上,就可以对不同类型的价值进行对比和计算。对不同类型价值的量化、对比与计算,是这些价值进行交易的基础。不同类型的价值,如果没有统一的标准进行量化、对比与计算,一般只能进行偶发的、零星的个别交易,很难形成普遍的、经常的市场化交易。货币信用化后,价值的衡量功能从具体单位变成了抽象单位。比如,用粮食或黄金衡量其他价值时,衡量出的其他价值的价值单位是若干斗(升、公斤)的粮食或

如何看懂中国经济？

若干两（克、盎司）的黄金，而如果用信用货币衡量这些价值，衡量出的各类价值的价值单位则为元或镑，元或镑后面是什么呢，谁也说不清，因为它已经变成了抽象的价值单位。

货币的交易支付功能，是指货币可以作为通用等价产品或凭据向价值供应方进行对价支付的特性。在支付的基础上，需求方就能获得相应的价值，而供应方则能得到与自己商品出售价格等量的货币。其中，需求方的需求既可以是个人的消费需求，也可以是个人、企业或其他组织销售、传播、服务等的生产需求。货币的支付功能，方便了不同性质类型的具体使用价值（简称具体价值）进行市场化交易。

便捷性是支付功能的核心价值，货币的便捷性对交易速度、交易范围、交易成本等都有很大的影响。所以为了更好地适应市场交易的支付需求，货币一直在向便捷性方向发展。比如，从粮食等消费品货币发展为黄金等产品货币，从黄金白银等产品货币发展为铸币纸币，再到如今的电子货币，都是货币为改善支付功能，适应不断发展的市场支付需求而在便捷性上的发展。换句话说，货币的发展就是以提高支付便捷性为目的的发展，货币的发展史就是货币支付便捷性的提高史。

货币的财富储存功能，是指货币可以被作为财富进行更方便低成本的储存的特性。财富就是被储存的价值。从使用的角度看，价值分为通用价值和具体价值，通用价值即货币，具体价值即各种有价值的资源或产品。财富既可以是通用价值，也可以是具体价值。

因为货币本身有相对其他不同类型的财富更便于存储的特性，同时它又能方便地进行市场交易，所以把具体价值变成通用价值储存，就等于用方便和低成本的方法储存财富，同时储存货币这种通用价值可以随实际需要方便地从市场换取某种具体价值，比单纯地储存各种自己经常或偶尔需要的具体价值更方便和可实现。

由于有些具体价值，或者容易变质，或者无法储存，或者储存成本太高，一个人对每一种经常或偶尔需要的具体价值进行储存既不可能也不经济。鲜菜、鲜果、鲜肉等就是容易变质的具体价值。看病、咨询、旅游等服务就是伴随提供的具体价值，一般不能进行储存后随需取用。虽然有一种办法也相当于把服务买来先放着，比如私人医生，但是成本太高，绝大多数人无法负担。一个人想经常听戏，就养一个戏班子，就是典型的具体价值储存成本太高的例子。

货币的生产组织功能，即投资功能，是指通过货币能把某一种或多种产品生产所需的土地（房屋）、原料（材料）、技术（设备）、制度（模式）、劳动力和管理等要素组织起来并进行产品生产供应，以直接或间接满足人们的消费需求，同时也满足人们的发展需求的特性。

进行投资收益分配，是货币成为资本并产生生产组织功能的前提，如果不进行收益分配，货币就不能被集中起来用于购买某一种或多种产品生产所需的各类要素并进行生产。所以，要使货币成为资本组织生产，特别是大型的社会化生产，就要让出资人分配到资本的市场收益，否则就没有人愿意出资，也就无法产生资本和组织生产。资本的市场收益，是个人节约的货币进行市场化投资所获得的市场化收益。所谓市场化，就是去除产品供应主体和需求主体各自参与交易的条件（零价值或负价值生产除外），即不设置准入门槛，使供需双方各自都能根据自身的能力与需求自主进入市场进行相互选择。市场化水平越高，供需双方的自主性越高，受到的条件制约或不法干扰因素越少越小。

二

一个国家信用货币发行主要由四大因素决定：一是科学发展总水平，二是人力资源分布值，三是投资货币总需求，四是社会消费总量。

四者的基本关系是：科学发展总水平是发展因素、不同人力资源分布值是条件因素，投资货币总需求是因变因素，社会消费总量是限制因素。其中，科学发展总水平、不同人力资源分布值和投资货币总需求共同决定一个国家某时点或时段的社会生产总能力和最大投资货币总需求，而社会消费总量决定着社会产品的实际生产总量和实际投资货币总需求。

三

因为科技的发展是持续不断进行的，生产效率是不断提升的，产品是不断升级增值的，产品种类是不断丰富的，国家制度是向前发展的，同一制度下体制机制是不断改革完善的，企业的商业模式和管理模式是不断地创新和改进的，人力资源分布值随着教育的发展是不断提高的，所以社会

如何看懂中国经济？

生产总能力的增加像流水一样，是持续不断的。因此，货币的增发也应该是像流水一样，持续不断地进行，而不是阶段性地集中增发。

同时，由于科技与改革引起的社会生产总能力的变化是不均匀的，即社会生产总能力的增长速度是不均匀的，所以货币发行也要根据每个时点的社会生产总能力的大小不同而不断改变，而不能一直以一定的量均匀增发。

消费货币和投资货币都是个人收入，只是用途不同或暂时用途不同的收入，增发的消费货币只能向民众平均分发，增发的投资货币也应该平均增发给民众。在个人消费和投资收入货币之外还要考虑临时占款、投机占款、沉睡货币和货币损耗的存在，必须为此而增加额外的货币供应，但是都纳入个人收入之中，并且增发的对象和方法是一样的。

用于社会保障产品、最终公共产品和再生公共产品生产的货币可以不必发给民众个人而直接用于消费支付，是因为发下去又要收上来，不过是在浪费时间和劳动，没有必要，而这些产品的均等提供本身就相当于平均分发货币。政府必须牢记这些钱是属于民众所有的钱，而不是政府所有的钱，只能用于指定项目，不可以随意支配。而且，当社会保障品和最终公共产品达到当时科技条件下的最优水平时，就应将用于两项支出的增发货币平均增发给个人。

信用货币发行的具体方法是"倒油法"。当物价指数下降时就增发货币，下降越多增发越多；当物价指数上涨时就停止增发，直到物价指数出现下降。实际操作中，货币发行机构可预先以一个较小的常量每月向个人账户增发几元到几十元不等的货币——这些货币不是财政收入，而是直接印发的钞票或调整的电子数据（因为科技一直在缓慢地发展，制度改革通常也在或大或小地进行，人力资源分布值通常也在不断提高），然后根据CPI涨跌增加一个修正量。如果下跌就多增发一点货币，如果不跌就维持原来的常量，如果上涨就减少常量。如果单向长期上涨或下跌，就上调或下调常量。

这样就可以彻底避免通胀和通缩，使货币币值十分稳定，使企业生产交易更方便、损失更少，使投机者退出货币投机。

货币在便捷性方向上的发展是自始至终的，也是没有止境的，即使在

第十一章 为什么要求金融政策必须服务于实体经济

信用货币高度稳定的方法没有找到的情况下，信用货币也会继续不断地向便捷性方向发展，如电子货币的出现。因为电子货币相对于纸质货币，在大额支付、远程支付和支付速度上有极大的优势，不但更便捷，也极大地节约了支付成本。

电子货币是纸质信用货币一定程度的替代形式——在较长一段时间是不完全替代形式。在这种情况下，纸质货币的发行必须考虑电子货币的存在，并做出相应的调整。

电子货币目前还有很大的局限性，即它需要专门的支付设备、网络条件和电力供应，所以在小额近距离支付上，其便捷性反而不如纸质货币，而且成本更高。在这些问题解决以前，纸质货币与电子货币会共生共存。此时，政府可以而且应该根据电子货币对纸质货币的替代程度，减少纸质货币的印刷和发行量——因为大部分支付所需的货币已经电子化了，政府只要保证现金使用所需即可，否则就是资源和劳动的浪费。如果出现特殊原因，电子货币不能正常使用，如长期大面积电网损坏，可以临时增加纸质货币供应，电力恢复后，可逐步收回，并用于替代损坏货币。

以上是假定资源全部为公有且根据生产和消费需求正确私有化情况下的货币发行。实现社会中，资源并不一定会被正确私有化，而且公共产品有时也会被错误地私有化，另外人们储存财富的方式也在不断升级变化，这些都会影响货币需求与发行的总量。（有关内容的论述，此处从略）

● 原理解读

第一，货币是市场经济发展的产物，因经济发展的需要而产生。货币并不是天然存在的，也不是人类一有经济活动就有的，它是随着交换的增加和生产活动的发展而出现的。货币是从产品开始的，然后才逐步发展为非产品的专门的中介物或记录。便捷性，即为了使交易与生产消费活动更加方便快捷，是货币发展永恒的主题和方向。

第二，交易、分配、投资与投入支付是货币发行要满足的三大需求。货币的发行主要满足四大需求：一是个人、企业、事业单位、政府和其他组织的交易支付活动所需，二是满足企业、事业单位、政府和其他组织内部的收益分配支付活动,三是满足个人、企业的投资支付活动,四是满足事业单位、政府或其他组织的生产服务投入支付所需。

第三,货币增发的根本依据是社会生产总能力的增加量。由于社会生产总能力的主要变量是科技与制度,因此货币增发主要考察或依据科技的发展与制度的改进情况来进行。但是在具体货币发行时,由于还要考虑其他约束因素和货币对经济的反作用问题,所以实际决定因素还包括人力资源分布值、投资货币总需求和社会消费总量。另外,有些改革,无论是国家管理体制改革,还是企业管理体制改革,都可能出现因不当或错误的改革而抑制创新与生产的情况,此时就要减少而不是增发货币。

第四,货币发行方法正确可以避免明显的通胀或通缩。当前世界各国的通胀或通缩,主要是由于货币的理论和方法不正确造成的。当货币发行的理论和方法正确后,执行货币发行的机构又能够及时正确地进行货币增发操作,那么就不会出现明显的通胀或通缩,或者说通胀或通缩的幅度会缩小到人们不会明显觉察到的范围内。不过,由于不同的产品科技进步的快慢不同,所以单种商品的价值还是会有明显的价格上升或下降的,但是这种上升或下降是单调上升或下降,而不是来回波动。

第五,如果各国都采用正确的货币发行方法,各国的汇率是可以保持基本稳定的,不会出现频繁或过大的波动。如果货币发行方法正确,世界各国是可以统一使用一种货币的。美元之所以不能真正成为统一货币,是因为美元的发行方法是错误的,也就是通常所说的它会剪其他国家的"羊毛",如果有一种货币有一天不再剪其他国家的"羊毛",这种货币就可能成为真正的世界货币。此时,将没有第二种货币谋求成为世界货币,因为这时不能再剪到"羊毛",没有成为世界货币的动力了,也没有人对既有的世界货币不满了。

● **常见看法**

一、金融是可以独立于实体经济的"高端产业",实体经济是"低端产业"。

第十一章 为什么要求金融政策必须服务于实体经济

二、金融就应该是赚钱多、赚钱快的行业。
三、金融企业赚钱过多过快不会对实体经济造成损害。

● 认识更新

金融是什么？金融就是为投资、生产与消费活动提供货币相关服务的活动。金融做什么？一是货币的发行，二是货币的储存，三是货币的结算，四是货币支付。除此之外，中央银行还有两项在一定历史阶段常做的工作：一是利率调节，二是汇率调节。随着理论、制度的发展和国际金融的公平统一，这两项工作会最终在金融部门消失。金融部门有哪些？一是央行，二是商业银行，三是会计公司，四是证券交易所，五是基金公司，六是信托公司。

金融与财政有什么区别？先看一下财政的定义。什么是财政？财政就是负责一个国家或地区的公共收入的收取与支出的活动。财政做什么？一是税费等公共收入的收取，二是根据政策进行公共开支的预算和决算，三是通知或授权金融机构进行货币支付。财政包括税务部门、财政部门和非税收入征管部门。

可见，财政是政府的会计，金融是所有个人与个人、单位与单位、个人与单位之间的会计和出纳，现在还是整个经济体的货币发行部门，财政的出纳，即货币的收进与支付活动通常是或者都可以由金融部门来进行，税务部门实际上只是执行公共收入的核查与催收的部门。

金融与投资有什么区别？先看一下投资的定义。什么是投资？投资就是为物质、文化或服务产品的生产、销售或提供所需资金并按一定规则分配企业产品销售利润的活动。商业银行向企业贷款并收取贷款利息，虽然算不上正式意义的投资，但实际上具有类似的性质，因此可以看成投资的雏形。由于商业银行也为个人、企业、事业单位、政府机构和其他组织提供货币的储存、结算、支付等服务，因此商业银行实际上是具有金融与投资二重性的机构。投行是不是金融机构？投行是为个人或企业的投资提供决策咨询与操作服务的机构，因为不从事储存、结算、支付等金融业务，

如何看懂中国经济?

所以它是投资服务机构而不是金融机构。基金公司是不是金融机构？基金公司实际上是为个人或组织代为投资的机构，也不从事储存、结算、支付等金融业务，所以也是投资服务机构而不是金融机构。

从金融的本质和定义可见，金融没有自己独立的价值。它只有服务于实体经济才有价值，不能服务于实体经济，金融也就失去了存在的价值。金融行业的行为如果侵害了实体经济的利益，而不是帮助实体经济实现利益，金融就走在了错误的道路上，必然要遭到挞伐，必然要进行改革。现在人们对银行的最大抱怨是，只做锦上添花的事，不做雪中送炭的事，甚至是在实体企业遇到困难时，还乘人之危，补上一刀，把本来能挺过去的实体企业搞死。

因此，金融是为实体经济而生，因实体经济而存，二者是一荣俱荣，一损俱损，损害实体经济的利益，从根本上说就是损害金融企业本身。实体经济被搞得虚弱了，金融必然虚弱，实体经济出问题了，金融也必然出问题。为什么近年实体经济下滑后，曾经被认为发展得很好很优质的银行也出现了严重的问题，原因就在这里。

金融作为实体经济的服务部门，其收入来自于为实体经济服务的劳务费用，这些费用全部都来自于实体经济，或者是个人的收入，或者是企业的成本，或者是事业单位的费用。金融部门的收入率越高，个人的收入减损越多；企业的成本越高，对外竞争力越低；事业单位的费用越高，财政对其的支出越多。由于财政支出都来自于民众的纳税，所以最终金融服务费用如果过高，归根到底就两个结果，企业对外竞争力减弱，民众实际收入减少。因此，金融部门的收入，不应该高于或过多地高于一个国家或地区当时当地的主流收入水平。

金融杠杆率过高，一些企业利用各种杠杆工具在资本市场呼风唤雨，对实体经济进行攻击，让这些企业不能专注于自身产品与服务，是实体经济的伤害更为明显和直接。如2016年6月，被证监会主席刘士余称为"门口的野蛮人"的宝能系发起对万科、12月发起对格力的为恶意收购。幸亏政府出面棒喝，才吓退了野蛮人，这些被恶意收购的企业想必都被惊出了一身冷汗。

第十一章　为什么要求金融政策必须服务于实体经济

李克强在 2016 年 6 月中旬考察建行和人民银行时指出：金融是国民经济的血脉，在全面实施营改增试点过程中必须确保金融行业税负整体上只减不增。商业银行也要围绕市场需求，不断提高服务实体经济特别是小微企业等的能力。提高金融资源配置效率、有效防范金融风险，关键在于深化改革。要深入推进金融领域简政放权、放管结合、优化服务，有序发展民营银行、消费金融公司等中小金融机构，丰富金融服务主体。多渠道推动股权融资，探索建立多层次资本市场转板机制，发展服务中小企业的区域性股权市场，促进债券市场健康发展，提高直接融资比重。做好顶层设计，运用市场化、法治化方式，采取综合措施逐步降低非金融类企业杠杆率。[①]

另外，和所有行业一样，金融机构和金融服务也有一个饱和问题，其数量和服务提供能力，不能超过个人需求、企业需求、事业单位需求和其他组织需求等的综合总需求，如果超过了就会出现过剩，也必然会一部分会破产、倒闭、退出。这也是允许银行等金融机构破产及推出存款保险制度[②]的原因。

2016 年 7 月 20 日 "6+1" 会议的一段话较为全面地反映了货币和财政金融政策的各自作用与相互关系："货币政策应继续支持经济活动，保持价格稳定。财政政策应保持灵活性，以促进增长、创造就业和提振信心，并确保可持续性。此外，在财政规则框架内，财政政策还应致力于支持结构性改革和防范化解财政风险。结构性改革需根据收入水平、经济所处周期和政策空间等具体国情并与其他政策协调，支持经济增长。落实金融改革对于提高金融体系的韧性非常重要。精准和有效的政策立场沟通有助于增强信心，提高政策的有效性，降低负面溢出效应。"[③]

---

① 李克强：《深入推进金融领域简政放权》，证券时报网 http://www.stcn.com/2016/0622/12764087.shtml.

② 《存款保险条例》，中国政府网 http://www.gov.cn/guowuyuan/2015-03/31/content_2840827.htm.

③ 《"1+6"圆桌对话会联合新闻稿》，中国政府网 http://www.gov.cn/premier/2016-07/22/content_5093758.htm.

如何看懂中国经济?

习近平在 2017 年 7 月 14—15 日在京召开的全国金融工作会议上指出的:"金融是实体经济的血脉,为实体经济服务是金融的天职,是金融的宗旨,也是防范金融风险的根本举措。"

第十二章　为什么既要强调劳动者权益又要发挥企业家作用

● **政策述要**

"十三五"规划建议指出：

坚持居民收入增长和经济增长同步、劳动报酬提高和劳动生产率提高同步，持续增加城乡居民收入。

限制政府对企业经营决策的干预，减少行政审批事项。清理和规范涉企行政事业性收费，减轻企业负担，完善公平竞争、促进企业健康发展的政策和制度。激发企业家精神，依法保护企业家财产权和创新收益。

"十三五"规划纲要指出：

健全科学的工资水平决定机制、正常增长机制、支付保障机制，推行企业工资集体协商制度，完善最低工资增长机制。健全高技能人才薪酬体系，提高技术工人待遇。完善适应机关事业单位特点的工资制度。加强对国有企业薪酬分配的分类监管。

更好发挥企业家作用，包容创新对传统利益格局的挑战，依法保护企业家财产权和创新收益。

2015年04月，习近平在庆祝"五一"国际劳动节大会上讲话指出：

我们一定要适应改革开放和发展社会主义市场经济的新形势，从政治、经济、社会、文化、法律、行政等各方面采取有力措施，促进社会公平正义，实现好、维护好、发展好最广大人民根本利益，特别是要实现好、维护好、发展好广大普通劳动者根本利益。

那种无视我国工人阶级成长进步的观点，那种无视我国工人阶级主力军作用的观点，那种以为科技进步条件下工人阶级越来越无足轻重的观点，都是错误的、有害的。不论时代怎样变迁，不论社会怎样变化，我们党全心全意依靠工人阶级的根本方针都不能忘记、不能淡化，我国工人阶级地位和作用都不容动摇、不容忽视。

2015年11月，习近平主持召开中央财经领导小组第十一次会议时指出：

要坚持社会主义市场经济改革方向，使市场在资源配置中起决定性作用，调动各方面积极性，发挥企业家在推动经济发展中的重要作用。

中共中央、国务院关于营造企业家健康成长环境、弘扬优秀企业家精神、更好发挥企业家作用的意见指出：

企业家是经济活动的重要主体。改革开放以来，一大批优秀企业家在市场竞争中迅速成长，一大批具有核心竞争力的企业不断涌现，为积累社会财富、创造就业岗位、促进经济社会发展、增强综合国力作出了重要贡献。营造企业家健康成长环境，弘扬优秀企业家精神，更好发挥企业家作用，对深化供给侧结构性改革、激发市场活力、实现经济社会持续健康发展具有重要意义。

着力营造依法保护企业家合法权益的法治环境、促进企业家公平竞争诚信经营的市场环境、尊重和激励企业家干事创业的社会氛围，引导企业家爱国敬业、遵纪守法、创业创新、服务社会，调动广大企业家积极性、主动性、创造性，发挥企业家作用，为促进经济持续健康发展和社会和谐稳定、实现全面建成小康社会奋斗目标和中华民族伟大复兴的中国梦作出更大贡献。

十九大报告指出

坚持在经济增长的同时实现居民收入同步增长、在劳动生产率提高的同时实现劳动报酬同步提高。拓宽居民劳动收入和财产性收入渠道。履行好政府再分配调节职能，加快推进基本公共服务均等化，缩小收入分配差距。

激发和保护企业家精神，鼓励更多社会主体投身创新创业。

第十二章 为什么既要强调劳动者权益又要发挥企业家作用

● 提出问题

企业家和其他劳动者到底是什么关系？是企业重要还是广大劳动者重要？剩余价值问题究竟有没有，怎么解决？

● 经济原理

一

企业生产销售需要的私有要素品有原料、空间、劳动力、科技、模式、资本和管理七种。最初这些要素是从自然界直接获得的或通过个人积累获得的，随着市场的不断发展，这些要素逐步开始产品化生产并通过市场交易取得，于是产生了要素品市场。要素品市场是从资源原料市场开始的，最终会逐步发展出空间市场、劳动力市场、资本市场、科技市场、管理市场、模式市场共七大要素品市场。

劳动力市场，是由企业所需要的具有某方面劳动能力的人因其劳动能力交易而形成的市场。劳动力市场的劳动，包括各类机器、设备、乐器的操作人员的劳动，餐饮、销售、运输等服务人员的劳动，演员、运动员、编剧、美工、记者、程序员的劳动，工具、设备、软件等安装、调试、维护人员的劳动，以及这些职业所在部门和基层的兼职管理者的劳动。这里，劳动力市场的劳动不包括自然科学理论探索研究者、产品发明创造者、企业管理模式设计者、文娱形式设计创造者的劳动，也不包括职业经理人、企业专职董事的劳动，更不包括事业单位和政府管理者的劳动。

管理市场，是企业管理的理论、方法、数据、建议和人的管理能力因交易而形成的市场。管理市场的产品既包括关于管理理论方法的书籍、与管理相关的数据、决策咨询与顾问公司的调查报告和决策建议，也包括具备管理能力的职业经理人（但不包括事业单位和政府的管理者）。对职业经理人来说，主要做三件事：搞清与生产相关的理论问题，遇到需要决策处理的问题能拿出正确的方法，能及时正确地推动方法落实。当职业经理人凭借个人的能力无法及时充分地获取决策所需要的数据以及形成正确的对策方法时，可向市场中的决策咨询与顾问公司购买服务。管理是企业组织产品生产销售和确保企业生存发展非常重要的要素。

二

市场主要有四大参与主体：个人、企业、事业单位和政府，其中个人是核心，企业、事业单位和政府都因个人的市场需求而产生，但是他们在市场中分工和参与市场的方式是不同的。个人和企业都是直接参与市场，事业单位和政府是间接参与市场。事业单位通过为个人和企业服务来间接参与市场，政府是最间接参与市场的含义与市场发展的趋势市场的组织，他通过为个人、企业和事业单位服务来间接参与市场。其中，个人包括家庭；企业包括个体生产经营者和各种类型的公司；事业单位是财政供养的学校、医院、研究所等；政府除了正式的党派、国家机构外，还包括非营利性民间公共服务组织。每一个市场参与主体参与的市场和参与市场的方式是各不相同的。

个人是市场产品的生产者，也是市场产品的消费者。一切产品本质上都是个人生产的，他们或者以独立的形式生产，或者以组织的形式生产。一切产品都是用来服务于个人消费的，它们或者直接供人用于身心消费，或者服务于个人身心消费品的生产。因此，个人是市场运行的动力来源和市场服务的根本目标。没有了个人，市场就像是没有汽油的汽车，运行不起来；市场一切个人或组织的行为如果偏离最终服务于人的消费这一根本目标，就会像丢失了航图的轮船，最终会触礁沉没。

三

管理分为个人自身事务管理和集体公共事务管理，个人自身事务管理，就是个人管理；集体公共事务管理，就是公共管理。集体公共事务的管理主要分为企业事务管理和国家事务管理。

公共管理，是为了让某一由人组成的集体实现某种目标而授权管理者对集体部分或全部内外部事务进行决策及对决策执行的活动。

企业，是以分配收入为目的，进行内容性产品生产的单位。即，通过某一种或多种内容性产品的生产销售，最大限度地增加劳动者与投资者的收入。其管理正价值促进主要是，促进内容性产品更多更好地生产和销售

第十二章　为什么既要强调劳动者权益又要发挥企业家作用

收入更公平更合理地分配。

管理既可能产生巨大的正价值,也可能产生巨大的负价值。管理的负价值分为绝对负价值、一般负价值和相对负价值。造成管理负价值的主要原因有理论、制度、决策、执行、个人五种。

管理的绝对负价值,是指由于管理者(含个人或组织)道德错误造成的集体行为总价值为负值。管理的一般负价值,是指管理者在促进集体正价值生成的同时,由于道德瑕疵,给集体造成的负价值。管理的相对负价值,是指由于理论发展水平、制度设计水平、决策问题、执行问题及管理者个人原因等造成的集体总价值创造非最大化。

制度原因,即理论正确,但是管理制度设计有问题。苏联模式的国家管理制度设计和企业管理制度设计都存在严重的问题。苏联模式的国家管理制度不能保证党的决策科学正确、不能保证决策执行准确无误、不能保证管理者自身干净勤勉,即不能保证苏共国家管理的三个现实合法性。苏联模式的企业制度设计,由于没有市场而不能实现供需信息直接互动,由于缺乏必要的竞争而效率低下。

个人原因,即由于管理者个人思想道德错误、思想道德瑕疵、认识水平不够、管理能力不足、勤勉认真不够等产生的管理负值。有些企业或政府管理者,虽然通过改革推动了企业或当地的价值创造,但是违背公平原则或法规,多拿多占、故意侵害集体利益或任人唯亲,这样的管理者就是道德有瑕疵者,他们既促进了集体正价值生产的增加,同时也给集体造成了很大的负价值。这种负价值本身是绝对负价值,但是通常集体总价值并不一定为负,而且有时还有一定程度地增长,这是一种比较常见的负价值,所以可称为一般负价值。

四

经济衰退主要是由于劳动和资本剩余价值的存在造成贫富分化扩大,抵消科技发展带来的社会边际消费总购买力增长并使其下降造成的。劳动剩余价值可以通过统筹普惠式产品化社会保障模式消除,而资本剩余价值需要通过实模式投资消费体制才能消除。

实模式投资消费体制是一种非借贷的真正的投资体制和非透支的即期

收支消费模式，既能保证投资资本充足、企业获取资本便捷，又能实现收入差距最小化、购买力最大化，还能彻底避免经济衰退、个人破产或国家破产等问题。

实模式投资体制，是一种企业新建或再投资时，可以即时一次性足额募集资本，资本利润不分大小股东全部按股数均等分配，保证本金安全且能获得稳定的基本投资利润和一定浮动利润的可以有效消除资本剩余价值的全新投资体制。

● 原理解读

第一，一般劳动者和企业家（管理者）都是企业的要素，缺了企业家或劳动者任何一个要素，企业就无法形成和运行，也就不能生产出满足人们需求的产品。因此，二者都是必不可少的，都应该重视，既不能过分强调一般劳动者对企业价值创造的中坚作用而否定企业家的作用，也不能过分强调企业家的组织核心作用而轻视一般劳动者的作用。他们都是任何企业不可或缺的关键要素，各自发挥着自己不可替代的作用，离开了任何一者都不行，都不能构成真正的企业。同时，具体到个人，他们又都是竞争性的，并非不可替代，必要时应该而且完全可以通过市场择优更换。比如，在职业经理人市场为企业选择和更换管理者，在资本市场为企业选择和更换投资人或投资机构，在一般人力资源市场为企业选择和更换各类专业人员。

第二，企业家对价值创造有举足轻重的影响，其好坏对企业的影响是全局性的，具有乘数效应。企业家是企业的创建和组织者，其创建和组织企业的核心工具是资本。因为通过资本可以组织到各种要素，甚至是"无中生有"地创造技术要素。没有企业家通过资本来组织各种生产资源，这些要素就会无序地散落在各处，无法结合起来生产各种人们所需要的产品，从而也就不能满足或更好地满足和人们既有或潜在的各种需求。

第三，国家的政策影响企业家价值创造的正负性质。好的政策和好的监管，能促进企业家不断提高生产效率，改善劳动者劳动条件，丰富产品种类，提高产品品质，使产品不断升级进化，为社会创造更多更好的正价值。差的政策和差的监管，会导致企业为了短期的利益，而不惜以造假、采用不合格原材料、欺诈、乱排乱放、强制等方式来损害消费者和社会的利益，同时还可能官商勾结，侵害国家、社会和消费者的利益。因此，必须对企业家的行为进行引导和规范，避免为了利益搞歪门邪道，制造负价值，使之全身心地通过创造和扩大正价值获利。

第四，国家的政策影响企业家价值创造能力的发挥及价值创造的大小。如果政府在避免企业家制造负价值时，思想懒惰、方式方法简单粗暴，不合理地过度管制，动不动就一刀切禁止，而不是通过积极的引导、合理的规制、持续的监督，最大限度地发挥积极作用，避免负面性，那么企业家的正当行为和创造性就会被压抑和窒息。就像企业的手脚被捆住、大脑被禁锢，导致该做的事不能做，该创造的价值不能创造，即便能创造的价值，也因限制过于严格，使价值创造量受限。因此，必须努力寻找企业家在市场中行为的合理边界，既避免企业家创造负价值，又让其自由度最大化，只有这样，企业家才能充分发挥自己的才能，最大化地为社会创造价值。

第五，剩余价值是客观存在的，而且不光有劳动剩余价值，还有资本剩余价值，且资本剩余价值当今已成为剩余价值的主体。虽然，剩余价值是存在的，但是并不是说企业家与其他劳动者的矛盾不可调和。如果能认识并区分剩余价值产生的两种原因，以及企业家合理的相对更高收入，在社会主义市场经济下，两种剩余价值都是可以减少甚至基本消除的。一是通过建立均等的、人人享有的、保证基本生存需求的社会保障体制消除劳动剩余价值，二是通过建立实模式投资消费体制消除资本剩余价值。这样，就能既基本消除劳动和资本剩余价值，又使企业家和其他劳动者，都能根据自己作为企业生产经营不可或缺的要素及其贡献，得到合理的报酬。

●常见看法

一、中国是工人阶级领导的社会主义国家，不能强调企业家的作用。

二、企业家创造了工作岗位，并为这些人带来了收入，对其他劳动者是恩赐。

三、剩余价值在市场经济下是不可能消除的。

◉认识更新

企业家是生产、销售和分配等整个企业市场活动的组织者，资本是企业家组织企业市场活动的手段，是一种万能工具。企业家有了资本，就能组织到想要的各种生产要素，如劳动力、技术、土地、设备、原材料等进行生产，也能组织到传媒、销售渠道将产品推广和销售出去，最终获取和分配利润。因此，企业家是企业中人的核心，而资本是其他要素的核心，企业家通过资本来实现想法、创造价值、分配利润。

一个国家经济发展，企业家作为微观主体，在发现市场供需不平衡，创造新的需求和产业，推动技术应用和生产效率提高等方面，都发挥着不可替代的关键作用。必须充分发挥企业家的才能和主观能动性，才能使一个国家的经济保持活力和竞争力。

企业家才能的发挥，需要有适应企业家生存发展的政治、经济、文化、社会和法制环境。要有严格的产权保护机制，要有干事创业的条件，要有容忍失败的氛围，要有兜底的保护机制，要肯定企业家的社会价值，要给予企业家与贡献相适应的社会地位。如果没有这些或这些方面做得不好，愿意做企业家的人就会减少，企业家的创造力就会受到极大抑制，经济就会失去活力和持续发展能力。

企业家确实是企业创立和运营中最活跃和最关键的因素，其思维方式的正确与否，思想道德是否偏差，态度行为积极还是消极，对整个企业发展的好坏具有决定性的影响，对其他劳动者的思想行为及其收入也有很大的影响。但是并不能因此独尊企业家而贬低其他劳动者，把提供劳动岗位看成是企业对其他劳动者的恩赐。

企业家是一群更善于发现市场机会，利用资本组织资源和有企业管理能力的人，这只是他们的所长和在企业中因能力特点不同而进行的分工，没有其他劳动者，企业家不能凭自己的一己之力建成和运行企业，企业家发现的机会就会溜走，想法就不能实现。

市场供需双方是平等的主体，劳动和商品通过其市场价格，使供需双方实现各取所需，并不存在谁欠谁或谁恩赐谁的问题。双方通过互为依存

第十二章 为什么既要强调劳动者权益又要发挥企业家作用

的方式实现互利互惠，谁也不欠谁。早期，沿海地区工人的绝对薪酬水平现在看来并不高，但是相对内地，同样的工作，薪酬还要高得多，因此在农民工看来，沿海的薪酬已经是"高薪"了，所以吸引了大量人前往。近些年，随着农业税的取消、农业补贴的发放，以及内地经济的发展，沿海企业工人的工资涨了不少，可能他们认为已经是给了"高薪"，但在农民工看来，相对他们远距离打工的交通成本和家庭付出，这些薪水现在已经太低了，不再具有吸引力。在这种情况下，沿海的企业家们只能提高生产自动化程度或启用机器人来控制生产成本，以保持产品的价格优势和出口竞争力。也就是说，当初他们不用机器人而用农民工，是因为当初用农民工比用机器人成本更低；现在用机器人而减少用农民工，是因为现在用机器人比用农民工成本更低。当初他们给"高薪"是因为这样才能从内地招到大量的工人，以实现企业利润；现在他们换机器人，是因为这样才能控制成本，以实现企业利润，有没有或能不能保证适当的利润，才是这一切变化的核心，其他的都是外在表现而已。

这说明：第一，企业家用机器人是被市场逼的，他们并不是主动为之的，假如用农民工成本更低，他们依然会用农民工而不会用机器人。他们当初用并不是因为慈悲，现在不用并不是因为对工人"知恩不报"的愤怒和反击，仅仅是成本算计与比较的结果。第二，现在一些企业能使用机器人，实际上很大程度源于当初农民工低薪酬时的资本积累，没有前期农民工的贡献使其有资本积累，现在也不可能进行机器人改造。

还应该看到，发展经济的目的是提高人们的收入和生活水平，中国经济改革开放以来取得很大发展，GDP 从 1978 年的不 4000 亿元到 2017 年的 80 万亿元，提高了 200 多倍，劳动者的收入也应该相应的增加。否则，发展是为了什么？实际上，工人薪酬上涨后并不是就失业了。他们中的一部分人成为生产机器的劳动者，一部分成为操作和维护机器人的劳动者，还有一部分转移到本地打工或创业，既不用千里奔波，又能兼顾家庭，实际收入水平提高，生活状况反而得到更好改善。另外，劳动者收入水平的提高，能增加社会总购买力，反过来能增加企业的销售收入和利润总量，更有利于企业生存发展。

因此，保护劳动者权益，提高劳动者收入水平与经济发展是根本一致的,关键是要把劳动者收入水平的提高与企业发展水平与承受能力协调起来,既不能过快,也不能过慢,快了和慢了都不利于经济的发展。

市场经济下,是存在产生剩余价值的机制的,现实中剩余价值也是客观存在的。剩余价值并非无法消除,事实上,如果方法得当,剩余价值是可以减轻或基本消除的。不过,由于政治体制的原因,在资本主义社会,这些方法会受到既得利益团体的阻止,难以得到实施,导致剩余价值难以减轻或消除。而在社会主义社会,在共产党的领导下,这些方法会逐步得到实施,从而最终基本消除剩余价值。当然,这需要一个较长的时间过程,需要综合考虑外部资本与人才竞争问题。

剩余价值包括劳动剩余价值和资本剩余价值,劳动剩余价值是企业管理者和大股东利用其在企业收入分配中的支配地位,多占的本应属于劳动者一部分收入。通过健全全民保底的社会保障体制,提高劳动者在薪酬市场的议价能力,能够较大程度减少劳动剩余价值。资本剩余价值,是企业管理者和大股东利用其在企业收入分配中的支配地位,占有的部分或全部本应属于中小股东的资本收益。通过定期强制分红或实行以代理投资为核心的新型资本市场体制,能够较大程度的减轻甚至消除资本剩余价值。

第十三章　为什么要保护中小投资者权益而非弱肉强食

● **政策述要**

十八届三中全会指出：

扩展投资和租赁服务等途径，优化上市公司投资者回报机制，保护投资者尤其是中小投资者合法权益，多渠道增加居民财产性收入。

2013年12月，国务院办公厅发布的《关于进一步加强资本市场中小投资者合法权益保护工作的意见》指出：

中小投资者是我国现阶段资本市场的主要参与群体，但处于信息弱势地位，抗风险能力和自我保护能力较弱，合法权益容易受到侵害。维护中小投资者合法权益是证券期货监管工作的重中之重，关系广大人民群众切身利益，是资本市场持续健康发展的基础。

2016年10月21日，国务院发布的《关于激发重点群体活力带动城乡居民增收的实施意见》指出：

加强资本市场诚信和透明度建设，完善上市公司信息披露、财务管理和分红制度，切实维护中小投资者利益。

十九大报告指出：

坚持按劳分配原则，完善按要素分配的体制机制，促进收入分配更合理、更有序。

⦿ 提出问题

为什么不是不同投资者在市场上按照弱肉强食原则自由博弈，而要保护中小投资者的合法权益？如何才能保护并实现中小投资者的合法权益。

⦿ 经济原理

一

剩余价值就是银行、企业大股东和中高级管理者利用分配支配地位强行或悄然占有的本应该属于普通劳动者或资本原始所有人的一部分劳动收入或资本利润。

剩余价值并非只有劳动剩余价值一种，而是有两种：一种是劳动剩余价值，另一种是资本剩余价值。劳动剩余价值是企业大股东和中高级管理者利用收入分配的支配地位强行或悄然占有的本属于本企业普通劳动者的部分劳动收入，资本剩余价值是银行、企业大股东和中高级管理者利用分配的支配地位强行或悄然占有的本属于普通存款人、企业中小股东的部分资本利润。

这个定义与马克思的具体定义有所不同，但本质上是一致的，本定义应该更全面、更具体、更准确。从这个定义看，剩余价值更准确的称呼应该叫"被强占或秘密占有的部分劳动或资本收入"，出于习惯和方便，仍沿用剩余价值的说法。由于资本可以理解为抽象的劳动，从本质上也可叫劳动，所以两种剩余价值都看成劳动价值也没有错，但不够具体、准确，容易造成误解。

劳动剩余价值是大股东和中高级管理者多占有本企业普通劳动者的收入，是大股东和中高级管理者利用企业内部分配权，即在企业内部收入分配中的支配地位，强行或悄然多占的本属于本企业劳动者的一部分收入。劳动剩余价值主要包括两部分：一是大股东和中高级管理者利用对企业收入的分配权，不断地给自己提高薪酬，这些薪酬中除去其中创造性经营管理活动应该适当奖励的部分后，过高的那一部分所得。二是违背恰当原则，

第十三章 为什么要保护中小投资者权益而非弱肉强食

无限扩大和不断增加各种补贴和待遇，如送高尔夫会员卡、设大面积多功能办公室、住高档豪华酒店、坐头等公务舱甚至买私人飞机等。从公共管理的角度讲，这与政府管理者利用手中的权力不合理地扩大自身利益或者腐败属于同一性质。企业管理者不断提高自己的薪酬就是利用企业管理权私自或强行扩大自己的利益，商务活动中的高消费就是少数管理者用大家赚的钱来满足个人消费，公务消费对个人消费具有替代性，其中部分替代是必要的、合理的，也有一些是不必要、不合理的。

资本剩余价值有两大产生渠道：一个是信贷渠道，包括企业（含个体工商户）贷款、信托投资、国债（含地方债）以及个人的消费贷款，另一个是现行投资渠道，即各类上市公司在证券市场公开募集资本。

资本剩余价值主要由两部分组成：一是用于再投资的企业利润，包括计提的资产折旧、资本公积、未分配利润、政府补贴和其他，这些收入都属于全体股东，应该及时分配给他们（分配以后企业如何再投资后面会论述）。二是控股股东和大股东利用其收入分配权以各种方式获得的相对中小股东每股多得到的那部分利润。

剩余价值消除不能用直接方法，而应该用间接方法，即不能直接禁止市场以及劳动与资本的市场化，而应该通过其他方法使劳动和资本的剩余价值极大减少或基本消失。

劳动剩余价值的消除的方法是，通过建立以保底消费为核心的普惠式产品化社会保障体制，使劳动者获得与企业平等的劳动价格议价地位，以及建立以薪酬透明为核心的劳动收入分配体制（薪酬保密惯例，为劳动剩余价值和企业腐败的产生提供了更加便利的条件，应予废除），使企业薪酬按劳动贡献大小而不是职务等级，公开公平地分配。

资本剩余价值可以通过建立以代理投资为核心的实模式投资体制以及面向全民的货币发行体制来消除。新投资与货币发行体制不仅能彻底消除资本剩余价值，还能彻底解决创业企业和中小企业融资难的问题。最重要的是，它能从根本上缩小收入差距、增加社会总购买力、避免经济衰退。

二

信用投资消费模式是为了解决规模投资资本不足或住房、汽车等大宗

如何看懂中国经济?

商品消费收入不足而设计产生的一种投资与消费模式。信用投资消费模式包括信用投资模式和信用消费模式两部分。

信用投资模式分为四类：第一类是个人或企业贷款给企业投资，如银行贷款给企业投资、信托企业贷款给企业投资、小贷公司贷款给企业投资。第二类是政府发行国债或地方债直接或通过国资委等投资执行主体给企业投资或组建新企业，如中国的国企、省企或县乡企业，新加坡的淡马锡以及欧美的国企，公私合营和政府参股企业。第三类是个人或企业购买企业股份进行投资，如中小股东或企业购买上市公司股票投资。第四类是货币发行机构增发的货币采用贷款给银行并通过银行贷款给企业投资的方式发行，这是目前一国货币发行的通常方式。第三类模式本来不属于信用投资模式，但是由于绝大多数企业不即时现金分红，实际上形成了一种成本和风险比贷款模式低得多，且更有利于股票发行机构、企业大股东和中高级管理者获得资本剩余价值的模式，所以第三类模式也可以叫超剩余价值模式，是背离股份制设计初衷，走向错误方向的变异模式。这类模式实际上是个人或企业把钱借给被投资企业进行投资，并以信用方式给予贷款方资本利润，但是不保证起码资本利润，也不保证资本金收回（可通过股票市场从新购股者手中变相赎回部分或全部本金）。

货币发行本来是一个独立问题，但是现在通行的通过央行（美国是通过美联储）借钱给商业银行用于企业贷款投资的货币发行模式，是建立在借贷投资模式基础上的一种货币发行模式，是贷款投资模式在货币发行上的一种应用，扩大和强化了信贷投资模式的问题，所以实际上成了一种特殊形式的贷款投资模式，可称为强剩余价值模式。

信贷消费模式包括两类：第一类是个人（含家庭）借贷消费，如信用卡消费、购买汽车或住房分期付款。第二类是国家（含地方政府）借贷消费模式，如中央政府或地方政府发行国债或地方债用于组织社会保障品或公共产品供应。需要区别的是，政府发行国债用于投资或组建企业是借贷投资而不是借贷消费。

信贷投资模式的主要作用：使企业能够进行大型、复杂产品的生产，促进了新技术和发明的应用、新装备和产品的产生，为改善人们劳动生产条件、降低劳动强度、提高社会生产能力、丰富产品和改善人们的生活品

第十三章 为什么要保护中小投资者权益而非弱肉强食

质发挥了十分积极的作用。

信贷消费模式的主要作用：一是使个人或家庭可以用自己的预期收入提前进行住房、汽车等大宗商品的消费，提前改善自己的生活品质和水平。二是使国家可以在收入不足的情况下，先提供必要的社会保障品和公共产品，以为经济社会的可持续发展打下基础，从而为经济更快发展提供必要条件。

但是，信贷投资模式和信贷消费模式都是寅吃卯粮的透支行为，一种是资本透支，一种是消费透支。虽然在发展生产、改变人们劳动条件和生活品质上发挥了很重要的作用，但是都存在十分严重的负面性，而且这种负面性会越来越强化，并最终影响到经济的可持续发展。在这种模式不改变的情况下，找不到避免的方法，也看不到避免的可能。

信贷投资模式的主要问题是会产生资本剩余价值，导致贫富差距扩大，当科技发展速度减缓时出现经济衰退。在几种信贷投资模式中，国企薪酬以外的利润由于通常是上缴给政府用于购买社会保障品或生产购买公共产品，成了人们的非自主消费，所以这类企业虽然采用的是信贷投资模式，但是其资本利润并没有被银行、大股东或中高级管理者所占有，所以并不产生资本剩余价值。在管理制度没有解决好时，主要产生的是腐败。但是，当国企的中高级管理者开始占有股份或薪酬过高后，实际上就占有了资本剩余价值，这些国企中也开始产生了资本剩余价值。需要说明的是，他们也可以购买企业的股份，但是必须和市场上的一般中小股东一样，平等地用自己的收入购买。

发达的资本主义国家或地区的保险救济式货币化社会保障体系的建立，提高了企业劳动者的劳动议价能力，劳动剩余价值大幅减少，但是由于采用信贷投资模式，特别是贷款投资模式，使银行、大股东、企业管理者占有的属于储户和中小投资者的资本剩余价值越来越多，替代劳动剩余价值成为造成贫富分化的主要原因，而且更加加剧了收入差距和财富的两极分化。《二十一世纪资本论》就用大量的事实和数据证明了贫富分化的加剧，从而证明了资本剩余价值的存在。同时，慈善组织乐施会（Oxfam）在2015年达沃斯世界经济论坛期间发布的报告《财富：拥有全部，想要更多》显示，目前世界1%的人掌握的财富占世界总财富的48.9%，而在北美和欧洲

如何看懂中国经济?

两个经济最发达的地区其比例为77%,也充分证明了资本剩余价值随着经济的发展(因科技发展而产生的经济发展)在持续增加,而且经济发展水平越高的地方,资本剩余价值增加的比例越大。

为什么发达国家劳动者的收入水平提高了,收入差距反而更大呢?这是因为发达国家科技的快速巨大发展极大地增加了社会价值创造的总量,劳动者的绝对收入水平虽然也有增长,但是其收入增长低于社会总收入增长,在总收入中的占比反而减小了。

目前,世界之所以迟迟走不出经济衰退,根本原因就是信息技术的爆发期已过,产生的收入增量较大减小,已经不足以克服资本剩余价值导致的收入差距扩大带来的购买力减小,即技术产生的边际消费总购买力增加(正增量)小于收入差距扩大产生的边际消费总购买力减少(负增量),两者相加后的边际消费总购买力出现下降。而之前经济之所以发展,是因为技术产生的购买力正增量较大,与收入差距扩大产生的购买力负增量相加后边际消费总购买力呈上涨状态。

信用消费等产生的主要问题:一是个人支付困难。个人消费透支过度,后期实际收入低于此前预期,或者根本就知道还不了(恶意透支),无力如期足额偿还债务,形成美国房地产次贷危机等金融企业破产倒闭问题。二是政府支付困难。政府过度借贷,实际财税收入不足以足额支付到期全部债务,而出现美国国债危机、希腊债务危机、冰岛国家破产等政府债务问题。三是不可持续。当个人或政府出现支付困难,无力支付时,就只能减免其债务,这实际上就相当于出借人把钱送给这些个人或政府使用了。如果这种问题出现的频率和比例不断上升,必然造成出借方不愿再借钱,最终这种模式也将无法再持续。实际上,很多个人借贷消费者的借贷规模都呈不断扩大的趋势,而其收入或将来的实际收入并不一定相应增加。同样,各国政府债务比例(债务与财税收入之比)更是几乎都在上升(如为了维持政府运转,美国国会不得不上调债务比例,在借贷消费模式下没有别的办法),所以无论借贷的是个人还是政府,一旦公私消费按照借贷模式形成债务依赖,最终无力还贷的概率都很高,只是时间早晚问题——当完全无力还债时就免除部分债务,再开始新的一轮借债,如此不断反复。所以,要改变这种局面,最根本的办法是改变这种公私消费模式。

三

经济衰退主要是由于劳动和资本剩余价值的存在造成贫富分化扩大，抵消了科技发展带来的社会边际消费总购买力增长并使其下降造成的。劳动剩余价值可以通过统筹普惠式产品化社会保障模式消除，而资本剩余价值需要通过实模式投资消费体制才能消除。

实模式投资消费体制是一种非借贷的真正的投资体制和非透支的即期收支消费模式，既能保证投资资本充足、企业获取资本便捷，又能实现收入差距最小化、购买力最大化，还能彻底避免经济衰退、个人破产或国家破产等问题。

实模式投资体制，是一种企业新建或再投资时，可以即时一次性足额募集资本，资本利润不分大小股东全部按股数均等分配，保证本金安全且能获得稳定的基本投资利润和一定浮动利润的可以有效消除资本剩余价值的全新投资体制。

目前的政府政策，之所以禁止投资收益保底承诺，是基于单个企业的情况来考虑的。因为市场经济下，单个企业的赢利和存活率并不高，所以某个企业的投资收益保底承诺常常无法兑现，还容易被无限抬高保底率以用作类似庞氏骗局的集资诈骗。

但是，从全部企业来看，即一段时期内盈利和亏本、存活和倒闭的企业加在一起，通常是盈利的——一般只有在出现非常严重的经济衰退或危机时才有可能总体不盈利。否则，绝大多数人就没有收入来实现生存。如果通过分配公平化消除了经济衰退，通过市场供应透明化避免了投机导致的经济危机（有关内容后面有具体论述），则永远不会出现总体不盈利的情况。因此，如果建立投资保险制度，先从每个企业的资本中拿出一定比例的资本金放入一个总资金池，同时将资本收益分成固定和浮动两部分，并由政府设计固定收益上限（以避免庞氏骗局），就能够既保证投资者有保底投资收益，又能按实际业绩分得浮动收益。

一次性足额投资，就是企业可以根据当时最好或最成熟的技术，进行水平、质量、安全、效率、成本最优的投资，它是相对于传统的企业只能由很小规模通过自身积累或逐步扩大贷款投资的必须先经历低水平建设的

如何看懂中国经济？

模式而言的。这将彻底避免因资本不足而造成的质量受限、安全水平不高、环境污染等问题，整体提升一个国家产品生产提供的质量、安全与环保水平。一次性足额投资并不是规模扩张，一次性建立起全国或全球市场，而是每一个生产单位都根据当时技术条件下的最优方案确定生产投资规模，它往往也有一个市场试探或测试过程，也常常是根据市场对产品的反映和欢迎情况逐步扩大市场。它的发展是连锁式的，每一个连锁厂或连锁店都是最优规模的一次性足额投资。

实模式投资体制的具体方法，是建立以代理投资体制为核心，包括新会计支付体制、新投资保险体制和新股票体制在内的一系列全新的投资体制。

各代理投资公司发行自己的股票，在所投企业或项目需要时，按企业或项目的资金需求量即时向公众募集资金，需要多少募集多少，一分不多募，一分也不少募。代理投资公司获得的是投资劳动薪酬，个人投资者获得的是资本收益。资本收益包括两部分：一部分是有上限的固定收益。收益上限由政府设定，略高于银行同期贷款利率。具体固定收益由各代理投资公司自己决定——类似每个银行自己确定的存款利率。另一部分是按年分配的企业浮动收益。企业浮动收益，就是被投资企业每年的收入中去除成本费用（固定资产分类按统一比例折旧）和劳动者薪酬后余下的资本收益。这些收益每年分红时全部分配给股东，企业分文不留存。企业需要技术改造、扩大投资或组建新企业时，请代理投资公司再即时全部足额募集资本。这样就能彻底解决有的企业需要资本但却难以融到或足额融到资本的问题，也能有效避免有的企业融资太多而胡乱投资的问题，或恶意上市后圈钱走人的问题——目前不少风投公司都是这种行为的助推者。同时，按期计提的资本折旧费按预定折旧方案分期退还给投资者个人，本金退还完后，股票作废，不能再获得利润。国家股的本金退还给国资委，由国资委用来进行再投资，但是资本分红在统筹普惠式产品化社会保障体制建立后要分配给个人。

会计支付公司由全体企业员工投票选择，所有账目向企业员工公开，企业员工随时可查看本企业的业务往来情况账目明细、薪酬分配方案和详细的分红情况。各代理投资公司募集资金时，提交一定比例的投资保险金给投资保险公司,当代理投资公司获得的当期投资收入不足以支付当期固定收益或应退还的当期计提资本时,由投资保险公司补足。

股票交易所是为急需用钱的投资者赎回现金和在一级市场没有买到合适股票的人购买股票而设计的。股票价值不会无限上涨也不会无限下跌,其价格不低于面值－累计折旧退款＋该代理投资公司承诺的固定收益,也不高于面值－累计折旧退款＋该代理投资公司承诺的固定收益＋预期每股每年可分到的浮动收益。整个股票股份变动幅度较小,投机者和投机行为也很少。

各代理投资公司在各企业设投资观察员全面及时掌握企业产品、财务、经营管理等各种情况。并由具有相关专业技术背景的人参与到新技术、新发明研究的各个过程之中,以了解其应用与市场前景。

实模式消费体制就是不再实行个人信贷消费和发行政府债。由于届时住房、汽车等大宗商品消费的租赁化,使个人不必再进行贷款消费。再加上货币发行方式改革和财政收入充足,所以不必再发行国债来向民众提供社会保障品和公共产品。又由于收入均匀程度很高,边际购买力接近最大,所以也不需要刺激投资。

此时,商业银行的职能分解到两类公司中:一类是会计支付公司。会计支付公司负责企业和个人的会计支付职能,向收款方收取支付服务费,但只向企业(含个体从业者)收取,不向个人收取,小额支付可实行按期包干或按量包干,大额支付设置佣金上限,以确保会计支付公司平等对待所有客户。另一类是代理投资公司。代理投资公司由商业银行信贷部门、基金公司、风投公司、小贷公司、天使投资等演进而成。

●原理解读

第一,结合前面的有关经济原理可知,经济运行是由供应和需求两方面的情况共同决定的。供应方决定社会生产总能力,需求方决定实际生产总量,由于收入分配差距的原因,实际的购买力并不等于社会生产总能力,而是小于社会生产总能力,收入分配差距越大,实际购买力小于社会生产总能力越多。因此,发展经济,既要从供给方入手,提高社会生产总能力,即通常所说的把蛋糕做大,又要从需求端入手,把蛋糕分好。

第二,供给端的问题,实际上就是生产力的问题。前面已经有论述,在人口、资源一定的情况下,供给侧的社会生产总能力,是由生产力和生产关系,即科技与制度决定,其中科技为大于零且可以一直增长,以致无穷大的实数,而制度是一个大于零小于1的系数。提高社会生产总能力,就是要通过改进制度,即使系数趋向于1来促进科技这个大于零的实数快速地不断地增大。

第三,需求端的问题,实际是一个分配问题。由于每个人是有生理消费极限的,在健康维度的消费下,分配越均匀,社会总购买力越大。所以,分配问题的核心,就是要缩小收入差距,使分配更加均匀。理论上,平均分配的情况下社会总购买力最大,但是平均分配会导致养懒人,不能充分有效激发人们劳动创造的主动性和积极性,使社会生产总能力下降,所以又不能实行平均分配,这是有内外部多年的实践教训的。那么,到底什么样的分配,既能实现社会总购买力最大化,又能实现社会生产总能力最大化呢?这就是公平分配。因此,经济改革不仅要改供给侧——通过体制改革释放和提高生产力,实际上就是提高社会生产总能力;还要同时改需求侧——在提高生产力的同时使分配更加均匀,实际上就是通过分配改革提高社会总购买力。

第四,分配与生产,即分蛋糕和做蛋糕是有关联的,公平分配不仅关系到能不能实现社会购买力最大化,还关系到经济能不能持续增长,即蛋糕能不能持续做大的问题。只有分得越好——越公平,生产力才会持续增长,蛋糕才能越做越大;如果分得不公平,生产力就不能持续增长,蛋糕就不能无限做大,或者说做到一定程度就做不大了,甚至变小。因此,不能想着先把蛋糕做到足够大了,再来想法分好蛋糕,必须要通过分好蛋糕来做大蛋糕。如果在做大蛋糕的时候没有考虑到分好,再做大就会遇到困难;如果做大到一定程度再重新分蛋糕,由于要把一些人已经到手的东西再拿出来,就有很大的阻力。但是,如果在做大蛋糕的同时就考虑到分好,通过分好来做大蛋糕,不仅不会有前面的阻力,还能使蛋糕越做越大。不过,由于认识、经验和历史等原因,事实上,一般都是在已经做大蛋糕,再做大遇到困难的时候才会倒逼解决分配公平的问题,这是一个难以避开

第十三章 为什么要保护中小投资者权益而非弱肉强食

的历史过程,尤其对于没有先例情况下的探索国。此时,虽然阻力多、困难大,但是一旦把分配问题解决好了,经济将迎来质的跃升和持续增长的动力。

第五,分配公平包括多个方面,随着社会保障和公共产品供应的均等化,其他方面的分配公平问题会越来越小,主要的分配不公平问题将集中到资本剩余价值上来。因为,随着科技的发展和市场的不断扩大和统一,资本剩余价值造成的收入差距会越来越大,往往呈几何级增长。只有通过建立保护中小投资者的投资体制,才能最终解决这个问题,而这个问题也是分配公平最后的问题和最大问题,这个问题解决了,成熟的社会主义社会就基本建成了。

● 常见看法

一、股票市场的涨跌买卖是投资而不是投机。

二、股票投机是必要的,对股市和经济有利。

三、中小投资者损失是正常的,是好的。"回归到对投资者真正的保护,不是让投资者不会承受风险,而是让投资者学会辨别风险。""对于散户,你让他们少受一点损失,但是受了损失可能亏的是买菜或者是买彩电的钱,但是越不受损失,散户可能亏的是养老的保命钱等。你可以保他们一阵子不损失,但是不能保一辈子不受损失。关键在于怎么培养他们的风险意识和危机素养,所以讲公平、公正、公开,机构如果要迎合没有素养的散户的投资理念和目标,这种'保护伞'是很不公平的。"

四、政府无法避免中小投资在股市的损失。"从小散户来说,他最大的问题是他的资金量很小,他在信息端本来就是弱势人群。从行为金融学上来说,每个人都会对自己的能力有一种过度乐观,所以造成了总体上都是亏钱的。大家总认为在下一波的时候会不一样,这样就一次一次的买教训。但这也跟中国没有一些长期稳定的比较好的投资渠道有关,这造成大众都赶到这条独木桥上来,所以合理的还是要去做投资渠道的疏导。但是该亏的钱散户还是要亏,如果散户亏钱的原因很多是因为政策性波动的影响,散户就很容易来找监管部门的责任,那监管部门又被自己前面做出的决定绑架,后面继续做出更多的决定,现在就变成一个怪圈绕进去了。"

● **认识更新**

如果企业不分红，那么股票市场就是纯粹的赌博市场。因为在这种情况下，股市里的所有资金就是股民们的资本金，股市总体的涨跌，实际就是进入股市的资本金多了或少了；单只股票的涨跌，实际就是股数不变的情况下，这只股票对应的资本金多了或少了，折算到每股当然股价就高或者低——涨或者跌。这其中，每一位买卖股票的人赚的钱其实都是其他股民的资本金，在不考虑佣金和税的情况下，有多少人赚了钱，一定有多少人亏钱，赚钱的人赚的钱和亏钱的人亏的钱是相等的，这和典型的零和游戏——赌博是一样的。

投资赚钱的本质，是来自于企业创造的价值交易获得的利润，如果企业不向股民分配利润，那么股市里面的资金是没有获得利润的，无论这些人怎么折腾，也是折腾不出利润出来的。

正确的股市体制下，上市企业都是必须定期将利润分配出去的。如果不分配出去，其实是背离了企业对中小股东的承诺。用一句通俗的话说，上市企业不分红，就是"耍流氓"。有人会说，利润分出去了，企业要扩大再生产怎么办，办法很简单，再融资。有人又会说，再融资会增加企业成本。必要的成本该付出是必须付出的。实际上，还可以通过简化融资手续、费用、流程等方式来最大限度地降低再融资成本。

上市企业应该明白，相对于银行贷款，上市融资虽然要求分配利润，但是也分担了风险，因为上市获得的资本是不用还的，有利润就分配，没有利润就不分配，利润多就多分配，利润少就少分配，银行贷款虽然不会分配全部利润，但是无论赚与不赚，赚多赚少都是要付本还息的。换句话说，企业从银行贷到的钱是债务，银行不帮助贷款企业承担风险；而企业从股市融到的钱是资本，股市投资人与融资企业共同承担经营风险。而且上市融资不像银行要相应的抵押物，对于处于成长中的没有固定资产的企业来说，是少了一个很关键的门槛。所以，对于真正想做企业或不想错过机遇、希望适时把企业做好的企业、做到与其发展需求规模相适应的企业，通过及时分红来实现融资是更好选择。

第十三章 为什么要保护中小投资者权益而非弱肉强食

现在的股市体制下，企业上市后，自己把钱拿了，然后把股票放在股市上，让先买的投资者通过投机吸引后面的人进入，把风险和成本完全交给后来的购买者，而自己既不退本金，也不分红，这实际上形成的是一个权利和义务严重不对等不公平的股市，无论国内还是国外都一样——当前，国内的情况更严重一些。这种股市体制下，由于企业不会定期地对当期全部利润进行分配，中小股东的权益实际上没有得到任何的保护，更无法实现，所以其实是一种有利于企业和大股东的弱肉强食的资本市场。这导致了现在的股市无法吸引真正的投资者，既已吸引的所谓投资者，大多数都是那些有投机心态或以投机心态为主的人，那些希望通过分红来进行真正投资的人，实际是被拒之门外的，他们投资无门。因为他们自己没有时间和精力来直接做经营投资，股市又没有提供直接的投资渠道，存银行得到的是利息而不是投资分红，而利息收入远低于主流利润水平。

保护中小投资者的利益，是资本市场建设的必然选择，不是要不要的问题，而是必须这么做。从前面的经济原理论述可见，认为保护中小投资者利益只是良好的愿望，是做不到的的观点是完全错误的。不是做不到，而是现在的方法错了，而正确的方法又还没有被探索找到。

当正确的方法被找到后，保护中小投资利益就不再是空想或只是良好的愿望，而是可以实实在在实现的。而且，这种方法还能极大地减轻中小投资者的精力投入，使其可以一如既往地致力于既有工作，只需要像在银行存钱一样，利用业余时间进行简单的操作即可，从而实现工作与投资两不误，使大多数个人既主要获得劳动收入，又能获得一定的投资收入。

而现在的投资体制，中小投资不但要投入大量的精力，影响正常的工作，大多数人还都是亏钱，从而极大地制约了中小投资者对股市的认可和选择，使资本市场难以健康、壮大和可持续发展。

正如新锐经济学家李晓鹏所说："我的观点很简单，股票市场不是年轻人应该去的地方。对年轻人来说，玩股票就跟爱上赌博一样，是在浪费生命。年轻人最大的资本是自己，一旦把自己有限的积蓄投入到股市中去，就会被行情的波动死死地抓住，然后在里面虚度光阴。原本应该学英语的时间，却拿来研究波浪理论；原本计划去听一场学术讲座的，却跑到证券公司去被各种股票大师洗脑；原本可以把本职工作做得更好一些，却敷衍

如何看懂中国经济?

了事然后偷偷打开行情软件看股票;原本可以在自己喜欢并擅长的领域取得成就的,却跟成千上万的股民一样天天守在电脑前面想着一夜暴富,沦为庸碌之辈。"①

---

① 李晓鹏:《年轻人,你活着不是为了观察 K 线做布朗运动》,观察者网 http://www.guancha.cn/lixiaopeng/2015_06_26_324755_s.shtml.

第十四章　为什么既要反对奢侈浪费又要鼓励扩大消费

● **政策述要**

2012年12月，中共中央政治局审议通过了关于改进工作作风、密切联系群众的八项规定，指出：

要厉行勤俭节约，严格遵守廉洁从政有关规定，严格执行住房、车辆配备等有关工作和生活待遇的规定。

2013年1月，习近平在新华社《网民呼吁遏制餐饮环节"舌尖上的浪费"》材料上的批示：

从文章反映的情况看，餐饮环节上的浪费现象触目惊心。广大干部群众对餐饮浪费等各种浪费行为特别是公款浪费行为反映强烈。联想到我国还有为数众多的困难群众，各种浪费现象的严重存在令人十分痛心。浪费之风务必狠刹！要加大宣传引导力度，大力弘扬中华民族勤俭节约的优秀传统，大力宣传节约光荣、浪费可耻的思想观念，努力使厉行节约、反对浪费在全社会蔚然成风。各级党政军机关、事业单位，各人民团体、国有企业，各级领导干部，都要率先垂范，严格执行公务接待制度，严格落实各项节约措施，坚决杜绝公款浪费现象。要采取针对性、操作性、指导性强的举措，加强监督检查，鼓励节约，惩治浪费。

十八大指出：

提高人民物质文化生活水平，是改革开放和社会主义现代化建设的根本目的。

2016年3月,李克强在政府报告中指出:

深挖国内需求潜力,开拓发展更大空间。增强消费拉动经济增长的基础作用。适应消费升级趋势,破除政策障碍,优化消费环境,维护消费者权益。支持发展养老、健康、家政、教育培训、文化体育等服务消费。壮大网络信息、智能家居、个性时尚等新兴消费。

2016年4月,国家发改委等24部门《关于印发促进消费带动转型升级行动方案的通知》指出:

尊重消费发展规律,创造环境引导居民扩大消费。顺应居民消费个性化、多样化发展的大趋势,以适应居民吃穿用住行和服务性消费为线索,以拓展和畅通居民消费自由选择渠道为目标,努力增加高品质商品和服务供给,进一步完善商贸物流、信息网络等基础设施,打通物流、信息障碍,大力加强消费市场信用体系建设,营造居民愿消费、敢消费的良好环境。

十九大报告指出:

倡导简约适度、绿色低碳的生活方式,反对奢侈浪费和不合理消费,开展创建节约型机关、绿色家庭、绿色学校、绿色社区和绿色出行等行动。

完善促进消费的体制机制,增强消费对经济发展的基础性作用。

● 提出问题

为什么一方面要求厉行节约,反对奢侈浪费,另一方面又大力促进消费升级,鼓励消费,二者是不是矛盾了呢?如果不矛盾,为什么?如何处理二者的关系,它们有共同的边界吗,是什么?

● 经济原理

一

每个人都存在或潜在存在消费、尊重、尊敬三个层次的需求,但是很多人的需求可能终身只会停留在消费层次,永远不会升级到尊重和尊敬层次,原因是他们消费层次的需求选择定位为奢侈维度而不是科学维度。这

第十四章　为什么既要反对奢侈浪费又要鼓励扩大消费

里所说的尊重不是礼貌问题，尊敬不涉及信仰或权威问题。

马斯洛认为，人有生理、安全、社交、尊重、认知、审美、自我实现（超自我实现）等层次的需求。

这是人类对自身认识上的一次重大突破，但这样的划分还不够科学完善。实际上，人的需求只有消费、尊重、尊敬三个层次。

消费层次的需求，就是人进行非创造和给予性的价值使用。马斯洛所说的生理、安全、社交、认知、审美等都属于消费层次的需求。消费层次的需求又分为两个层次：生存层次消费需求和生活层次消费需求。

生存层次需求的需求项目是有限的，包括衣、食、住、行、医、教、娱、信、联、安等十项必要需求，每项需求产品的品质是合格的基本品质，量是能满足健康生存的基本量。衣，即服装饰品；食，即食品饮料；住，即日常住所；行，即交通出行；医，即防病治病；教，即知识传授；娱，即休息娱乐；信，即信仰依靠；联，即外部联系；安，即安全保障。其中，信和安是由政府直接提供，其他的主要由企业或事业单位直接提供。信用建设包括企业、事业单位、广义政府自身和个人，其中重点是企业、事业单位和政府自身，这之中，由于企业（含个体工商业者）与人们生活最直接、最密切，所以是信用建设的重中之重，而事业单位是社会良心，政府自身是信用的最后防线和信用建设的主导者。

生活层次需求的项目是不受限的，包括当时社会能力生产的所有主流产品。生活层次消费需求又有两个发展维度：一个是科学维度，一个是奢侈维度。科学维度就是在确保质量与安全的前提下，追求实用性、效率性、节约性和性价比，即消费品的科技水平最先进成熟、性价比最佳、与人的客观消费需求最为匹配；奢侈维度就是不以满足人的客观需求和最优性价比（产品功能质量与生产成本的最佳平衡），而是以满足所谓的极致体验或占有欲为目的，对量（包括数量、重量、面积等）与个性无节制甚至是变态的追求。

尊重层次的需求，就是人不希望亏欠他人或社会，而希望凭自己的能力生存生活，以赢得他人和社会尊重的心理需求。虽然追求该层次需求的人也接受他人和社会的关心和帮助，但是他们欠债还钱、欠情还情，不希望占他人或社会的任何便宜，或者会因为占了他人或社会的便宜而愧疚或

如何看懂中国经济？

不安。但是，必需的自然资源、正常的社会保障品和公共产品消费除外。

尊敬层次的需求，就是人作为社会的人，生活在各种不同级别的集体之中，希望获得某一个或多层次集体认可与集体成员感念的精神需求。横向上，集体分为亲友（家庭、家族、朋友等）、单位（企业、事业单位、公务部门）、地方（县乡、省地、单一民族）、国家（相当于国家的地区或国家联合体）、人类（包括自然和宇宙）等多个层次。纵向，集体分为不同的行业，如工业、农业、服务业等，行业又分为大行业和细分行业，如食品加工业、机械制造业、软件开发业、种植业、养殖业、林业、餐饮业、运输业、旅游业等。纵向和横向交叉后，又可分为地方行业、国家行业和国际行业等。

尊敬层次的需求有初级层次的尊敬需求和高级层次的尊敬需求。传宗接代、造福家庭家族所追求的是初级层次的尊敬需求。为单位、地方、国家、行业、人类做贡献，追求的是高级层次的尊敬需求。尊敬层次的需求一般指的是高级层次的尊敬需求。

一个人，如果只有消费层次的需求而无尊重或尊敬层次的需求，那么这个人就只是一个自然层次的人；只有在消费需求一定程度满足的基础上，也追求尊重或尊敬层次需求的人才是社会层次的人。

一个人在生存或生活层次的消费需求满足后，都可能会追求尊重或尊敬层次的需求。在此之前，迫于生计，常常会使人"英雄气短"，放下面子（尊重）与做事的理想（尊敬），先解决生存生活问题。因此，要使人们追求尊重和尊敬层次的需求，先要让人们获得生存或生活层次的消费需求满足。

但是，一个人消费层次的需求如果选择了奢侈维度，则其需求可能永远进入不了尊重或尊敬层次，除非他的需求维度发生部分或全部转变。因为奢侈是无止境的，浪费也是无止境的，可以得到的消费层次的对比愉悦也是无止境的，所以奢侈维度的消费会使人的内心永远被消费和占有欲望占据，蒙蔽双眼，永不餍足地利用各种手段攫取物质或货币等财富，看不到人还有尊重和尊敬等更高层次的需求，体会不到尊重和尊敬需求带给人更高层次（主要是精神层次）的愉悦，从而也无法将自己的需求层次进行升级。因此，必须把人们消费层次的需求特别是收入较高者的消费需求引导到科学维度上来,只有这样,他们才能够看见和追求尊重或尊敬层次的需求。

二

消费需求的满足分为非科学维度的满足和科学维度的满足,无论是最终消费品、有限再生消费品还是无限再生消费品。一个国家消费需求非科学维度的满足率越高,说明该国的收入差距越大,经济越不健康、经济发展的可持续性越差;一个国家消费需求科学维度的满足率越高,说明该国收入差距越小、经济越健康、经济发展的可持续性越好。最终消费品和有限再生消费品是可以实现科学维度消费边际的充分满足的,当消费需求科学维度的满足率达到 1 且最终消费品和有限再生消费品的消费都达到当时科技条件下消费边际的充分满足时,科学 GDP、有效 GDP 和购买 GDP 都达到最大值并且相等,这时市场经济就进入了共产主义阶段。

科学 GDP = 社会生产总能力 × 消费科学维度的满足率

消费科学维度的满足率,是指一个国家有多少人的消费进行的是科学维度的满足。由于进行科学维度的消费的人,并不一定都达到了科学维度生活层次消费边际的充分满足,所以消费科学维度的满足率和消费科学维度的边际满足率是不同的概念。消费科学维度的边际满足率,是指一个国家有多少人的消费进行的是科学维度的消费,且这些人中有多少人的最终消费品和有限再生消费品的消费达到了当时科技条件下生活层次消费边际的充分满足。

消费科学维度的边际满足是一个随着科技的发展而动态发展的概念,所以人们的消费需求的边际满足总是指一定科技条件下的满足。引进外国技术和资本,往往意味着人们的消费边际满足水平的提高。比如,一个国家在引入汽车技术和资本前,马车是主流技术,这时人们消费科学维度的边际满足是个人有一辆马车或能够根据需要随时用上马车;而引入汽车技术和资本后,消费科学维度的边际满足就是个人有一辆汽车或能根据需要随时用上汽车。无论开放与不开放,最终目的都是为了使尽可能多的人实现消费科学维度的边际满足。

消费非科学维度的边际满足,包括低水平满足和奢侈消费。

如何看懂中国经济？

所谓低水平满足，就是消费低于当时主流科技条件下的满足。所谓主流科技，就是当时已经成熟的最先进技术。比如，营养科学的发展已经要求膳食营养平衡，但是有的人因为收入低，每餐只能馒头就咸菜，虽然他的饮食消费的生理边际得到了满足，但是这种满足是滞后于科学发展水平的满足。又如，相关科学的发展已经具备使每个孩子都坐在安全宽敞的教室里听最优秀的网络互动课程的条件，老师主要进行课堂秩序维护、课后作业辅导、教学研究和讲课比赛。但是，由于一些单位或个人出于自身利益最大化考虑，只把这些课程给予少数出价最高的学生，大多数人只能坐在不那么好甚至危房里听质量比较差的课程，大多数人得到的这种教育需求满足就是落后于主流科技发展水平的满足。

所谓奢侈消费，就是追求当时既有科技条件下高生产成本和高资源耗占的极限产品、远离价格比的奢侈品，以及进行超出生理边际需要的产品购买和占有。比如，大空间、大排量的家用车，价格昂贵的服装、手表、手袋、首饰，太大面积的住房和多套住房，太多的服饰、车辆。

在一定科技条件下，选择科学维度消费的人越多，实现该科技条件下消费边际满足的人越多，消费科学维度的边际满足率越高，科学GDP、有效GDP和购买GDP越接近最大值。消费科学维度的边际满足率是一个大于0且小于等于1的系数。自然平衡市场经济条件下，消费科学维度的边际满足率最低；成熟社会主义市场经济条件下，消费科学维度的边际满足率较高；共产主义市场经济条件下，消费科学维度的边际满足率为1，这时科学GDP、有效GDP和购买GDP相等且达到最大值。

消费科学维度的边际满足率是由人们的收入公平程度，以及有多少人选择并进行科学维度的消费决定的。人们的收入越公平，越多人的消费能够获得科学维度的边际满足，消费科学维度的边际满足率越高；越多收入超过科学维度边际满足所需的人选择科学维度消费，消费科学维度的边际满足率越高。现实社会中，存在大量的收入超过科学维度边际满足所需，却不选择科学维度消费而选择奢侈消费的人，尤其是暴发户、银行家、投机者和非科研出身的企业高管；也存在收入未达到科学维度边际满足所需，就开始进行奢侈消费的人，主要是自身缺乏能力的虚荣者和骗子；还有少量的人，收入超过科学维度的边际满足所需，却选择低于科学维度边际满足的消费，这些人中，有的是将节余收入用于捐赠，有些则主要是一种习惯，如葛朗台式的人物。所有这些行为，都是与科学 GDP 相背离的，应该努力减少或消除。

消费科学维度的边际满足率越高，社会边际消费总购买力越大。因为当人们的消费以科学维度的边际满足为限时，一个人一段时间的收入如果超过满足其科学维度的边际消费所需时，多余出来的收入就是非消费收入，有多少非消费收入，就要从社会个人总收入中减去多少购买力；另一方面，由于分配差距造成的收入不足，那些消费未获科学维度边际满足的个人的潜在购买力就不能形成。其中，消费获得科学维度边际满足的那部分人因收入剩余而损失的购买力，与消费未获得科学维度边际满足的那部分人的潜在购买力存在一定程度的重合。即，如果前一部分人的收入（通过公平合理的方式）转移到后一部分人身上，那么转移多少就能相应增加多少社会边际消费总购买力——如果后一部分人中个人的总收入超过了满足其科学维度边际需求所需，社会边际消费总购买力就不再增长。

现实社会中，当人们的收入超过科学维度边际消费所需时，仍然会增加消费，从而继续增加社会消费总购买力。这时增加的消费就是奢侈维度的消费（实际上，有些非理性消费者在收入未达到科学维度的边际满足所需时就开始进行单项或多项奢侈维度的消费了），这时增加的购买力就是非科学维度的购买力。

一个国家在总收入一定的情况下，少数人因收入集聚而产生的奢侈维度的消费和购买力增长远低于多数人因收入下降而产生的科学维度的消费和购买力减少。由于收入差距扩大使少数人收入集聚产生的奢侈消费购买力增加远小于多数人收入下降造成的购买力减少，所以一个国家在总收入水平一定的情况下，收入差距扩大会造成社会边际消费总购买力减少，而且随着收入差距扩大程度加深，社会边际消费总购买力减少越多。有些国家之所以在收入差距不断扩大的情况下，社会边际消费总购买力还会增长，即购买 GDP 还会增长，是因为社会生产总能力在快速增长，使社会总收入也在以较快的速度增长，当社会总收入增长产生的购买力增加大于收入差距扩大导致的社会边际消费总购买力下降时，这种情况就出现了。这样的国家，如果出现社会总收入增速下降，社会边际消费总购买力和购买 GDP

如何看懂中国经济?

增长率就会下降,当下降到一定程度时,社会边际消费总购买力就会出现零增长或负增长。

所以,扩大收入差距和增加奢侈消费并不能实现一个国家社会边际消费总购买力的最大化,而是会造成一个国家社会边际消费总购买力的最小化——虽然在一定条件下可能一定程度地提高社会总购买力。

更主要的是,奢侈消费产生的购买力是不健康的,是不利于经济、环境的可持续发展和社会和谐稳定的。

因此,一个国家必须尽可能地缩小社会收入差距,但是缩小收入差距不能影响劳动创造和投资的积极性,所以只能按分配公平原则来缩小收入差距,只把非法分配部分和合法但不合理部分尽可能地减少和去除掉,保护六种(此处从略)合法分配并使分配的公平系数尽可能地提高到接近1的水平,在此基础上再把高收入者的消费引导到科学维度上来,这样就能实现消费科学率的最大化,并最终实现科学 GDP、有效 GDP 和购买 GDP 的最大化和相等。

如果一个国家低收入者的消费进行的是与其收入水平相对应的低水平满足甚至完全得不到满足,高收入者的消费进行的是奢侈满足,那么这个国家经济就处于资本主义市场经济阶段或不成熟的社会主义市场经济阶段;如果一个国家低收入者的消费获得了生存层次的边际满足,中高收入者的消费都进行的是科学维度的边际满足,那么这个国家的经济就进入了成熟的社会主义市场经济阶段;如果一个国家所有人的消费都进行的是科学维度的边际满足,这个国家就实现了购买 GDP 最大化,购买 GDP 就完全等于有效 GDP 和科学 GDP,就进入了共产主义市场经济阶段。

所以,相同社会生产总能力情况下,资本主义社会的购买 GDP 最低,较多人的消费未得到科学维度的边际满足,成熟社会主义社会的购买 GDP 较高,大多数人的消费都得到科学维度的边际满足,共产主义社会的购买 GDP 最高,所有人的消费都得到科学维度的边际满足。

从前面的论述知道,社会生产总能力大于人们消费科学维度的边际满足所需要的产品总量,所以科学 GDP 小于社会生产总能力,这时可以而且只能通过扩大无限再生消费品的生产和消费来使科学 GDP 接近社会生产总能力。

第十四章 为什么既要反对奢侈浪费又要鼓励扩大消费

再结合经济增长与衰退的基本原理，可以发现，促进经济增长，并不能单纯通过缩小收入差距——提高最终产品边际消费总购买力来进行。即，不能认为只要不断缩小收入差距或提高人们的收入，使社会生产总能力与社会总购买力相等就可以了。由于受最终消费品的消费边际和环境承载能力的限制，最终消费品的消费必须坚持科学维度，在人们的收入达到最终消费品的消费实现科学维度生活层次需求充分满足时，就需要把社会剩余的购买力和生产能力转移到再生消费品的消费和生产上来，通过增加再生消费来使社会总购买力与社会生产总能力相等，从而在充分发挥社会生产总能力的同时，又促进社会生产总能力和最终消费品种类和品质的进一步提高。也就是说，要实现经济发展，而不仅仅是经济增长。

需要注意的是，这时说最大限度地发挥社会生产总能力，实际上主要是为了最大限度地发挥人的劳动能力（即避免非临时失业），而且劳动能力的最大限度发挥需要通过部分人的再教育或职业转换升级等方式改变劳动力结构，即人力资源分布值才能实现。

实际上，即使不受消费边际和环境承载能力的限制，仅仅通过缩小收入差距和提高人们收入来增加最终消费购买力的办法也无法使社会生产总能力与社会总购买力相等，因为在达到劳动年龄且具有劳动能力的人，人人都进入发展自由状态以前，收入差距是始终而且必须存在的，否则就会影响人们劳动创造的积极性，导致社会生产总能力下降。

● 原理解读

第一，奢侈浪费导致发展不可持续。一旦人们形成奢侈浪费的思想和行为，社会上形成奢侈浪费习惯和风气，就会突破个人或家族的收支平衡，寅吃卯粮，不顾一切超前消费、过度消费、浪费消费，不但失去推动个人或家族持续发展的资本金，还会形成普遍的、严重的债务问题，不但不利于经济的发展，而且会造成各种社会问题，甚至出现严重的道德沦丧等问题。因为个人或家庭的发展，是需要收入支持的，如果这些收入因为奢侈浪费的消费而被提前支出甚至大量借债，那么后续的教育、投资等就会无法实现，导致个人或家庭无法发展。社会经济也是一样，资本是人们节余的收入，如果大家都没有节余，也就没有资本，没有资本就没有投资，没有投资就无法实现生产和创造，经济就不能发展，而且不仅不能发展，甚至还会崩溃。当人们形成奢侈浪费的消费习惯后，入不敷出就会成为常态，这时，为了生存，还为了能继续其奢侈浪费的消费，人们往往会为了获得财富而不择手段，即便有严苛的法律，往往也很难阻止人们贪污、盗抢、诈骗、卖淫等，甚至亲情、友情等也会在财富面前土崩瓦解。

第二，奢侈浪费会导致资源利用不可持续。任何资源都是有限的，都经不起浪费。当社会上的人们普遍形成奢侈浪费的习惯后，再多的资源也可能很快被挥霍和破坏殆尽。当这些人们赖以生存的重要资源失去后，这些人生存的基础也就丧失了，这时他们要么选择逃离，要么只能从地球上消失。

第三，奢侈浪费会导致环境无法承载。奢侈浪费，不但会使资源利用不能持续，也会导致这些消费所产生的污染等负外部性影响超过环境的可承载能力，使环境因无法负担这些影响而发生极大地改变，如沙漠、石漠化、洪水、泥石流、空气污染、水质变坏等。自然环境是人生存发展最根本的物质基础，当这些资源因奢侈浪费而被破坏后，人们也就丧失了生存和发展的基础。

第四，奢侈浪费会导致人们的需求层次无法升级。一个人选择了奢侈浪费维度的消费或形成了奢侈浪费的消费习惯后，往往就会沉迷于这种消费而无法自拔。奢侈浪费的每一点扩大，都会使进行这种消费的人产生比较愉悦感，对其形成正向的反馈和激励，促使其不断追求更进一步的这种愉悦，而奢侈消费是无止境的，所以进入这种消费模式的人会在这条道路上越走越远，永远没有尽头，这就好比一个人沉迷于网络游戏一样。当人们沉迷于这种消费模式后，就基本上没有心思、时间、精力，思考和追求提高能力，获得他人尊重的问题，更不可能思考和追求奉献社会，获得人们尊敬的问题。

第五，发展经济的根本目的就是不断扩大消费。经济发展的本质是科技的发展——生产力的发展，科技的发展是通过制度的发展——生产关系的解放来实现或促进的，经济发展的根本目的是不断提高人们的物质、文化生活水平和被服务的水平，不断扩大消费。消费的扩大，包括物质、文化和服务产品量的扩大、质的提高、种类的增加、功能的改进等。当然，发展经济还会带来其他好处，一是降低身体劳动强度，避免过度劳累；二是改善劳动生产环境，增进身体健康；三是减少劳动生产时间，促进思想自由。虽然，这些也很重要，也必不可少，但最核心和最根本的目的还是扩大消费，提高消费水平。

第六，生产力的提高和社会生产总能力的增加必须通过扩大消费才能实现。市场经济下，一个国家的社会生产总能力大于实际生产总量，实际生产总量是由社会总购买力（含国内消费和进出产品之差，其中出口为正数，进口为负数）决定的，社会总购买力越大，实际生产总量就越大，闲置的社会生产能力就越少，经济总量也越大。其中，社会总购买力就是人们的消费（含社会保障品消费、公共产品消费和自主购买品消费三部分），增加社会购买力就是要扩大消费。

● 常见看法

一、奢侈浪费是消费升级，是正常的和必然的。发展经济不就是要丰富产品，改善人们的物质、文化和服务需求水平吗，为什么还要节约？

二、市场经济不是鼓励消费吗，为什么还要节约？提倡勤俭节约、反对奢侈浪费与市场经济要求扩大消费是矛盾的，会陷入凯恩斯的"节约悖论"。

● 认识更新

奢侈浪费和消费升级是两回事。二者有严格的区分，前者是非科学维度的消费，会导致生产、资源、环境的不可持续，后者是科学维度的消费，既能提高满足人们需求的水平，又不会导致人和自然发展的不可持续。

什么是节约？节约不是省吃俭用，压抑正常需求，缩减正常消费，而是反对偏离价值取向、放纵欲望、奢侈无度的错误消费观念，以及不看身体的客观需要、不看环境的承载能力、不顾资源的有限性的错误消费行为。节约，从量来讲就是按身体的客观需要来消费，做到恰到好处不浪费；从

如何看懂中国经济?

质来讲就是按照价值理念进行消费,不慕虚荣,只选购质优价廉,性价比高的物质、文化和服务产品。

为什么要节约?资源的有限性,要求人们必须节约。每一个国家的土地、水、矿产和森林等资源都是有限的。我国是一个人多地少的国家,人均土地占有量世界排名十分靠后,浪费土地将面临严重的粮食安全风险,十多亿人的生存生活将成为大问题;矿产资源是不可再生的,越用越少,如果不加以节约利用,资源很快会枯竭;森林资源的再生是比较困难的,一旦过度消耗森林资源,就会破坏环境,形成地质灾害,造成重大的生命财产损失;我国的人均水资源是十分匮乏的,一部分人的浪费必然造成另一部分人无水可用。资源的这些特点,都要求我们必须坚持节约,反对浪费。

另外,环境的有限承载能力要求必须节约。环境消化吸收和转化废弃的固体、气体、液体等的速度和能力是有限的,过度的包装、大量的食品和生活用品的浪费制造出的城市垃圾很难被自然环境吸收转化,会造成严重的空气、水源、土壤等环境污染,极大地影响人们的身体健康和生活质量,造成人与社会发展的不可持续。这也要求我们必须厉行节约,反对浪费。

节约与丰富需求、发展经济是否矛盾?要说清楚这两个问题,就得引入消费维度理论。消费维度理论认为,人们的消费有两个发展维度,并对经济产生两种影响:纵向维度,产品服务的科技含量越来越高,越来越超值;横向维度,产品服务的奢侈程度越来越高,价格越来越高于价值。

市场经济的生产是由消费决定的,消费的维度决定生产的维度和经济发展的健康与可持续性。

纵向维度消费的影响是:产品生产提供的速度越来越快,质量越来越高;产品生产提供所需人力越来越少、劳动强度越来越低、劳动环境越来越好、能源和资源消耗越来越少,对环境和自然的破坏越来越小;产品的功能越来越丰富,集成度越来越高,操作使用越来越简单,自动化水平越来越高;产品的品质越来越好、价值越来越高、价格越来越低、覆盖人群越来越大。

横向维度消费的影响是:产品生产和服务提供的程序越来越繁复,质量改进空间越来越小,所需人力越来越多,劳动强度越来越高,能源和资源消耗越来越多,土地占用和浪费越来越大,对环境和自然的破坏越来

第十四章 为什么既要反对奢侈浪费又要鼓励扩大消费

严重;产品和服务的功能通常没有或只有很小的变化,主要依靠脱离功能本身的玄奥历史、稀有材质、昂贵装饰和无度手工来虚拟不实价值、炒作推高价格;产品和服务覆盖的人群越来越小,消费者能够得到的实际价值越来越少,无谓的金钱付出越来越多。

消费纵向维度的发展会使经济社会充满活力,经济实现健康和可持续发展;消费横向维度的发展会使经济失去活力,问题丛生,难以持续。历史上的文明古国之所以消失或衰退,一个重要原因就是因为他们的消费走向了横向极端而无纵向发展。比如,古巴比伦的空中花园,古埃及的金字塔,就是他们消费极度奢侈化的证据。

可见,丰富和提高人们物质文化需求与节约是不矛盾的。丰富和提高人们的物质文化需求是促进消费向纵向维度发展,节约是避免消费向横向维度发展,二者不仅不矛盾,反而更完整、更全面地概括了经济发展的目标和方向。

节约与鼓励消费也是一致的。市场经济鼓励消费,鼓励的是健康和可持续的纵向维度的消费,而不是鼓励奢侈浪费式的横向维度的消费。如果放纵奢侈浪费式的横向维度的消费,不仅会导致资源和环境的不可持续,而且还会恶化和对立人与人之间的关系,拉大贫富差距,影响社会稳定。

因此,提倡勤俭节约、反对奢侈浪费与提高人民物质文化水平,与市场经济促进消费不但是不矛盾的,还是实现经济健康和可持续发展的必要条件。

第十五章 为什么要对不同性质的文娱产品区别对待

◉ 政策述要

2014年10月，习近平文艺座谈会上讲话指出：

一部好的作品，应该是经得起人民评价、专家评价、市场检验的作品，应该是把社会效益放在首位，同时也应该是社会效益和经济效益相统一的作品。在发展社会主义市场经济的条件下，许多文化产品要通过市场实现价值，当然不能完全不考虑经济效益。然而，同社会效益相比，经济效益是第二位的，当两个效益、两种价值发生矛盾时，经济效益要服从社会效益，市场价值要服从社会价值。文艺不能当市场的奴隶，不要沾满了铜臭气。优秀的文艺作品，最好是既能在思想上、艺术上取得成功，又能在市场上受到欢迎。要坚守文艺的审美理想、保持文艺的独立价值，合理设置反映市场接受程度的发行量、收视率、点击率、票房收入等量化指标，既不能忽视和否定这些指标，又不能把这些指标绝对化，被市场牵着鼻子走。

文艺批评要的就是批评，不能都是表扬甚至庸俗吹捧、阿谀奉承，不能套用西方理论来剪裁中国人的审美，更不能用简单的商业标准取代艺术标准，把文艺作品完全等同于普通商品，信奉"红包厚度等于评论高度"。文艺批评褒贬甄别功能弱化，缺乏战斗力、说服力，不利于文艺健康发展。

十九大报告指出：

要坚持中国特色社会主义文化发展道路，激发全民族文化创新创造活力，建设社会主义文化强国。

弘扬科学精神，普及科学知识，开展移风易俗、弘扬时代新风行动，抵制腐朽落后文化侵蚀。

倡导讲品位、讲格调、讲责任，抵制低俗、庸俗、媚俗。

◉ 提出问题

文化、文艺、文娱、知识、文明之间有什么区别和联系？文艺产品的价值能不能衡量，如何衡量？

◉ 经济原理

一

文化产品是一种借助一定介质存在的产品。包括生物介质（人脑记忆、肢体等）和非生物介质（纸张、磁盘等）。文化产品有四种含义：一是文艺，二是文娱，三是知识，四是文明。

文艺是用来进行心理消费的创造，如音乐、小说、影视。

文娱是在文艺的基础上，增加了游戏活动、体育比赛、电子游戏等用于身心消费的创造。

知识是人类已知的一切现象和规律，包括科学知识和文娱知识。科学知识，包括自然科学的理论、发明创造、生产方法和发展历史，社会科学的理论、制度设计、管理方法和发展历史，工具科学（语言、文字、数学、逻辑、哲学等）的理论、应用模型、运用方法和发展历史。文娱知识，是指文娱产品的设计制作、实施方法和发展历史，但不包括文娱产品的内容本身。

文明是知识及其所影响的行为习惯、文娱内容、物质产品遗存的集合。产品所指的文化指的是文明，而不仅仅是文娱。

文化是一种通过储存和传播实现的价值，主要有三种储存传播方式：一是通过人储存传播，如人的记忆、语言、肢体、评书、戏曲、舞蹈等；二是通过专用储存传播介质传播，如竹简、纸张、磁带、磁盘、报刊、广播、电视、网络等；三是通过产品应用储存传播，如建筑、服饰、器具等。在不同的语境中，文化所指的含义的层次是不同的，需要根据具体语境做出判断。

比如，"购买文化体育用品"中的文化，指的是文艺；"某单位的文化活动搞得丰富多彩"的文化，指的文娱；"某个人有文化"中的文化，指的是知识；"中华文化"的文化，指的是文明。

二

文娱产品是一种通过传播不断放大的价值，文娱产品的正价值通常包括消费性价值和科学性价值。

文娱产品的消费性价值就是能吸引人，文娱产品的科学性价值就是让人有收获。比如，使人发笑是相声小品的消费性价值，让人获得某种知识或启示是相声小品的科学性价值。又如，竞争（含自己与自己的竞争）对人产生的吸引力是游戏体育的消费性价值，让人学到知识或增强身体素质是游戏体育的科学性价值。文娱产品的这两种价值类似于人们常说的艺术性与思想性，但后一种说法涵盖面偏窄，也不太好理解和操作。

文娱产品的消费性价值由低（含负价值）到高可分为四级：负二级为绝对负价值，通过作践伤害别人以吸引人。如，展示别人非故意失败言行、故意作践或刻意贬低别人、通过语言或行为伤害别人等。负一级为相对负价值，通过作践伤害自己吸引人。如，故意贬低、丑化、作践、伤害自己来吸引人。正一级为一般正价值。即，通过常见的情节、优美、技能、矛盾、竞争展示来吸引人。正二级为高级正价值。即，通过创造性的情节设计、优美创造、技能展示、矛盾呈现或竞争方式来吸引人。如果是文艺领域，前两级的消费性价值就是恶俗，最容易生产；后两级是艺术，较难生产；特别是最后一类消费性价值，最难生产。

任何文娱产品，只有含有科学性价值，才能称为真正有价值，就像饭菜虽然讲究色香味，但关键是要有营养，色香味做得再好，如果没营养，人吃了也是白吃。

文娱产品的价值大小主要取决于其所蕴含的科学价值的大小，所含的科学价值越高，该文娱产品的价值也越高，即让人从一个文娱产品消费中

第十五章 为什么要对不同性质的文娱产品区别对待

收获的东西越多或越有意义,该文娱产品的价值越高。

文娱产品的科学性价值有五种类型:一是有助于某一种或多种既有自然科学和社会科学价值的放大。包括纪实传播和成果传播。《三国演义》《红楼梦》《水浒》中各自都分别反映了丰富而详细的历史与人文情况(如器物、建筑、人与人之间的关系情况等)。虽然因为照顾到娱乐性,其记录不一定十分准确,反映的也不一定是一一对应的真人真事,但是却能真实地反映当时整体的历史与人文情况,并且由于其他资料或者没有如此详细的记录,或者记录了却难以有效传播,所以文娱产品的这些记录为自然科学和社会科学研究提供了宝贵素材。呈现自然科学和社会科学研究发现的矛盾问题或处理某种问题正面的思维和方法,把自然科学或社会科学的研究成果编成益智游戏、舞蹈形式、体育项目等都属于成果传播。二是为自然科学和社会科学发展提供方向。文娱产品善于发现和捕捉人与人、人与自然之间的各种矛盾问题和需求渴望,自然科学和社会科学工作者能从当时的文娱产品中找到工作的方向,学者能从中找到新的研究项目,企业家能从中捕捉到人们的需求以开发生产新产品,政府能从中了解政策的得失以调整和完善决策。三是为自然科学和社会科学研究提供灵感。自然科学和社会科学研究都需要想象力,那些幻想特别是科幻作品,往往能为自然科学和社会科学的研究提供某种发现或解决问题的灵感。这就是为什么《乌托邦》虽然是小说,但是却成为社会科学家研究对象的原因。《西游记》的一个很重要的价值在于它丰富的想象力,包括天宫等神话世界、千里眼等各种神通,芭蕉扇等各种法宝。四是直接反映或总结自然和人性的某种规律。包括引起自然变化的因素,影响人行为与价值判断的条件等。比如,"欲穷千里目,更上一层楼""千里马常有而伯乐不常有"等。五是直接总结得出一些处理人与人、人与自然关系的较好方法,有助于人们形成正确的思想和行为。比如,什么样的价值追求是正确的、什么样的行为是正确的等。这就是人们常常引用作家或作家作品中的语言来指导自己言行的原因。

某种文娱产品,只要具有其中的某一种类型的价值,就具有科学性价值,就是有价值的文娱产品。小说或影视作品,具备以下因素之一都是有价值的作品:一是较为忠实、详细、多面或独有的再现某方面的历史,二是能为科技人员和管理者提示工作方向,三是能为自然科学和社会科学工作者提供研究的灵感,四是能从历史事实中总结反映某种规律,五是能从历史事实中得出一些有益的启示或行为方法。据此可以得出结论,小说或影视作品,无论是历史、现实还是科幻,越接近于真实和真理价值越高,但其真实不必一一对应。书画、雕刻、舞蹈、音乐等与小说或影视作品类似,而游戏、体育的科学价值更多体现为锻炼人们的思维,促进人们的身体健康等。电子游戏,特别是网络游戏具备承载所有文娱形式的科学价值因素,所以电子游戏将是未来最主要的文娱形式,只是目前朝这个方向发展的电子游戏还太少。

文娱的消费性价值是有发展极限的,而科学性价值是无发展极限的,所以正确的文娱产品创作生产态度是,在保证消费性价值处于合格以上水平的情况下,就应把主要精力用于追求科学性价值上来,当消费性价值接近于极限时,就要将精力全部用于追求科学性价值,否则就是舍本逐末,空耗精力却创造不出真正有价值的文娱产品。

因此,文娱从业者要多看自然科学和社会科学的书籍,只有这样,才能生产出真正有价值的作品,否则就像是鲜花,瞬间鲜亮之后什么也留不下。文娱需要批评现实,但不能只有批评现实,更需要思考解决问题的方法以及对未来的构想,只有这样才能让人们变得积极乐观和富于开拓创新。

三

文娱产品也会产生负价值,其负价值包括消费性负价值和科学性负价值。因为文娱产品的消费性价值就是能吸引人,所以用正确的方法,如紧张多变的故事情节、优美的画面、动人的旋律、活泼的游戏等吸引人,产生的就是消费性正价值;用错误的方法,如暴力、色情、奢侈、低级趣味等吸引人,产生的就是消费性负价值。因为文娱产品的科学性价值就是使人有收获,所以当人能从文娱活动或产品中收获正确的信息、思想、理论、方法或健康时,产生的是科学性正价值;当人收获的是错误的信息、思想、理论、方法和影响健康时,产生的就是科学性负价值。

综合起来看,具有以下特征或导致以下结果的文娱产品都是负价值文娱产品,主要包括虚假记录、思想错误、行为误导、无益沉迷、损害健

第十五章 为什么要对不同性质的文娱产品区别对待

康等。

虚假记录。即，人为编造且未作提示，人们凭一般经验又不能明确判断，误以为当时客观存在过的人或事。把多人的事集于一个真实或不存在的人物，时间不相符或地点不存在，并不是虚假记录。虚假记录包括写实时无中生有、夸大数据，或从意识形态出发，完全凭主观好恶违背事实地对别的国家、民族、宗教、党派、个人进行刻意和夸张的丑化或美化等。对国家、民族、宗教、党派、个人的正面描述也要以事实为基础，不能无中生有，不能夸大其词，否则就会画虎成猫、弄巧成拙。在进行真实人物刻画时还要避免张冠李戴和对人物神化化。

思想错误。即，违背正义原则的一切思想。包括宣扬纳粹、军国主义、极端主义、恐怖主义等反人类思想；宣扬出生、人种、民族、宗教天生优越论；歧视其他出生、人种、民族、宗教；宣扬投机和不劳而获的非发展思想，宣扬为达目的不择手段的社会达尔文主义；宣扬鬼神决定个人、集体或社会事务的迷信思想；宣扬不可知论、悲观厌世等消极思想等。

行为误导。即，一切有悖于社会正义和良序的行为。包括以非批判或非真正批判的态度（如肯定、羡慕或中立）描绘和展示奢侈、浪费、暴力、吸毒、粗口等行为；进行可能对他人和社会造成不良影响或损害的性描绘和展示等。

损害健康。即，对消费者直接造成精神或身体伤害。包括可能导致人留下心里阴影或导致精神异常的恐怖描绘或游戏；即使在进行必要安全防护情况下，也有较高概率造成身体伤害且不产生科学价值的游戏或运动，如拳击、极限运动等。但是警察和军人的训练除外，因为他们是为了保护整体型价值。

无益沉迷。即，造成对本人或社会没有任何益处的个人文娱沉迷。包括斗蛐蛐、斗鸡、赌马、打麻将等各种形式的赌博沉迷，通过各种没有意义的行为重复让电子游戏玩家升级的游戏沉迷等。

除了非正即负、泾渭分明的两类文娱产品，还有一些文娱产品介乎二者之间，既有正价值，也有负价值。

纯负价值的文娱活动或产品要禁止传播，既有正价值又有负价值的文娱活动或产品要分类限制传播。比如，专业传播、成人传播、大众传播等。

四

人的认识是由浅入深、由简单到复杂、由形象到抽象的,所以其对科学价值的自然认识和吸收途径一般会经历三个发展阶段:第一阶段,主要通过文娱途径;第二阶段,主要通过媒体途径;第三阶段,主要通过学术途径。从幼儿园到大学的教育是人类能动性地安排的一种认识和吸收科学价值的方式和途径,不是人自然认识和吸收的方式和途径。另外,认识未发展到后一阶段的人几乎不会用后一种途径来认识和吸收科学知识,但是认识发展到后一阶段的人通常也会同时采用前一种途径对科学价值进行认识和吸收。比如,文盲和低学历(又不再主动学习升级)者,几乎不看新闻评论和学术作品(包括文字、图片、音频、视频、实物等形式);但是看学术作品的人,同样也会看文娱产品和新闻评论。

一般来说,知识水平越高、认识能力和创造能力越强的人,越少通过文娱的方式来获取知识,因为这种方式获取的知识太浅、太碎、太不准确、太不全面、太浪费时间(因为人的生命是有限的,这种低效率的知识吸收方式,不利于人们进行最大化的价值创造)。所以,一个国家,人们的知识水平、认识能力和创造能力越低,喜欢文娱产品的人越多,喜欢媒体和学术作品的人越少,而且越喜欢感观刺激越强烈、科学价值量相对较小的文娱产品。在这样的社会,文娱产品是科学价值传播的主力军。人们知识水平、认识能力和创造能力越高的社会,喜欢媒体和学术作品的人越多,喜欢文娱产品的人越少,只有科学价值较高的文娱产品才会被喜欢。在这样的社会,媒体、教育和学术机构是科学价值传播的主力军。

一个国家,人们普遍的知识水平越低,文娱业越发达,文娱明星越受关注和追捧;人们的普遍知识水平越高,媒体和学术产业越发达,新闻评论人员、自然科学的科学家、社会科学的学者和从事国家、国际和企业等集体管理的政治家、企业家越受关注和尊敬。

● 原理解读

第一,文娱的内在属性是科学属性,科学属性形成的是科学价值,科学价值是文娱产品得以流传的根本原因。人们说一种文娱产品有没有价值，实际上就指它的科学价值。如，对历史风土人情、社会关系、语言特点、行为方式的描述，对生产、生活工具以及其使用情况的描述，对政治、经济、外交等情况的描述，对各种现象的观察、描绘和对待；对问题的分析、判断和处理，等等。一种文娱产品，如果没有科学价值会成为过眼云烟，很难向后世流传，只有有科学价值的文娱产品，才有可能向后世流传。一般来说，科学价值越大的文娱产品，向后世流传的可能性越大，流传的时间也越长。为什么《红楼梦》能够成为经典流传后世？因为曹雪芹对当时的社会生活做过全景式的观察和显微镜式的剖析，写成的《红楼梦》是当时那个时代的百科全书。

第二，文娱的外在属性是消费属性，消费属性形成的是消费价值，消费价值是科学价值得以实现的重要途径。由于科学概念或描述具有抽象性的特点，难以吸引人，不容易被理解，再加上长期以来大多数人不识字或知识水平比较低，抽象理解能力比较差，所以科学知识很难传播，并被普通人了解和学习。文艺通常会创造美感、幽默、紧张、曲折、变幻等各种各样的方式吸引人进入，让人获得新奇、愉悦等体验的同时获得一些知识——科学价值。它既是人们排遣寂寞空虚的一般非物质消费品，又是人们获取知识的重要途径，因而会成为一定时期内许多人获取知识普遍和主要的途径。

因此，文娱通常具有价值二重性：一是消费价值，仅为用于排遣寂寞空虚或获得心里愉悦；二是科学价值，会影响人们的思想行为、改变或提高人们的创造力。

第三，文娱产品的价值是有统一的客观评价标准的。这个标准就是科学价值和消费价值。科学价值，就是记录了某种现象，反映了某种规律，阐释了某种观点，进行了某种创造性的想象；消费价值，就是能吸引人，或给人美好的感觉。一个文娱产品，对现象的记录越细致、越全面，反映的规律越丰富、越客观，所阐释的观点越清晰、越正义，其想象越丰富、越有创造性，其科学价值越高，反之则越低；一个文艺产品，越能吸引人们注意力，人们越觉得好听、好看、好玩，或者越感觉美好、舒畅，即获得的愉悦体验越好，其消费性价值越高，反之则越低。

如何看懂中国经济？

　　传统上所说的文娱作品（本书是经济视角，统一称产品）的思想性，主要是指其科学性价值中的观点的清晰性与正义性；传统上所说的文娱作品的艺术性，主要是指其消费性价值中能给人以美好感觉的属性。

　　第四，文娱产品是有负价值的，要根据负价值的性质，在不同的范围内禁止或限制传播。文娱产品的负价值，分为科学性方面的负价值和消费性方面的负价值。科学性方面的负价值，就是它貌似有科学性价值，实际上传递的是不科学或反科学的东西；消费性方面的负价值，就是它吸引人的手段或方式有问题，背离了公平、和平、自由、发展等正义性主题，采用歧视、谩骂、暴力等非正义思想言行来吸引人的注意力，会对消费者身心健康、思想行为和社会稳定造成负面影响。

　　由于年龄和知识水平的差异，人们对不同负面价值的辨识能力和免疫能力是不同的。有些负面价值，它是社会的真实记录，本身是有一定科学研究价值的，即负面价值也可以进行正面利用。对这些价值的研究和正面利用，对于促进社会的发展与人类的进步是十分重要和不可或缺的。所以，应该从年龄和学识方面进行分类传播，比如，成人或非成人，科研人员或普通人，从而既充分利用其科学价值，又努力消除或减少其可能造成的负面价值。

　　第五，文娱产品作为消费品不会消失，但是作为科学价值的传播载体，其工具性价值会减弱。因为随着教育的普遍和发达，随着人认识能力的普遍提升，人们更希望高效、全面、准确地获取知识、认识规律。文娱产品知识零碎、净含量少、花费时间多等不足会越来越凸显，人们对一般文娱产品的消费会减少，或者对文娱产品的科学性价值要求会越来越高。

　　第六，文娱产品获得有价值描绘题材的主要途径。一是多学自然科学和社会科学知识，才能使作品具有科学价值。正确、灵活、恰当地使用文艺的表现手法，是增加消费价值，促进科学价值传播和实现的根本途径。二是观察典型的一般性人和事或影响社会发展进程的人和事。常规的典型人和事，是常量，社会运行的基础，是稳定力量；非常规的人和事，是变量，是社会变化的原因，是变化力量，它既可以是促进社会积极变化的力量，即发展力量，也可能是导致社会消极变化的力量，即反动（反人类）力量。三是培养想象力，对有价值或有意义的事物的想象性描绘。重复力与推演力,是人的初级劳动;想象力和创造力是人的高级劳动,机器和人工智能能替代人的初级劳动,但是不能替代的人高级劳动,人和机器人的最终区别是人能从事高级劳动,而机器不能。

从写作题材的难度上来说,从易到难依次是模仿、流行、当代、历史、神话、科幻。因此,初级写作写流行题材,中下级写作写当代题材,中级写作写历史题材,中上级写作写神话题材,最高写作写科幻题材。其中,神话题材和科幻题材要超越现实生活,有丰富而有价值的想象,如果只是把现实照搬到神话或科幻之中,则没有什么价值。越高级的题材,写的人越少,看的人也越少。但是随着社会的发展,更多的人以科研为职业,看高级题材作品的人会越来越多,写高级题材的人也会越来越多。

● 常见看法

一、文娱作品的价值是独特的艺术价值,艺术价值是无法用一般的价值标准来衡量的。

二、文娱创作是自由表达、自由表现,无拘无束,想怎么写就怎么写,想怎么说就怎么说,想怎么表现就怎么表现。

三、评价文娱作品好坏的标准是吸引注意力的能力,无论用什么方法,吸引注意的人越多,作品就越好。

四、科幻只是幻想,与真实的科研没有关系。

● 认识更新

文娱产品,从根本上来说是一种消费品,消费价值是其首要价值,但消费价值要通过科学价值才能产生和存在,失去科学价值,消费价值就无所依托,无法附着,消费价值本身也会失去。

阅读小说、观看影视剧或曲艺、欣赏音乐或舞蹈、运动、游戏等,其实最主要的目的都是为了放松和调节身心,提高工作效率,促进身心健康——欲以此为业的人除外。每一门文娱产品都有其吸引人的方式,如小说主要依靠矛盾冲突和跌宕的故事情节,影视还多了形象的画面和音效,

如何看懂中国经济？

曲艺则靠各种出其不意的包袱、过人技艺，音乐靠能引起共鸣的歌词和旋律，舞蹈靠动静结合流动的给人美感的动作，运动、游戏靠竞争、等级、体验等设置。这些外在形式设置背后，都有科学价值为基础，如，表现某种主题或反映某种问题，有利于促进身体健康或锻炼思维、反应，等等。如果文艺产品没有科学价值蕴含其中，人们看或听完后会说，"这到底是要说（表现）个啥"，"什么乱七八糟的，看（听）不懂"；如果是运动或游戏，人们会说，"太无聊了"。

这就好像人们炒菜需要油、盐、酱、醋、姜、葱、蒜、辣椒和香料来使食材有味道，但是不能只有这些调味料而没有食材本身，而且放调味料的组合选择和量的多少，是根据食材本身的特点来研制的——当然也可有多种方案，形成不同的制作，即"一菜多吃"，如豆腐宴、鸡圤宴等。

文娱产品是满足人们精神层面需求的产品，它与满足人们物质层面需求的产品的确在性质上是不同的，但是作为消费品，其消费价值与物质产品的消费价值是同等性质的价值，并不比物质更特殊或高贵，也是一种以生产成本和主流利润水平决定底线价格的一般商品。它的价值也是可以衡量的，衡量时转化为并通过通常的消费价值和科学价值为标准和尺度来进行。

文娱产品必须要有价值，即必须同时有消费价值和科学价值，所以文娱产品的创作并不是任意的，也不是自己想怎么创作就怎么创作，个人虽然应该而且可以有创作的自由，但文娱作品本身对价值的要求，让创作并不能任意而为，否则创作者就会被市场或历史所淘汰。

比如，作者如果是表现现实，就要反映现实，如果是表现历史，就要符合历史，故事可以虚构、浓缩或集成，但是服装、道具、言行举止等都要符合当时的事实，否则就没人信，当然也可是戏说，但这就只有一些暂时的消费价值。其实，即使消费价值，也是有一定规则和度的，并不是任意的乱用，否则就无法吸引人，形不成消费价值。

文娱产品的表现手法和表现内容，都有好坏对错之分，表现手法的对象是由内容的需要决定，而内容是由其有没有科学价值决定。

比如，一部影片，如果是支持和赞颂纳粹或军国主义的，那么它就是没有科学价值的，或者说是有负科学价值（只有用来研究这种错误思想形

第十五章 为什么要对不同性质的文娱产品区别对待

成的原因及避免方法时有科学价值);如果支持和赞颂反纳粹或军国主义的,那么它就是有科学价值的,或者说是有正科学价值。在后一个内容中,如果为了表现纳粹或军国主义的凶残和非正义,用到暴力、血腥等描写镜头,这样的表现手法就是对的;但是,描写反纳粹或军国主义者时,如果使用这样的镜头就是不正确的,就是宣扬暴力。

还有一种情况,是过度地刻画奢侈、暴力、色情、粗口等东西。因为它能满足人们的好奇、刺激感等心里,所以这种刻画能够吸引一部分人的兴趣和注意力,但这些是对社会和谐、稳定和发展等有害或有负面作用的东西,所以应该尽量少用,或用替代表现手法来表现。

这就是为什么《小时代》等类似文艺作品虽然的确能吸引不少人围观,但是必然受到主流价值观的强烈批评,并且无法成为被人们认同和官方认可的主流价值观的根本原因。

科学产品的生产是创造性活动,文娱产品的生产也是一种创造性活动,但是二者是不同类型的创造性活动,前者带来的是价值升级性纵向增加,后者带来的是价值拓宽性横向增加,而且科幻作品(包括自然科学的科幻和社会科学的科幻,后者如《理想国》《乌托邦》)是二者的一个过渡性的链接点,科幻常常先于并会一定程度地启发科研。

"受1966年风靡全球的科幻电影《神奇旅程》(Fantastic Voyage)中'微型医疗潜艇'的启发,化学家们设计了一个由微米颗粒与导管组成的阵列,这个阵列系统在液体中可以像火箭一样迅猛移动。"[①] 科幻作家用创意帮助科学家和研究者,在欧美已经司空见惯。美国国防部和美国航空航天局(NASA),每年会拿出一些钱来,专门做预先研发,很多项目直接交给了科幻作家。加州大学的科幻作家格里高利·本福德,就拿到过一个项目,"专门研究科幻作品里的各种推进系统",然后替宇航局做一个报告,看看有没有可供"深度挖掘"的。中国青年报记者问科幻作家刘慈欣"是否为科研机构做过创意顾问?"他说,"我提供了一些创意。"[②]

[①] 《深度解读 2016 诺贝尔化学奖:分子马达与纳米火箭》,观察者网 http://www.guancha.cn/MarkPeplow/2016_10_07_376319_s.shtml.

[②] 《科幻拽着现实跑,很多科幻作家是 NASA 顾问》,新浪网 http://news.sina.com.cn/zl/zatan/2014-11-06/17072584.shtml.

如何看懂中国经济?

"和任何一种新的学说一样,马克思恩格斯创立科学社会主义,不是离开世界文明发展大道而产生的,首先是从已有的思想材料出发,空想社会主义理所当然地成为直接的理论来源。马克思恩格斯不但借鉴了空想社会主义的有益成分,而且批判了空想社会主义的根本缺陷。"① "19世纪30—40年代后,马克思、恩格斯科学总结欧洲工人运动的经验,批判地吸收了空想社会主义特别是19世纪三大空想社会主义的思想成果,创立了科学社会主义。"②

当然,从科幻到科学,往往还有很远的距离,二者也存在着本质的区别和差异。

---

① 许耀桐:《马克思恩格斯创立科学社会主义》,中国共产党新闻网 http://theory.people.com.cn/n/2013/1125/c40531-23643259.html。
② 《世界社会主义五百年》,学习出版社、党建读物出版社,2014,第17—18页。

第十六章　为什么强调传媒价值功能而不是传播自由

◉ 政策述要

2016年2月,习近平在新闻舆论工作座谈会上指出:

新闻舆论工作各个方面、各个环节都要坚持正确舆论导向。各级党报党刊、电台电视台要讲导向,都市类报刊、新媒体也要讲导向;新闻报道要讲导向,副刊、专题节目、广告宣传也要讲导向;时政新闻要讲导向,娱乐类、社会类新闻也要讲导向;国内新闻报道要讲导向,国际新闻报道也要讲导向。

2016年4月,习近平在网络安全和信息化工作座谈会上指出:

坚持经济效益和社会效益并重。一个企业既有经济责任、法律责任,也有社会责任、道德责任。企业做得越大,社会责任、道德责任就越大,公众对企业这方面的要求也就越高。我国互联网企业在发展过程中,承担了很多社会责任,这一点要给予充分肯定,希望继续发扬光大。

"行生于己,名生于人。"我说过,只有富有爱心的财富才是真正有意义的财富,只有积极承担社会责任的企业才是最有竞争力和生命力的企业。办网站的不能一味追求点击率,开网店的要防范假冒伪劣,做社交平台的不能成为谣言扩散器,做搜索的不能仅以给钱的多少作为排位的标准。希望广大互联网企业坚持经济效益和社会效益统一,在自身发展的同时,饮水思源,回报社会,造福人民。

十九大报告指出:

意识形态决定文化前进方向和发展道路。必须推进马克思主义中国化时代化大众化,建设具有强大凝聚力和引领力的社会主义意识形态,使全体人民在理想信念、价值理念、道德观念上紧紧团结在一起。要加强理论武装,推动新时代中国特色社会主义思想深入人心。深化马克思主义理论研究和建设,加快构建中国特色哲学社会科学,加强中国特色新型智库建设。高度重视传播手段建设和创新,提高新闻舆论传播力、引导力、影响力、公信力。加强互联网内容建设,建立网络综合治理体系,营造清朗的网络空间。落实意识形态工作责任制,加强阵地建设和管理,注意区分政治原则问题、思想认识问题、学术观点问题,旗帜鲜明反对和抵制各种错误观点。

◉提出问题

传媒的价值是什么?为什么新闻娱乐要讲导向,与新闻自由有矛盾吗?

◉经济原理

一

传媒机构是对新近发生或出现的与人们生存、生活、发展有一定关系的重要规律或异常事物进行报道与评论的专门组织,如报刊、广电、网站等,这些机构报道的信息及对信息的评论就是传媒产品,传媒机构生产的产品的正价值就是传媒价值。

传媒有两大正价值(以下一般简称价值):一是信息的价值,二是评论的价值。

信息的价值大小取决于该信息本身与人们生存、生活、发展关系的重要性和信息的真实性、准确性、全面性。信息与人们生存、生活、发展的关系越密切,越影响人们的根本长远利益,对人们可能产生的利益影响越重大,该信息的价值越大;反之,信息与人们生存、生活、发展关系越疏远、孤立,可能产生的影响越微小,该信息的价值越小。信息价值的大小

第十六章 为什么强调传媒价值功能而不是传播自由

还与该信息关系人群的大小有关系。某信息关系越多人的利益,该信息的价值越高;某信息关系越少人的利益,该信息的价值越低。信息还有绝对价值和相对价值之分,前面所说的是信息的绝对价值,信息的相对价值是相对不同的人群而言的。不同的信息对于不同的人群来说,其价值大小是不同的,对自己利益影响越大的信息,自己认为该信息的价值越大;对自己利益影响越小的信息,自己认为该信息的价值越小。

新闻要报道人咬狗,但新闻报道的内容远不止人咬狗。异常现象是传媒传播的一个方面的内容,但不是全部内容,更不是主要内容,新闻报道的主要内容是与人们生存、生活、发展密切相关的内容。人咬狗这样的内容虽然可能更容易引起人们的注意,但因为与人们的利益不相关,所以几乎没有信息价值,和传媒报道明星的生活隐私一样,其价值其实是一种娱乐性价值(消费性价值的一种)。

也就是说,传媒报道与人们生存、生活、发展没有关系的异常内容,属于文娱消费,而且是负价值的文娱消费。有些异常现象,如地震、海啸、生产或生活中的事故,则具有信息价值,因为它对一定范围的人们存在不同程度的利益影响,人们需要了解信息,以进行有意义的适当应对,如通过救助减少损失、借鉴得失进行防范,这种有助于人们防控损失的作用,就是本身为负价值的事物作为信息被传播的价值所在。

真实性、准确性、全面性是决定信息本身价值的关键性外部影响因素,是传媒价值的主要体现。如果信息失去真实性、准确性和全面性,信息的价值就会丧失,越远离真实性、准确性和全面性的信息越没有价值,甚至会产生越大的负价值。因为信息如果失去真实性、不准确、不全面,就会导致人们做出错误判断和应对,不但不能减少当前的价值损失,还有可能对未来造成更大的价值损失。一般来说,信息真实,信息本身才会有价值,信息失去真实性,那么整个信息就会失去价值,甚至变成一种负价值;信息越准确,信息本身的价值越大,信息不够准确,信息本身的价值就会打折扣,信息越不准确,信息本身的价值越小;信息越全面详细,信息本身的价值越高,信息越片面、越粗略、越不完整,信息本身的价值越小。

评论的价值,是针对信息进行的评论的价值。评论实际上是用一种或多种理论对该信息所包含的事物可能产生的价值进行判断与评估——包括

如何看懂中国经济?

可能产生的正价值与负价值,以为个人、企业、政府等的决策提供参考。评论总是根据某一种或多种理论做出的,实际上也是在传播某一种或多种理论,这种传播虽然没有文娱生动形象和有吸引力,但是比纯粹的教育更形象具体和有吸引力;这种理论传播方式没有教育完整和系统,但通常比文娱更清晰和详细。

但是,如果理论本身有问题或错误,那么人们获得的就可能是价值不高、没有价值或负价值的理论,根据这些理论进行的评论就可能会误导个人、企业、政府,导致其决策失误、错误,并产生负价值。

评论还存在受情感左右、利益驱策或力量挟制等而偏离学术中立与学术本意的问题。这种问题需要从两个方面解决:一方面,传媒机构要选用理性平和的人作为评论者,而不能选择偏激和哗众取宠的人;要选择没有利益背景的人作为评论者,而不能选择有某种复杂的利益瓜葛的人;要选择坚持正义、敢说真话的人作为评论者,而不能选择道德有问题、不敢说真话或故意编造谎话的人。另一方面,受众要对评论者的评论进行甄别,特别是要了解和分析评论者的个人品行、身后背景,远离那些偏激、非客观、非科学的评论。

二

传媒价值的正负与所传播的价值本身的正负没有关系,其价值的正负主要取决于传媒机构的传播行为。传媒作为事实与理论的传播机构,既可能传播正价值的事实与理论,也可能传播负价值的事实与理论。负价值的事实包括各种灾害、事故、战争、案件、公共问题等,负价值的理论包括违背科学原理的理论、存在逻辑错误及与事实有较大出入的理论等。负价值的事实要传播,但关键是要正确分析原因、指出已经或可能造成的危害,以及阻止、减轻或避免这些负价值产生的方法。负价值的理论,关键是要客观科学地指出其错误所在,以供人们警醒,防止误信误用,或避免出现同样的错误。

导致传媒产品产生负价值的原因主要有五种:

第一种,收益获取手段不正确。传媒机构应该通过传播更大、更多的价值来获得收益,为了引起轰动而故意造假、故意片面报道、故意歪曲事实、故意制造歧义等都是为了利益而不择手段的表现。

第二种，信息获取手段不正确。用窃听、偷盗、贿赂、逼迫等方法获取信息都是错误的信息获取方法，因为这样做会使传媒机构及其工作人员陷入不义与违法的境地。

第三种，信息传播方法不正确。不必要地将自己置于危险之中，如站在炮弹乱飞的战场、汹涌而来的海啸面前、暴雨疾风中报道等都是不正确的信息传播方法。这种方法虽然能增强信息传播的吸引力，但是却是不人道的，可能给传媒机构及其人员、家人造成不必要的严重损失。

第四种，正面宣传手段不正确。传媒机构可以对企业、事业单位、政党、国家机构等组织和这些组织内的所有个人进行宣传报道，目的在于张扬正义，促进社会和谐与发展。传媒机构应该通过如实的报道与正确的评论来对有益他人或社会的个人或组织进行宣传，在信息量上可以丰简，但在真实性、准确性和全面性（主要指正反两方面的信息，而不是信息的详细性）上，不能打折扣，不能故意造假、模糊或只提供单一层面的信息。另一方面，也不能用作假的办法刻意丑化其他个人或组织，以衬托所要宣传的个人或组织。

第五种，思想传播方法不科学。传媒可以通过评论选择一种或以一种科学思想为主进行传播，但应该尽量地将多种科学思想（可以不准确全面，但是要符合科学原则）纳入进来，以防止片面、偏激，并能让各种观点相互学习借鉴，让受众进行比较判断。一概否定和完全排除其他观点的做法，是不科学的，其所传播的思想也会渐渐失去正确性和生命力。

●原理解读

第一，传媒的第一生命是客观性。传媒，就是传播信息的媒介，这些媒体最早是通过人脑的记忆力直接传播，有了文字后，先是通过龟甲、竹简、绸布等传播，纸发明后增加了用书刊、报纸传播，录音录像技术和无线电技术出现后增加了广播电视传播，计算机和网络发明后又增加了网络传播。这些媒介和运用这些媒介传播信息的人共同构成了传媒单位和传媒行业。

传播产生和存在的首要目的就是传播信息。信息的价值在于客观性，即真实、准确、全面，越客观的信息越有价值，越不客观的信息越容易导致人们的误判和采取错误的决策及行动，从而可能造成难以弥补的巨大损失。当传媒机构的信息不能为人们的观察判断、决定行动提供客观的信息时，人们就会抛弃和远离这样的传媒机构，转而寻求客观的信息，因此客观性是传媒机构的生命，那些以为可以或试图操控信息的传媒，长远看，最终会被抛弃和淘汰，因此客观性是传媒的第一生命。

第二，传媒信息的传播或传递还要讲求时效性。过时的信息，那是历史。传媒的信息应该尽可能地及时，因为很多信息接受者需要对信息背后的事件做出反应或应对，如果信息传递慢了或过时了，就可能错失机会、耽误事情，造成损失。

比如，"5·12"汶川地震发生后，动态的灾害分布信息，受灾人口对食品、药品等需求与供应信息，这些信息只有准确及时地传递给政府机构和志愿者，政府和志愿者才能及时有效地进行救助和次生灾害的防控，尽可能地减少灾害造成的生命财产损失。

第三，媒体都有而且可以有自己的倾向性。任何媒体都是有自己的倾向的。影响媒体倾向性因素主要来自六个方面：一是投资创办媒体的组织或个人的倾向性。媒体的主要投资者——组织或个人，对媒体企业的经营一般都有很大的影响力，他们的倾向往往决定着其所投资的媒体的倾向。二是媒体的经营管理者的倾向性。媒体的经营管理者是具体的人，这些人往往也都是有某种倾向的人，完全中立、没有任何倾向的人是很少见的，甚至可以说从来就不曾存在过，也永远不会存在。三是媒体从业人员的倾向性。媒体从业人员，往往也是有自己的倾向，但是他们的倾向往往受投资者和管理者的倾向决定，服从或服务于投资者或管理者的倾向，除非投资者或管理者完全放任从业人员自由发挥，但这种情况是比较少见的，甚至是不可持续的。因为从业人员太多，放任可能引起内部的矛盾纷争，也可能导致媒体把各种倾向的受众都得罪了而无法生存。四是信息源的倾向性。无论个人、企事业单位、社会组织还是广义政府机构发出的信息，都是有十分明显的倾向性的，媒体在采集这些信息时会不同程度地受这些信息源倾向的影响。五是广告主体的倾向性。对于依靠广告为生的媒体来说，媒体会偏向广告主体的倾向，比如，可乐公司打广告，媒体会倾向为可乐公司说好话，房地产公司打广告，媒体会倾向支持房地产公司的意见。六是媒体受众的倾向性。受众喜欢什么，媒体就倾向于支持什么，并提供更

第十六章 为什么强调传媒价值功能而不是传播自由

多的这种倾向的产品。《今日头条》之所以脱颖而出，就是利用了计算机技术，通过分类极大地满足了人们的这一倾向。

一般来说，对媒体倾向性影响最大的是投资创办媒体的组织或个人，以及媒体的经营管理者。媒体的受众虽然有选择权，但是更多的情况下是被影响者。媒体从业人员、信息主体和广告主体倾向性的影响力介于二者之间，他们是受限影响主体，主要受投资创办媒体的组织或个人以及媒体的经营管理者的倾向限制。

对于不同的媒体，由于其管理理念、经营宗旨、目标客户不同，受不同因素的影响也不相同。六大因素中，通常是某一个影响因素居于主要地位，其余因素居于从属地位，媒体偏向于哪一个主体，就是哪种类型的媒体。根据媒体倾向的主要影响因素不同，可以分为迎合受众型媒体、迎合广告商型媒体、迎合投资人型媒体、迎合信息源型媒体、自我迎合型媒体。最好的媒体是在这几个影响因素之间寻求平衡。

那么媒体如何在六大因素中维持平衡呢？对于事实，信息的客观性是实现这种平衡唯一真正有效的办法，其他办法都会最终得罪另一方或多方。对于理论和观点，媒体只有追求正义性或站在正义一方才会有生命力。不过，大多数时候，由于对于什么是正义，在理论和方法上都是模糊的，所以现实中很多情况下正义一方的正义是相对正义而不是绝对正义。因此，媒体只能尽量采取相对更正义的理论、观点，或站在相对更正义的一方，这样才能确保自己的生命力。

第四，媒体应该促进正价值的传播和扩大，而不是阻碍正价值的传播或进行负价值传播。信息分为正价值信息和负价值信息，对于宣扬公平、和平、自由、发展等符合正义性的思想行为，要积极传播，对于宣扬暴力主义、零和思维、极端个人主义、极端民族主义等负价值的思想行为要限制传播，只供用于防控这种行为的产生和蔓延的研究所用。

第五，媒体应该不断向发展了的更大的正价值靠近和校准。在商业竞争中，老的产品、生产模式和生产环境，也能创造正价值，但是相对质量、功能等更好的新产品，效率更高的新生产模式，条件更好的新生产环境，其价值相对更低，媒体传播时当然应该站在支持后者的立场上，更多地传播后者的价值。同样，社会竞争中，当相对封建社会价值更高的资本主义的思想和制度出现后，媒体当然应该站在支持资本主义的立场上，更多地

如何看懂中国经济？

传播其价值；当相对资本主义价值更高的社会主义的思想和制度出现后，媒体当然应该站在支持社会主义的立场上，更多地传播其价值。

需要说明的是，目前世界上社会主义国家的既有的具体思想和制度的价值还有很多低于资本主义，只有一部分高于资本主义，所以现在的社会主义国家还在大量吸收资本主义的价值更高的具体思想和制度，并积极探索和创造相对资本主义价值更高的具体思想和制度。用一句常讲的话说就是，还有大量的"引进、吸收、再创新"工作要做。

第六，媒体应该用正确的方式传播价值。即使是正确价值的传播，也是要用正确的传播方式，传播的方式方法错误，不但不利于正确的传播，甚至好事也会变成坏事。比如，传播正面人物时，用小说的方式虚构造假、夸张夸大，或者违背事实地把人物完美化。作为传媒，可以不提或少提正面人物的问题，但是绝不能为其编造正面事实或故意否定负面事实。媒体正确传播正价值的方法是，不说假话，肯定和鼓励促进社会总价值增加的思想和行为，阐明这种思想行为为社会带来的正价值是什么、有多大；媒体正确传播负价值的方法是，不向没有辨识能力、可能接受这种负价值的人传播该思想行为，只向能够正确利用或阻止这种负价值生成和蔓延的人传播，态度鲜明地反对负价值思想行为。

● 常见看法

一、媒体是可以做到没有倾向性的。

二、传播人可按自己的想法任意传播信息和表达自己的思想才是新闻自由。

三、不管什么信息、不管如何传播都不会产生负价值。

四、即使会产生负价值，相对于前述的所谓新闻自由的价值也不值一提，为了这种新闻自由，任何的负价值都是可以而且必须忽略的，任何人的利益都是可以牺牲的（当然，持这种观点的人不会直接这么说，但是思想和行为表现是这样的）。

● 认识更新

有些人对中国政府管理社交媒体有怨言，殊不知对国外那些没有管理

第十六章　为什么强调传媒价值功能而不是传播自由

的社交媒体,人们的怨言更大;脸普网(Facebook)前副总裁 Chanath Palitiya 说:"我感到了巨大的罪恶感,我认为我们创造出来的工具正在撕裂社会正常运转的架构。"其前总裁更是批评社交媒体巨头是在"剥削人的心理弱点"。其实两种观点都有失偏颇。社交媒体只是一种工具,工具都有两面性,关键是如何管理和使用,要做到克服其消极面,发挥其积极面。

任何媒体,在客观上是不可能做到没有倾向性的,即使自认为自己是中立的,事实上都有或重或轻的倾向性。这是由多种客观因素影响和决定的,是不以人的意志为转移的,媒体或媒体人可以自己主动减弱这种倾向性,但是无法完全避免,更不能永久避免这种倾向性。有倾向性并不可怕,关键是倾向于正价值还是负价值,以及倾向于更高的正价值还是更低的正价值。同时,还要注意,不要因为倾向性而闭目塞听,故意忽视或拒绝对非倾向性思想行为的了解,或者用不恰当方式方法对待这些人和事,如用过度的方式或违法违规的方法。

自由是有边界的,媒体的新闻自由,也是有边界的。媒体新闻自由的边界分为内容边界和方式边界。新闻自由的内容边界是,负价值的思想行为要限制传播,确保这些负价值不扩大或有利于这些负价值思想行为的减少。新闻自由的方式边界,是不用引起负价值的手段传播信息和自己的观点,如为了宣扬正价值或相对价值更高的信息而造假等。

通过前面的论述和分析,我们已经知道,信息内容本身是有正价值和负价值之分的,而且无论正价值还是负价值,都是有价值大小之分的,传播者的传播方式和倾向会扩大或减弱这种正价值或负价值的大小,甚至会改变这种价值的正负性质。这些正价值或负价值信息传播到不同的受众那里后,在不同的受众那里产生的价值大小,甚至引起的价值正负性质变化都是不同的。

对于一个正价值媒体来说,可以使正价值信息得到更充分和更广泛的传播,从而使信息的价值更大;也可以使负价值信息不被不该接受的人所接收,从而减少负价值信息的扩大,而负价值信息传递到能够减少这种思想行为产生的个人或组织后,实际会使负价值变成正价值。中国在国际事务中是主持正义的,媒体应该把这些思想行为为什么是正义的或更正义的充分讲清楚,同时要更多的国家和人民知道、理解、支持、学习这些思想行为,这就是对正价值信息的有效传播和价值放大。恐怖主义是负价值的思想行为,宣扬这种思想和行为的言论和信息就不能传播给具有这种倾向

如何看懂中国经济？

或对这种思想无辨识能力的个人或组织。骗、盗方式的信息传播到公安机关侦缉人员或不会产生这种思想行为的普通人手中后，实际上就能减少负价值思想行为的产生，因为传播到前者手中有利于公安机关对这种行为的打击，传播到后一种人员手中有利于提高人们的自我防范能力。

同样的信息，传递给不同的人后，产生的价值也可能出现很大的不同。如果是正价值信息，可能充分发挥其正价值，也可能缩小甚至不产生正价值；如果是负价值信息，可能使负价值变成正价值，可能不产生任何价值，也可能放大这种负价值。抵抗侵略的胜利信息传递给即将投入战斗的干部战士来说会激发他们的斗志，提高他们战胜敌人的信心，但是对于不关心战争的人来说，则不会产生任何价值。民族分裂主义思想行为的信息传递到国家决策者手中后，通过采取正确的方式，可以阻止其蔓延，传播到不关心这种事的麻木者那里则不会产生任何价值，传播到其他有这种倾向或没有判断力的人手中，就会使这种负价值放大。

新闻自由是手段而不是目的，手段必须服从于目的并且为目的服务。传媒信息传播的目的是通过信息的传播促进社会价值创造能力的提高和创造总量的增加，新闻自由必须服从和服务于这个目的。正确的新闻自由是有边界的新闻自由，具体的边界前面已经讲了。新闻自由有了正确的边界后，就能实现目的与手段（或者说方法）的统一，即自由的方法越正确——越接近自由的内在边界，目的就越正义，带来的社会总价值增量越大，产生的负价值（包括对他人和社会利益可能造成负外部性）越小。

第十七章　为什么强调文物保护利用而不是交易升值

◉ 政策述要

"十三五"规划纲要指出：

加强文物保护利用，杜绝破坏性开发和不当经营。加强非物质文化遗产保护与传承，振兴传统工艺，传承发展传统戏曲。发展民族民间文化，扶持民间文化社团组织发展。

"十三五"国家科技规划纲要：

加强文化遗产认知、保护、监测、利用、传承等技术研发与示范，支撑文化遗产价值挖掘，支撑馆藏文物、重要遗产地、墓葬、壁画等的保护，支撑智慧博物馆、"平安故宫"工程建设和"中华古籍保护计划"实施，促进世界遗产和风景名胜区的管理、保护和利用。加强文化设施空间与服务的技术研发应用，促进公共文化资源开放共享。

十九大报告指出：

要深化文化体制改革，完善文化管理体制，加快构建把社会效益放在首位、社会效益和经济效益相统一的体制机制。完善公共文化服务体系，深入实施文化惠民工程，丰富群众性文化活动。加强文物保护利用和文化遗产保护传承。健全现代文化产业体系和市场体系，创新生产经营机制，完善文化经济政策，培育新型文化业态。

● **提出问题**

文物的价值到底是什么，为什么要重视保护利用，而不是私人收藏和拍卖交易？

● **经济原理**

一

文物是人类活动痕迹的实物记录，包括生产或购买者已经辞世而成为公共财富的科学作品（含自然科学、社会科学和工具科学的理论、发明专利、制度设计等，可以是文字、图片、雕塑、声音、视频等多种记载形式的文物）、生产工具（含原材料、工具设备、废弃的钱币等）、消费产品（包括生活所用的器物和书画等艺术品）。其中科学作品是活性文物或者具有部分活性的文物，其他文物都是失去活性的文物，原来的价值已经消失或过时，新的价值为观赏和研究价值（艺术品的原观赏价值变为新观赏价值）。

二

价格波动是由于市场资源和产品供需信息不透明引起的投机造成的，供需信息越不透明，投机越严重，供需越不平衡，价格波动越频繁、幅度越大；市场越透明，投机空间越小，供需越平衡，价格越稳定。防止产品供应过剩、不足和价格波动的根本办法是实现市场资源和产品供需信息的透明化。

西方主流经济理论认为，供需变化引起价格波动。这种说法虽然十分主流和普遍，但却是不准确的，因为它没有说明为什么会出现供需变化。实际上，引起价格波动的根本原因是市场资源和产品供应与需求信息不透明，由于供需信息不透明，所以会产生生产过剩或不足，并给投机滋生创造了机会，而投机又会加重这种过剩和不足，于是就会出现价格远高于或低于成本加主流利润水平（零利润甚至是负利润）地来回波动现象。在供需信息透明、没有投机的情况下，即使出现供应过剩或不足，也是轻度的，因为供应者能够及时发现并对其供应做出调整，但是在供需信息不透明、

第十七章　为什么强调文物保护利用而不是交易升值

有投机的情况下，投机者为了投机获利，会想办法隐瞒供需的信息，导致供需双方因不能及时发现供需变化情况而过度生产、减产或延购、抢购，加剧产品生产过剩和不足，从而使价格远高于或低于成本加主流利润水平。因此，市场资源和产品供需信息不透明引起的投机是造成价格波动的根本原因，防止价格波动的根本办法是促进供需信息透明化。

三

从投机对象看，投机可分为产品、资源、货币和文物四大类型，减少投机占款的根本方法是减少市场投机行为，减少市场投机行为的最根本办法是市场供需透明化。不同类型的投机还有不同的具体防控方法。

消除文物投机的方法是使文物公有化，并由财政专门预算充足的经费进行妥善保存，活性文物本身可以复制传播，任何人可以用任何方式进行利用，非活性文物在确保安全的基础上免费地展出和供人们研究，以实现文物价值的最大化。和自然物质资源一样，文物只要不私有化给个人或企业，就不会发生投机炒作行为。

所有投机都是二手交易，但是二手交易并不一定出于投机的目的。二手交易和投机一样，也分为产品、资源、货币和文物等类型。文物的二手交易也可能是因为政府对文物的保存保护不够有力，或没有充分地用来供人们免费参观和研究，有人希望更好地保护或让人们更好地利用文物。

随着资源公有化和交易制度的完善，单纯的资源二手交易将消失；随着代理投资体制的建立和货币的稳定，货币投机将消失；随着文物公有化基础上的保护与利用制度的完善，文物二手交易将消失。

四

文物本身的价值是一定的，且会随着风化、磨损而减少甚至消失；但是因为被人们观赏研究而产生的放大型价值是不确定的——通常会不断增加。文物的这两种价值是不同的，后一种价值源于前一种价值，但是并不等于前一种价值，当原价值消失后，放大型价值也就不再继续增加。

五

科学产品和文娱产品等非物质价值放大型财富，与其他广义文化产品的储存放大方式一样，一共有三种主要储存方式：一是通过人储存放大，二是通过专用储存放大介质和工具储存放大，三是通过产品应用储存放大。

文物、艺术品等以物质形式存在的价值放大型财富，私有化储存通常会被深藏起来，不要说其他人，就是自己也难得一见，由于怕风化、损坏、失窃等原因，往往会深藏起来，不能充分发挥其观赏和研究价值。但如果共有化储存，再免费提供给人们参观和研究，就能使该种财富以价值最大化放大形式储存，从而实现其价值的最大化放大。

●原理解读

第一，文物有活性文物和非活性文物之分。活性文物的原价值还在或可部分或全部使用。非活性文物的原价值已经丧失或废弃，它形成的是新的价值，新价值有两种，一种是观赏价值，另一种是研究价值。

一般来说，以文字、图片、雕塑、声音、视频等各种形式记载自然科学、社会科学和工具科学的理论、发明专利、制度设计等科学作品的文物，是有部分或全部活性的文物。比如，早期抄录或印制的《论语》《孙子兵法》《齐民要术》《水经注》《史记》等文物，其所记录的很多理论、方法、事物在今天仍然有很大一部分运用于今天人们的工作生活之中，其价值并没有终结，所以这些文物的价值是有活性的。

石刀、马车、服装、发饰等文物，有些今天虽然还能用，但是已经没有人日常还会使用这些文物原来的功能了，即不再使用原来的价值。这时，这些文物的价值主要是观赏价值和研究价值。人们通过旅游、参观等方式可以观看、了解或欣赏这些文物的形状、构造、色彩等，从而增进认识和知识。专业人士也可以透过这些文物研究历史，如了解或印证技术的发展水平、演进过程，人们的生产、生活方式等信息。

第二，文物是一种公共财富。文物作为一种遗存，它从来都不属于哪一个人，而是属于整个部族、民族、国家甚至整个人类，因为它是人类不同文明某种内容、某一形式的实物记录。其中，非活性文物，作为一种记录，是用来描述和印证整个人类文明的发展与构成的，是人类文明不可或缺的有机组成部分。文物只有成为人类文明的构成部分，也才能显现与发挥它的价值，否则作为一种过时的产物，它是没有什么现实价值的。而活性文物还作为某种价值的载体或传递的桥梁而存在着，这些活性价值通过文物的形势来接续、传播与放大。

第三，文物私有化违背了文物的公共财富属性，不利于文物价值的放大。非活性文物被私有化后，由于长期被深藏或很少被人看到，所以其观赏价值和研究价值都很难被有需要的人获得或利用；活性文物还因其被私藏而使其活性价值得不到传播或充分放大，给社会造成总体价值损失。简而言之，文物私有化不利于文物价值的最大化放大。

第四，文物私有化人为地制造了非活性文物观赏价值和研究价值的供需矛盾，并被投机者利用来作为投机炒作的工具。这种投机炒作活动不但会对人们生产积极性地发挥造成负面影响，使人们不愿意通过脚踏实地的价值创造来获得收入，也会给货币发行及金融稳定造成负面影响，使货币发行需要考虑的因素增加，实现金融稳定的难度加大。

◉常见看法

一、文物是个人财富，应该私有化。
二、文物自己会增加价值。
三、应该让文物进行买卖，形成文物市场，既可以活跃经济，增加GDP，也可增加国家的税收。

◉认识更新

文物可能是个人的遗存，也可能是家庭、家族、单位、地方、民族或国家的遗存，当这种遗存因为历史久远或稀少而成为文物时，它就不再是一种普遍财富的内部继承，而成为一种民族、国家或人类的共同财富，由相应集体共同继承和利用。换句话说，普通财产可以个人或单位继承，但是文物这种遗产，是不以个人或单位继承的，必须由民族、国家或人类共同继承。

但是，现实社会中，由于政府的认识、国家的财力、战乱或其他原因，政府常常未尽到合格的文物遗产保护者和展示者的责任，这时个人是可以

如何看懂中国经济？

以自己之力来收藏、保护或展示文物的，从而避免这些价值损毁，或者尽可能地发挥和放大这些文物的价值。对于这种原因散落在民间的文物，只能按自愿的原则，并且在给予适当的收藏保护补偿的情况下征回。正常情况下，即国家职能部门能尽到合格保护义务时，个人不应该收藏文物。

文物由于少和不可复制而成其为文物，它总是记录和证明着某方向的文明足迹，具有不可替代性。这种不可替代性是无法用金钱来衡量的，因而常常被人们认为是具有无限价值的。

然而，价值的不可替代性和无限价值并不是一回事，二者也是不相等的，后者换不来前者，前者也不可能以后者估之。比如，北京原来的部分城门被毁后，就永远消失了，用再多的钱也是换不回来的；反之，如果这个城门还在，即使拿出来卖，不可能也没有人会用无限的钱来估它或买它，而只会给它一个十分有限的价格——这个价格主要由当时那些有购买意愿者的收入水平决定。

实际上，文物本身的价值是恒定的，其价值增长是由于人们的观赏、研究等利用而增长，它是不会自动增长的，即没有人们的利用，文物的价值就不增长。人们通常所说的所谓的文物价值增长，其实主要有两个原因：一是科技发展。因为产品价格变化的规律是产品价格因科技进步的快慢而单调下降或上涨。其中，科技不断进步的企业围绕主流利润水平进行"降价—产品升级（涨价）—再降价—产品再升级（再涨价）"的循环，使科技进步快的产品价格不断下降或性价比不断提升；科技无明显进步的企业围绕主流利润水平反复进行涨价，从而使其价格不断上涨或性价比不断下降。当文物被用于交易时，其价格就会比照无科技进步的产品的特征进行变化，所以随着一个国家科技发展和社会财富生产总量的增加，文物的价格会越来越高。二是炒作。炒作的主要手法是强调该文物的稀有性、代表性或卓越性。这种炒作会使人们错误地把不可替代性与无限价值联系起来，从而不断提高对文物的购买出价。

还应当看到，作为一种物质存在，文物还会因为自身材质、保存保护、利用使用等原因而不断耗损。比如，木材制作的著名建筑古迹就比石材建造的更容易风化腐蚀；部分古长城城墙因为没有保护和维护，长期受风雨的侵蚀和野草的破坏严重损毁或消失；敦煌壁画在开启尘封，供人们参观

第十七章 为什么强调文物保护利用而不是交易升值

后就会因为温度、水汽等的影响而加速风蚀。

社会财富的增长,在不考虑扩张侵占的情况下,本质上是科学的发展所带来的社会生产总能力和实际价值生产与分配总量的提高。非活性文物的原有价值已经丧失或不再被使用,新的观赏和研究价值因为私藏而不能得到充分发挥,其所产生的交易不但不会使社会总价值得到增加,反而抑制了价值的增加,同时占用了大量的本应用于投资与消费的货币,并产生非劳动创造的投机思想行为示范,这些都会给财富的创造造成负面影响。试想,如果能够通过文物投机赚大量的钱,谁还会静下心来踏踏实实地搞科研和生产呢?没有科研和生产,人们工作和生活所需的物质、文化和服务产品从哪里来,又如何不断丰富和升级呢?

至于文物交易产生的 GDP 和税收增长,不要也罢,因为这些 GDP 和税收是有毒的,看起来是多了一杯酒,其实多喝的这一杯是工业酒精,对身体有害无益。

正如著名文物保护专家谢辰生所说:"文物是民族历史的不可替代的象征与见证,承载着珍贵的历史信息,一旦被毁就不可追回了。"①

---

① 《留住历史根脉 传承中华文明——习近平总书记关心历史文物保护工作纪实》,新华网 http://news.xinhuanet.com/politics/2015-01/09/c_1113939176.htm.

第十八章　为什么既要鼓励转基因产品研究又要审慎推广

● **政策述要**

2013年12月，习近平在中央农村工作会议上的讲话指出：

讲到农产品质量和食品安全，还有一个问题不得不提，就是转基因问题。转基因是一项新技术，也是一个新产业，具有广阔发展前景。作为一个新生事物，社会对转基因技术有争议、有疑虑，这是正常的。对这个问题，我强调两点：一是确保安全，二是要自主创新。也就是说，在研究上要大胆，在推广上要慎重。转基因农作物产业化、商业化推广，要严格按照国家制定的技术规程规范进行，稳扎稳打，确保不出闪失，涉及安全的因素都要考虑到。要大胆创新研究，占领转基因技术制高点，不能把转基因农产品市场都让外国大公司占领了。

"十三五"规划纲要指出：

加强农业科技自主创新，加快生物育种、农机装备、绿色增产等技术攻关，推广高产优质适宜机械化品种和区域性标准化高产高效栽培模式，改善农业重点实验室创新条件。发展现代种业，开展良种重大科技攻关，实施新一轮品种更新换代行动计划，建设国家级育制种基地，培育壮大育繁推一体化的种业龙头企业。

"十三五"国家科技创新规划指出：

使我国农业转基因生物研究整体水平跃居世界前列，为保障国家粮食

第十八章 为什么既要鼓励转基因产品研究又要审慎推广

安全提供品种和技术储备。建成规范的生物安全性评价技术体系,确保转基因产品安全。

形成具有国际先进水平的核电技术研发、试验验证、关键设备设计制造、标准和自主知识产权体系,打造具有国际竞争力的核电设计、建设和服务全产业链。

● 提出问题

转基因产品可能存在未知风险,为什么还要鼓励研究?

● 经济原理

一

科技主要通过仿造、替代、创造、虚拟、复制、循环六种方式来产生正价值。

一是仿造。即对自然物质资源、人体官能(人体器官的某种功能)进行模仿制造。如粮食、蔬菜、菌类、牛羊、鸡鸭等生物的种养殖;人造金刚石、人造大理石等矿物的人工合成;假眼、假肢、起搏器、人工胰岛素等人体官能的仿制。

二是替代。即对自然物质资源、人体或物质文化服务某种或某些功能的替代。替代主要包括四种类型:①用另一种或多种自然物质资源来替代某种自然物质资源的功能。如煤、煤气、天然气替代柴草资源的加热功能。②用一种或多种产品来替代某种人体器官的功能。如汽车、轮船、电梯分别替代人的行走、游泳、攀爬功能。③用一种或多种产品来替代人的某种劳动。如洗衣机、洗碗机、扫地机替代人的洗衣、洗碗、扫地劳动。④用新的产品来替代某种旧产品的功能。如数码相机替代胶片相机、数字信号取代模拟信号、光纤取代铜缆等。

三是创造。即创造出生产生活所需而自然界又没有的某种或某些功能的产品。如伞、房子、生产设备等物质产品,心理咨询、记忆训练等服务产品,国家制度、企业制度等制度产品。

四是虚拟。即虚拟出人或自然的某种或某些功能特性。如用绘画、照片、文字、视频虚拟出类似人或自然的某些功能特性。虚拟出的功能特性可以一定程度地缓解人们对真实功能特性的需求,缓解的效果因虚拟的仿真程度不同而不同。一般来说,仿真程度越高,缓解程度越高,最终可能基本取代对真实功能特性的需求。比如,绘画到照片,照片到视频,视频到3D,3D到环幕并带气味、振动等的虚拟现实影片,这些虚拟功能越来越接近真实功能,将来有一天或许可以基本取代真实功能。虚拟出的某些功能有时甚至可以超越现实,比如影视或照片中的影像可以美于现实所见。虚拟功能特性相对真实功能具有风险小、无真实危机、进入退出可控制、资源消耗少、体验效率更高、可享受的体验更丰富多样等特点。

五是复制。即对既有产品完全一样的制作一份或多份。人类一开始是进行手工复制,如绘画的摹本、文学作品手抄本;后来进行作坊复制,如刻本书画、作坊的陶瓷;再后来进行工业复制,如图书印刷生产线、家电产品生产线,现在又出现了电子复制和立体打印。动物,包括人的复制在技术上已经成为可能,如多利羊,但是由于伦理原因和未知的可能风险较大,如何正确利用的问题还没有解决,所以暂时还不能推广应用。

六是循环。即对既有资源进行回收再利用。如水的循环利用,金属、塑料、橡胶、纸的回收再利用等。

二

自然物质资源的稀缺性源于其有限性,但是自然物质资源的有限是相对的而不是绝对的。科技的发展可以改变自然物质资源的有限性,从而改变其稀缺性。

科技改变自然物质资源有限性的方法通常有五种:

一是通过拓展技术改变自然物质资源利用范围。某种自然物质资源,浅易的开发完了,可以开发深难的;本地的开发完了,可以开发外地的;陆地的开发完了,可以开发海洋的;地球的开发完了,可以开发宇宙的。

二是通过节约技术提高自然物质资源的利用率。既有技术不能利用的自然物质资源,通过发展技术可以实现利用。比如,富矿采完了,就发展贫矿开采技术;单纯矿采完了,就发展混合矿开采技术。既有技术对自然

第十八章　为什么既要鼓励转基因产品研究又要审慎推广

物质资源利用率太低,可以发展技术提高其利用率。比如,蜂窝煤的热利用率低,就发展出煤气提高热利用效率。既有利用方式的效能太低了,可以发展技术提高其利用效能。比如,直燃技术产生的动力低,就用涡轮增压技术来提高发动机的动力。

三是通过替代技术寻找新的自然物质资源。煤炭资源用完了,用天然气、页岩气、可燃冰、风能、核能、太阳能等。如果科技发展足够快,很多资源并不会等到用完就会有新的成本更低、效能更高的替代资源被发现和利用。

四是通过虚拟技术降低自然物质资源的消耗。视频会议可以节约大量汽油等能源、住宅虚拟技术用额定大小的空间可以模拟出任意大小和景致的住房,能节约大量的土地。

五是通过循环技术多次利用自然物质资源。金属回收可以减轻金属资源的不足程度,水循环技术可以解决缺水问题。一般来说,虽然任何自然物质资源都是有限的,但是科技的发展可以改变自然物质资源的有限性,只要科技无限发展,自然物质资源就会趋于无限,哪种自然物质资源开发研究的科技发展越快,哪种自然物质资源越趋于无限。

三

尽管科技的发展可以解决自然物质资源的有限性,但是任何自然物质资源都必须坚持节约利用的原则,否则就可能出现环境和人的发展不可持续,以及自然物质资源利用"接不归"等无法承受的后果。这是因为:

一是任何自然物质资源的利用都可能产生副作用。一项自然物质资源利用得越多可能产生的副作用越大,达到环境或人承受的临界点的时间越短,可供人们寻找控制和消除该自然物质资源利用的副作用的时间越少,超出环境或人可承受的临界点的概率就越大。自然物质资源的节约利用,是为环境和人发展的可持续赢得时间,否则可能出现环境和人毁灭等不可挽回的灾难。比如,二氧化碳的过度排放导致温室效应和气候异常,如果不加以控制,可能对人类带来难以预测的灾难。

二是任何自然物质资源技术的发展都需要一定的时间并带有一定的偶然性。一项自然物质资源利用过程中浪费越严重,留给科技解决该自然物质资源无限性的时间越短，在科技解决该自然物质资源无限性之前出现自然物质资源耗尽的概率越大，出现接不上而发生自然物质资源供应链断裂的可能性就越大。越是节约利用，越能为科技解决某种自然物质资源争取更长的时间，出现资源利用"接不归"的可能性越小。比如，大量浪费石油资源，又迟迟找不到新的足量的替代能源时，就可能对人们的生产生活造成严重影响。

三是任何自然物质资源在生产、消费和废弃物处理过程中都会伴随能源等其他自然物质资源的消耗。因此，无论某种资源的绝对量多还是少，都必须坚持节约利用的原则，否则即使其本身不会直接导致环境问题或出现短缺，也会因为其他能源、资源的使用而造成环境过载和其他相关自然物质资源短缺。比如，炼钢要炼焦，不节约使用钢材，会间接造成环境问题；炼铝要使用大量的电，不节约使用铝材，会间接造成能源短缺；过度包装或浪费消费，会产生大量的垃圾，垃圾处理要占用大量的土地、对环境也会造成一定程度的影响。

四

科技既有扩展人类生存生活空间，丰富和发展人类需求的正面作用，即生产正价值；也可能产生危害人类的安全，导致经济社会发展不可持续的负面效应，即产生负价值。因此，人类在应用科技时必须坚持积极、谨慎原则，既要努力发展科技，又要把科技可能的负面效应尽可能充分考虑到，并采取有效措施进行规避，从而把科技可能带来的负价值降到最低。

科技可能带来的负价值从成因上可以分为以下四种：

一是科技应用本身的问题。即，自然科学理论和技术方法本身错误或不完善。这分为两种情况：一种是自然科学理论的错误或不完善。比如，怕麻雀吃庄稼，就把麻雀都捕捉了，结果庄稼的病虫害造成的损失更大。另一种是技术、方法错误或不完善。比如，油罐失火时向其喷水，结果火越烧越旺。

二是科技的负外部性。即，科技在带给一些人好处（丰富或改善人的需求）的同时，也可能给他人和社会带来损害。比如，汽车在方便乘坐人出行的同时，也可能因为操作失误危害行人的安全，或因为操作人员素质低下而给行人溅一身泥水或带一身灰,从而给他人造成利益损害。汽车对社会公众的外部性损害主要是尾气排放,尾气污染了空气,使人们被迫呼吸遭受污染的空气,在方便乘坐人的同时却损害了公众的利益。企业的烟尘、废水、噪声也是科技产生的负外部性。

三是非科技原因触发的事故。即,由于科学理论或技术方法本身以外的其他因素造成的与科技作用于生产生活有关的事故。比如,日本福岛核电事故,既不是核理论出错或不健全引起的,也不是核技术方法出错或不健全引起的,而是强震这一核理论与技术之外的原因引起的。又如,一些企业的生产或运输安全事故,不是生产运输的理论和方法有什么问题,而纯粹是工作人员违反操作规程、操作失误或疏忽大意,这也属于非科技原因触发的事故。

四是科技被不法利用。即,科学理论和技术方法被思想和行为错误、对人类社会发展不会起到正面作用的人或组织利用。科技是工具,本无好与坏,好人用他做好事,为人类服务;坏人用他做坏事,危害他人或人类。兵器在和平主义者手中,是维护和平的工具,保护人民群众安居乐业;落入纳粹、军国主义者等法西斯主义者或宗教极端分子手中,就会成为侵略或恐怖袭击的工具,给他人和人类造成危害。

对科技的掌握是人区别于其他动物,之所以成为人的根本标志,也是人类发展的核心和永恒主题。但是科技如果不能被正确地利用或被正确的人利用,其危害是巨大的,甚至可能是毁灭性的。因此,科技的研究无禁区,但是科技的利用必须坚持审慎和严格管理原则,一定要在充分论证其安全性或有充分的安全保证的基础上应用,可能产生的安全威胁越大的科学技术越是要确保掌握在道德、思想行为正确的人手中,并在尽可能高的安全标准(能够承受的最高成本基础)上进行应用。

●原理解读

第一,经济社会发展的本质是科学的发展。经济的发展主要体现为科技的发展,当然,社会科学的思想、制度和管理对其也有巨大的限制、解放或促进作用。要想经济发展,就必须发展科技,不发展科技,经济不可能发展,科技发展慢了,经济发展就慢,科技不发展了,经济的发展也就停滞了,对既有科技的掌握和运用能力下降了,经济就会倒退。因此,除非一个国家不想要经济发展,否则是不会限制和抵制科技的发展,如果这么做了,对一个国家的长远发展是伤害巨大、后患无穷的。

第二,科技既有正面作用又有负面作用。科技是把双刃剑,任何技术都有正面作用,也可能有负面作用,只是这个负面作用是大还是小的问题,是人和环境能够承受还是不能承受的问题。有些负面作用是明显的,会及时显现出来,如汽车的噪声、工厂烟尘和水体污染等;有些是潜在的,需要长时间才能显现出来,如采矿导致的尘肺病,过度开垦导致的土地荒漠化等。科技的有些正面作用或负面作用不是由其自身决定的,而是由利用者的道德和行为决定的,如,刀可砍柴,也可伤人;枪炮可用于侵略,也可用于捍卫领土主权。科技还有一些负面作用,是由于违反科技本身的规律,人们操作不当造成的,如在易燃物处用明火,违规操作机械等。科技的正面作用就是其正价值,科技的负面作用就是其负价值,对科技可能的负价值,一是采取措施减轻或消除,二是要确保可能造成负价值的科技掌握在道德正确、行为正常的人手中,三是要尊重科技的规律用正确的方法使用科技产品。

第三,对科技已经或可能造成的负面作用,不是拒绝和排斥,而要通过科技的进一步发展来减轻或消除。科技的负价值可以通过发展科技来减轻或消除。科技的负面性,即可能产生的负价值,可以而且只有通过发展相应的科学技术才能减轻或消除,而且只有这样的办法才是积极。比如,汽车的尾气污染可以通过燃料电池技术来减轻,造纸厂对水体的污染可以通过水循环技术来减轻。除了发展科技,现实中,人们通常会采用其他的一些办法来解决科技的负价值问题。一是己所不欲施于人,把科技带来的负面性转移到其他国家或地区。比如,欧美一些发达国家,为了减少或避免对自己国家的环境污染,把污染较重的企业转移到发展中国家,或者将电子垃圾运送到发展中国家处理。这种做法并不能真正解决科技的负面性问题,并且会在道德上失分或破产。二是因噎废食,禁止发展某种科学技术。转基因产品的确存在潜在的安全风险,人类克隆也存在伦理风险,但是这些都不能成为阻止技术发展的理由,因为它的好处可能还没有被充分认识到，它的负面性也存在降低或消除的可能性和办法，只要不断向前走，这些办法就有可能被找到。如果放弃了对该项科技的发展，也就放弃了人们获得该技术给人类带来好处的机会，这些好处甚至有可能在某些时候成为决定一个国家或人类存亡的关键。

第四，科技的应用应该遵循谨慎原则，要确保其负面性在人和环境可承受的限度以内。完全消除一项技术的负面性是很难做到的，有的甚至是不可能的，最重要的是时间等不起。因此，最好的办法，也就是在这对矛盾中选择的底线是人和环境可承受。因为在可承受范围之内，并不会导致人体或环境的突变或根本性改变，虽然在一定时间一定范围内或有一定程度的改变，但这种改变是可恢复的、可逆的，所以是可以接受的。这种选择总体是有利的，即价值总量是增加的，并且长期看，发展是可持续的。

当然，总体有利的同时，还要通过发展针对性的技术来不断减轻这种负面影响。如果可能，最终要完全消除这种负面影响才能作罢。

●常见看法

一、尽管转基因技术在解决粮食问题上有积极作用，但是由于对人的健康有已知或潜在风险，所以既不能进行研究，也不能应用。

二、转基因技术是有益的，所以应对一切转基因技术照单全收。

●认识更新

转基因技术提高了单位面积粮食产量，增加了粮食供给总量，降低了食品价格，满足了更多贫困人口生存需求，减轻了中下收入阶层食品开支，为更好地满足其他方面的需求发挥了积极作用；转基因技术减轻了农作物病虫害，减少了农药和化肥使用，减轻了环境污染，降低了环境保护或治理的成本；转基因技术提高了种植的机械化水平，降低了人们劳动生产的强度，有利于减轻高强度低舒适性劳动对人们身心健康的负面影响。转基因技术这些方面的作用，人们不能视而不见，更不能不研究或忘记中低收入者的生活实际和身心感受，脱离实际地说些"何不食肉糜"的话。

如何看懂中国经济？

晋惠帝司马衷执政时期，有一年发生饥荒，百姓没有粮食吃，只有挖草根，食观音土，许多百姓因此活活饿死。消息被迅速报到了皇宫中，晋惠帝坐在高高的皇座上听完了大臣的奏报后，大为不解。"善良"的晋惠帝很想为他的子民做点事情，经过冥思苦想后终于悟出了一个"解决方案"："百姓无粟米充饥，何不食肉糜？"意思是说，百姓肚子饿没米饭吃，为什么不去吃肉粥呢？那些呼吁完全禁止转基因技术的人在食品方面的支出可能只占其收入的很小一部分，他们完全能够承受粮食回到非基因技术带来的食品价格上涨，但是殊不知世界上还有很多人无法承受，甚至有一些人会因由此造成的粮食减少而饿死。

虽然笔者不认为更名能真正解决问题，但是中国科学院院士朱作言的这些话是事实。"科学的发展就是这样。布鲁诺、哥白尼、伽利略，当时他们有人受到宗教的迫害，有人被烧死，现在看来，他们是被冤枉的，是当时的愚昧造成的。我们看近代一点的例子，四十年以前，那时候试管婴儿，第一个试管婴儿出来的时候，全世界舆论口诛笔伐。现在呢，试管婴儿有多少，据说通过试管婴儿出生的人口接近上千万。这也就几十年的事情。转基因这个问题用不着这么久，我想，再过二十年回头来看这场争论，一场笑话！这就是科学和科学的进步，最后是不可阻挡的。""但是在一段时间内，它会受很多委屈，被暂时封杀。美国90%以上大豆的种植是转基因，这封杀得了吗？让他们回过头种传统大豆？根本不可能。"[①]

转基因技术的风险或潜在风险，并不是静态的，一成不变的，随着技术的发展，也可能减轻或消除。转基因技术的风险，有些是已经验证的事实，有些是没有被证实的猜测，对于已经证实的负面作用，可以通过发展生物技术或相关技术来减轻或消除，对于没有证实的猜测，要想方设法尽快搞清楚，没有问题要及时消除人们的担忧或恐慌，有问题要积极加以解决。

任何技术都可能存在负面性，有些是显而易见的，有些要经过很长时间才能被发现或显现出来，基因技术也是一样，由于食品与人健康的关系极为密切，产生负面作用后又很难消除，所以采用上应该更加的谨慎，要

---

① 《转基因名字让人恐慌，准确应叫分子杂交育种》，澎湃新闻 http://www.thepaper.cn/newsDetail_forward_1496563.

第十八章　为什么既要鼓励转基因产品研究又要审慎推广

把安全放在第一位，积极研究，慎重推广，避免被商业利益、外部因素干扰和绑架，真正站在对民众健康负责和发展安全的角度，独立地进行决策和推广。

第十九章　为什么强调不拘一格地培养提携年轻人才

◉ 政策述要

"十三五"规划建议指出：

优化人力资本配置，清除人才流动障碍，提高社会横向和纵向流动性。完善人才评价激励机制和服务保障体系，营造有利于人人皆可成才和青年人才脱颖而出的社会环境，健全有利于人才向基层、中西部地区流动的政策体系。

"十三五"规划纲要指出：

完善人才评价激励机制和服务保障体系，营造有利于人人皆可成才和青年人才脱颖而出的社会环境。发挥政府投入引导作用，鼓励人才资源开发和人才引进。完善业绩和贡献导向的人才评价标准。

"十三五"国家科技创新规划指出：

促进科学研究、工程技术、科技管理、科技创业人员和技能型人才等协调发展，形成各类创新型科技人才衔接有序、梯次配备、合理分布的格局。深入实施国家重大人才工程，打造国家高层次创新型科技人才队伍。突出"高精尖缺"导向，加强战略科学家、科技领军人才的选拔和培养。加强创新团队建设，形成科研人才和科研辅助人才的梯队合理配备。加大对优秀青年科技人才的发现、培养和资助力度，建立适合青年科技人才成长的用人制度，增强科技创新人才后备力量。

第十九章 为什么强调不拘一格地培养提携年轻人才

十九大报告指出：

人才是实现民族振兴、赢得国际竞争主动的战略资源。要坚持党管人才原则，聚天下英才而用之，加快建设人才强国。实行更加积极、更加开放、更加有效的人才政策，以识才的慧眼、爱才的诚意、用才的胆识、容才的雅量、聚才的良方，把党内和党外、国内和国外各方面优秀人才集聚到党和人民的伟大奋斗中来，鼓励引导人才向边远贫困地区、边疆民族地区、革命老区和基层一线流动，努力形成人人渴望成才、人人努力成才、人人皆可成才、人人尽展其才的良好局面，让各类人才的创造活力竞相迸发、聪明才智充分涌流。

◉ 提出问题

为什么人才的培养、使用要不拘一格？为什么创新要重点寄望于年轻人？

◉ 经济原理

教育是专门进行科学价值传播放大的活动。教育活动本身是一种放大型价值。教育除了传播和放大既有的科学价值以外，还有发展再生新价值的功能，即通过启发引导，促进人们去创造新的科学价值。

因此，教育有两项主要功能，产生两种正价值：一是知识传授，二是启发引导。前一种功能是对既有和既定的正价值进行传播放大，简称价值传播；后一种功能是对既有的正价值进行发展，或创造出与既有正价值不同的新正价值，简称价值创造。

知识传授，就是把已经认知到的事物的根本性质、主要特征、形成原因、发展规律、利用方式、实现方法、负面防控等知识以尽可能准确、全面、高效的方式传授给需要的未知者。教育传授的知识包括工具科学的理论与应用知识、自然科学的理论与应用知识、社会科学的理论与应用知识，即人类社会的所有知识。

准确、全面、高效是教育知识传授功能的灵魂，是其价值所在，人们

如何看懂中国经济？

通过文娱、传媒也能获得一些有关方面的知识，但是可能不准确、不全面，效率比较低，尤其是缺乏教学互动，知识掌握往往不准确。

文娱的科学价值、传媒的评论价值和教育知识传授层次的价值都属于科学价值的传播。与文娱和传媒相比，教育对科学价值的传播更专业、准确、全面、系统，但受众范围窄，对人的知识水平要求高，吸收难度大。三者之间的对比关系是：文娱对科学价值传播的专业性、准确性、全面性和系统性最差，同样内容的价值传播所用时间最长，即传播的效率低，但形式丰富多彩，吸收难度低，能够使低知识水平的人也能快速有效地吸收到其所传播的价值，受众人群最为宽广，几乎是所有人。媒体对科学价值传播的专业性、准确性、全面性和系统性比文娱更强，传播效率更高，因为有真实案例，吸收难度也还可以，但由于更强调真实性和准确性，相对文娱丰富的表现手法，形象性和吸引力要弱很多，知识水平低的人群往往不感兴趣或不能吸收，因而传播的范围相对要窄。另外，由于往往是针对既已发生的事件作相应知识介绍，人们获得的知识比较碎片化，全面性和系统性仍然不够。教育去除各种多余的东西，直接传播纯粹的科学价值，传播效率最高，专业性、准确性、全面性和系统性最好，但是吸收难度也是最高的，传播范围最窄，即便知识水平高的人群中也还会分专业。另外，文娱往往只能传播量较小、较为简单的科学价值，教育可以传播量很大、很复杂的科学价值，传媒则介于文娱与教育之间。

启发引导，就是教学中的指导者，即导师通过启发和引导让被指导者学会自己发现和解决问题，而不是单纯的学习和应用既有的知识。导师一定要正确定位自己，是教练员而不是运动员，是指路人而不是行路人，被指导者是潜力强于自己或目标高于自己的人，导师的核心工作任务是启发引导被指导者，而不是向被指导者教授知识，其最终目的是指导出超越自己的人，而不是培养自己的徒弟或工作助手。

一个合格的导师必须指导出超越自己的人，指导出的超越自己的人越多，这个导师越合格，一个没有或者培养不出超越自己的人的导师是一个不合格或不称职的导师。

当然，这种超越不一定是全面超越，在某一方面或若干方面有所破旧立新，但不是为破旧立新而破旧立新，而是要以问题为导向，针对需要解决的矛盾问题找原因，在此基础上设计建立解决问题的新办法。

知识传授是启发引导的基础，没有知识传授，启发引导就无从谈起，更无法实现。启发引导是为了促进认识水平的提高，发现更多的事实和理论，使更多问题得到解决，或使问题得到更好的解决。

●原理解读

第一，掌握既有知识是教育的基本任务。教育就是把人类既有的知识传授给更多的未知的人。传授既有知识，主要是要讲求质量和效率。讲求质量，就是要准确全面的传授既有知识。讲求效率，就是要在保证质量的基础上，减少同样内容知识的传授时间，或在同一时间内传播更多内容的知识。

第二，创新是教育更重要也是更高的任务。教育不能仅仅停留在对已知认识的传授上，因为人们对自然与社会各种规律的认识都是由浅入深、从简单到复杂，不断深化、逐步全面的。不但对既已发现的事物特征和运动规律的认识可能存在偏差或谬误，条件发生改变时，既有的正确认识也可能变成谬误。比如，在经典物理学中质量不会随速度而改变，但在相对论中，物体被加速时，质量会增加，只是在低速的情况下非常微弱，完全可以忽略。又如，在工业革命以前，社会生产总能力是小于人们科学维度的边际消费总量的，但是在工业革命后，社会生产总能力就大于了人们科学维度的边际消费总量。因此，对教育来说，在基本准确掌握既有知识后，除了应用外，就要把更多的精力用来发现事物的那些还未被发现的特征和规律上，不断把认识引向深入，而不能死守既有认识。

第三，导师探索出的那部分知识道路可能被延长也可能被部分弃置。学生不仅可能延长，也可能发现走不通后，部分弃置已经探索走过的路。每一个知识体系都是一座迷宫，发现走不通以后退回来重新开始是很常见的事，只要不忘初心，目标不丢失，在发现一条路径走不通时，应该以开放的心态容许调整。导师首先要让学生快速走完自己所在领域已探索出的路，然后引导和鼓励学生加紧继续探索前行。其次，导师要勇于接受被引导者对既已探索出知识的否定，鼓励提出各种大胆创新的视角与认识，抛

如何看懂中国经济？

开自己既有的认识和思维习惯，用归零的心态和思维来认真地聆听、理解和体会这些创新理论和方法，避免先入为主，避免受个人情感支配，轻易做出否定结论，或进行打击讽刺，更不能因为怕影响收入、地位等个人利益而故意沉默、否定或阻挠。换句话说，不仅在企业界，同行有新老竞争和颠覆创新者，在学术界也有新的竞争和颠覆创新者，这对教育和学术界的前辈和导师，其实是很大的考验。作为导师，要用这样的心态来对待自己探索过的部分路径：在知识的迷宫中，自己错过一次，后来者就少错一次，所以每个进行过探索的人，都是为该领域的最终成功做出了贡献的人。

第四，创新才能带来发展，没有创新就没有发展。没有创新，知识就不能得到发展，没有知识的发展，科技和社会就不能得到发展。任何发展本质上都是某种变化，只是这种变化是正向的积极变化。如果一种变化是人们主动为之的，并且带来总价值增加，就是创新；如果造成总价值减少，就不是创新。因此，人们通常所说的创新，都是带来事物积极变化，在总体上形成增量价值的创新，所以也可以说创新就是发展。实际的创新是复杂的，并不都能带来发展，有些是错误的创新，反而导致事物倒退，比如在牛奶中加入三聚氰胺来改善牛奶的检测数据；有的是为创新而创新，创新只是装装样子、搞搞形式，这样的创新不会带来事物的发展。比如说，要搞某项技术创新，大家就都喊要创新，要如何如何创新，就是没有人实实在在做技术研究。这样的话，到头来并不会真正实现创新。

●常见看法

一、教育就是传授知识，就是传道、授业、解惑。
二、年轻人认识浅，难以在社会科学上有创新。

●认识更新

传授知识，只是教育最基础层次的要求，教育更高层次的要求是引导人们了解这些知识是如何获得的，并培养对发现知识过程的兴趣，同时告诉人们这些知识还有哪些缺陷，鼓励人们去解决这些知识中既已发现的缺

第十九章 为什么强调不拘一格地培养提携年轻人才

陷,积极发现未知缺陷,并不断加以解决,从而推动知识不断向前发展。这种教育应当贯穿于教育的全过程,当然中学以前可以少一些,应以学习掌握既有知识为主,大学以后,特别是研究生教育或终身教育,就应该以后一种为主。如果一个人只是在告诉你已知知识是什么,那么他是这方面的老师;如果一个人想搞清已知知识是什么,那么他是这方面的学生;如果一个人开始寻找已知知识还存在的问题并致力于解决这些问题,那么他是这方面的发展者。一个人本科毕业后,或者整体上基本掌握该知识后,就不要再仅仅把自己定位为该知识的老师或学生,应该把自己定位为该方面知识的发展者,哪怕只是对某方面很小的充实或调整。

无论自然科学界,还是社会科学界,人们最具创造性的年龄都是20到50岁之间,超过这个年龄后,一般都是在重复自己的过去,尤其是20多岁到40多岁,是学术的黄金期,绝大多数有很高成就的自然科学家和社会科学家,其成果都是在这个年龄阶段创造的,50岁以后还能出学术成果的,并不是没有,但是凤毛麟角。西方历史上第一位百科全书式思想家亚里士多德,37岁就成为当时最博学最富有智慧的人了;马克思29岁出版《政治经济学批判》,这本书为《资本论》的经典表述作了理论准备;普朗克42岁创立量子理论;爱因斯坦36岁得出能量质量关系方程。

培根对这一现象有过一段论述:"一般情形是青年人就好像人的'初念'一样,不如'再思'明智。盖在思想和年岁上一样,也有少年与老成之别也。然而青年的发明力是比老年人的活泼,而且想象力也比较容易注入他们的脑筋,并且好像更是若有神助似的。"

赵红州在他的《科学劳动的智力常数》中统计作了这样的论断:"在一般条件下,一个科学家25—45岁之间做出重大贡献可能性比较大,37岁左右可能性为最大,而50岁以上和20岁以下,做出贡献的可能性便极大地减小了,虽然也有人做出贡献,但毕竟是相当少的。"[①] 他并分析认为:"我们大家都知道,科学劳动是一种创造性劳动,它需要消耗人们大量的科学创造力,因此一个科学家的一生并不是在所有的年龄区都能胜任这种劳动的。从生理学的角度看,一个人的记忆力(在超过一定年龄后),是随着年龄的

[①] 赵红州:《科学劳动的智力常数》,《自然杂志》1980年第3期。

如何看懂中国经济?

增长而衰退的,而一个人的理解力又是随着年龄的增长而逐步上升的。因而每个人都会有这样一个时期,这时他们记忆力方兴未艾,理解力'运若转轴',不仅有丰富的实践经验,同时又有广博的科学知识,不仅有驾驭大量材料的能力,同时又有敢想敢干的创新精神,他精力旺盛,富于想象。在这个时期人们的创造力是最高的,堪称科学劳动的'最佳年龄'。"

这一规律性现象,看起来主要受人的生理周期特征影响,就像年轻人有更强的生理生育能力一样,年轻人也有更强的知识创造能力。

20世纪最伟大的物理学家之一、诺贝尔奖得主马克斯·普朗克(Max Planck)曾说过一段意味深长的话:"一个新科学的真理并不是靠说服它的对手并使其看见真理之光而取胜,而是由于它的对手死了,新一代熟悉它的人成长起来了。"这段话虽然看起来很无情,听起来很难听,但是却是人们面对人性弱点的无奈事实。

2014年8月,李克强听取国家杰出青年科学基金设立20周年人才培养和科研成果的汇报时指出:"据说,诺贝尔奖获得者的科研成果80%以上是在40岁之前取得的。我们要加大对青年优秀人才的扶持,支持他们奇思妙想的创造,让他们有希望、有前景。"他特别要求在场的年长科学家们提携后辈、广纳人才,指出,你们是人才,更要懂得珍惜人才。真理越辩越明。要摒弃门户之见,广纳人才,给大家自由发展的空间,也给智慧更加广泛的创造空间。

2016年5月,习近平在全国科技创新大会、两院院士大会、中国科协第九次全国代表大会上的讲话指出:"'桐花万里丹山路,雏凤清于老凤声。'科技创新,贵在接力。希望广大院士发挥好科技领军作用,团结带领全国科技界特别是广大青年科技人才为建设世界科技强国建功立业。"

与普朗克的实话实说比起来,习近平和李克强的话要委婉得多,但所包含的意思却是相近的,老的科学家要主动学习和接纳新思想、新事物,不要老占着资源和空间,要及时把发展的资源和空间更多地配置和留给有能力和潜力的年轻科研人员,为年轻人腾位置,以免成为科学进一步发展的阻碍。与科学发展类似,政治人物执政时间过长,也可能出现类似问题,为了政治事业的发展和长青,华盛顿、邓小平等政治家认识到了这个问题,并在政治领域率先垂范。同样,为了科学事业的发展和长青,教育家和科

第十九章 为什么强调不拘一格地培养提携年轻人才

学家也需要认识到这个问题并以身作则。

当然,前提是年轻的教育工作者和科学工作者也要奋进,敢想、敢拼、敢于挑战、敢于创新才行。要尊重权威及其所做出的不同程度的贡献,但又不能迷信权威,科学最忌讳迷信权威,科学最需要怀疑精神。科学只服从真理,科学从不服从权威,科学服从权威而不服从真理,就不会再有发展。科学只有服从真理而不服从权威,才能不断取得发展进步。

第二十章　为什么既要重视知识分子收入又要强调其情怀

● **政策述要**

"十三五"规划建议指出：

扩大高校和科研院所自主权，赋予创新领军人才更大人财物支配权、技术路线决策权。实行以增加知识价值为导向的分配政策，提高科研人员成果转化收益分享比例，鼓励人才弘扬奉献精神。

"十三五"规划纲要指出：

保障人才以知识、技能、管理等创新要素参与利益分配，以市场价值回报人才价值，强化对人才的物质和精神激励，鼓励人才弘扬奉献精神。

"十三五"国家科技创新规划指出：

要完善符合科技创新规律的资源配置方式，解决简单套用行政预算和财务管理方法管理科技资源等问题，优化基础研究、战略高技术研究、社会公益类研究的支持方式，力求科技创新活动效率最大化。要着力改革和创新科研经费使用和管理方式，让经费为人的创造性活动服务，而不能让人的创造性活动为经费服务。要改革科技评价制度，建立以科技创新质量、贡献、绩效为导向的分类评价体系，正确评价科技创新成果的科学价值、技术价值、经济价值、社会价值、文化价值。

十九大报告指出：

深化科技体制改革，建立以企业为主体、市场为导向、产学研深度融

第二十章　为什么既要重视知识分子收入又要强调其情怀

合的技术创新体系，加强对中小企业创新的支持，促进科技成果转化。

● 提出问题

重视提高收入与强调奉献是否矛盾，如何平衡二者的关系？

● 经济原理

一

随着人类社会的发展，人类的自由，包括个人、国家和全人类，主要会经历三个层次的发展阶段：一是未实现自由，二是实现消费自由，三是实现发展自由。

未实现自由，是指人缺乏生存或生活安全保障，一直处于为寻求更好的生存或生活安全保障而活动的状态。

实现消费自由，又叫实现初级自由，是指人处于能够自由地获取当时科技条件下与身心客观需求相适应的基本或各种物质文化服务，有当时科技条件下一定或全部的人权自由，但不能随心所欲地做自己想做的事的状态。

实现发展自由，又叫实现高级自由，是指人能够自由地获取当时科技条件下与身心客观需求相适应的各种物质文化服务，有当时科技条件下一定或全部的人权自由，且可以做任何自己想做的不导致社会长远总体利益损失的事的状态。

以上三个层次的自由，每个层次又都分为两种类型。

未实现自由的两种类型：一是没有任何自由，二是没有消费自由但有部分或全部人权自由。前者如奴隶社会的奴隶，后者如封建社会的农民或未建立社会保障制度的资本主义社会和社会主义初级阶段的普通职员和失业者。

实现消费自由的两种类型：一是实现了生存自由，部分或全部实现了人权自由但未实现发展自由，二是实现了生活自由、部分或全部实现了人权自由但未实现发展自由。前者如统筹普惠式产品化社会保障体制下的低

如何看懂中国经济？

收入者和失业人员，后者如游手好闲、只会消费、无所事事的"富二代"。

实现发展自由的两种类型：一是实现了生存层次的发展自由，二是实现了生活层次的发展自由。成熟社会主义社会实现以前，科学工作者如果获得了发展自由，大多获得的是生存层次的发展自由，因为他们通常收入并不高；大企业管理者如果获得发展自由，大多获得的是生活层次的发展自由，因为他们收入都很高；政治工作者如果获得了发展自由，获得的通常是介于生存与生活层次之间的发展自由，他们的生活水平高于生存层次，但并不一定能达到生活层次。

一个人如果没有实现生存自由，说明其连初级自由都没有跨入，哪怕他获得了全部的人权自由，也属于还没有获得自由的人。一个人实现了发展自由，就表明已经实现了高级自由，哪怕其获得的人权自由不充分，消费自由水平较低。美国的保险救济式货币化社会保障制度，使人们获得了基本的生存安全保障，可以算是获得了初级自由，但这种社会保障制度设置了很多限制条件，因此这种生存自由是受限的初级生存自由，真正的生存自由是人人可以无条件的获得基本消费需求。所以，美国人进入了自由状态，但是它是入门级的低水平的初级自由，只是一只脚跨进了初级自由的门槛，但还未真正达到初级自由的水平，因此美国社会的社会自由水平可以叫准自由——一个实现了初级自由的社会是不会有乞讨者的（来自国外的非国籍人员除外）。

一个人如果实现了生存自由，哪怕只实现了人身自由，思想自由或言论自由还没有完全实现，也属于实现了初级自由。如果资本主义国家能实行统筹普惠式产品化社会保障模式，但仍采用信贷式投资消费模式，那么大多数人都能实现生存自由，一部分人能实现发展自由。这样的社会自由水平是初级自由水平。

成熟的社会主义社会，人们有全部的人权自由，社会保障制度能够使人们获得真正的生存自由，同时由于实模式投资消费体制和全国统一透明市场的建立，贫富分化极大缩小，收入水平普遍较大提高，较大一部分人能实现发展自由，因此人们最低也能实现生存自由，大部分人都能实现生活层次的发展自由。这样的社会自由水平是中级自由水平。

到了共产主义社会，所有人都能实现生活自由和全部最大限度的人权

第二十章 为什么既要重视知识分子收入又要强调其情怀

自由,绝大部分人都能实现生活层次的发展自由。这样的社会自由水平是高级自由水平。

为什么获得了全部人权自由但没有实现消费自由,也是未实现自由呢?因为消费尤其是生存,是人存在不可或缺的必要条件,所以消费自由尤其是生存自由都是必要自由,一切人权自由必须以生存(生活)自由为前提,没有生存(生活)自由,人权自由就失去了存在的物质基础,对于一个不能生存的人来说这样的自由是没有任何意义了。所以,人在没有生存(生活)保障,即生存(生活)不自由的情况下,往往会牺牲人权自由来确保生存(生活)或交换生存(生活)自由。如,黑工厂中工人牺牲了人身自由,一些人不敢轻易放弃自己不喜欢的工作,就是因为他们如果不牺牲这些自由,自己或家人可能马上面临生存问题,也就是生存不自由。又如,一些人为了过好的生活放弃正常人的权利委身于富人,一些收入较高但很专制的企业中,人们没有言论自由也能忍受,就是人们牺牲人权自由来换取生活自由。在人未获得消费自由之前,富人常常会利用这一点来控制穷人、侵犯其人权自由。虽然每个人任何时间都需要人权自由,但在未获得生存(生活)自由的情况下,人们主要关心的是生存(生活)问题,而不太关心甚至牺牲或部分放弃人权自由。但是,这并不表示他们不需要人权自由,而是主动或被动让位于需要更优先满足的生存(生活)自由,即人权自由被生存(生活)需求压制了。因此,未获消费自由,即使获得了全部人权自由,也未实现自由,哪怕是初级水平的自由。

这就是中国先解决温饱问题的政策是正确的,而美国要其他国家先解决人权问题的想法和做法是错误的原因。中国先解决温饱问题,并不表示中国不关心和解决人权问题。相反,中国最终要实现的人权自由是远高于美国的人权自由,是所有人更多内容和更大限度的人权自由,只是将其放在生存自由之后来解决,而这才是符合社会科学发展规律的正确做法。

二

科学发展有以下几个特点:

一是研究时间长,见效难。科学发展不像一般产品的生产,找齐原料、工具设备,按一定方法和程序去做,就能很快地见到有一定功能或效果的

如何看懂中国经济？

产品。科学发展，尤其是理论的发展，必须建立在长期研究的基础之上，需要一个较长的时间过程，有的终其一身也很难有大的突破（如果没有一点思想的火花，先不要选择和投入某方面的研究），有的需要多代人的接力才能完成，不能立竿见影。

二是验证周期长，认可难。科学发展不像一般产品，行不行用一用、试一试就知道了。很多时候，科学发现或科学理论已经实现了突破，但是还不能被人们理解和承认，甚至个人还要受到打击。量子理论发现的很长一段时间内，人们是不理解和不承认的，伟大的科学家爱因斯坦就曾反对和批判过量子理论，但是如今量子理论已经逐渐为科学家们所理解、接受和应用。哥白尼发现日心说就付出了生命的代价。马克思创立科学社会主义学说也受到过排挤和打压，即便到目前为止，也不被资本主义社会的主流意识所接受，并进行集体刻意地打压。

三是具有偶然性，突破难。科学是研究确定性的，但是科学的发展常常具有一定的偶然性，与个人的努力并非成完全成正比关系。不是说研究的人多、研究花的时间多就一定能使科学得到发展或加快科学的发展。比如，牛顿发现万有引力，是由于他偶然注意到苹果落地的现象并受到启示而总结发现的，如果没有这个偶然"相遇"，或许万有引力的发现就会推迟或者易人。当然这种偶然还必须建立在平时长期的思考研究和相关知识积累的基础之上。

四是结果较简单，估值难。科学发展的成果不像一般产品，可以通过成本、数量、质量和功能等评估其价值。科学发展的成果是经过无数的碰壁和试错之后才找出来的，过程难而最后的结果往往很简单，也许就是一句话、几句话，或者一个公式、一堆公式。很难用金钱来评估其价值，虽然他的潜在价值可能很大甚至无穷。所以科学发展成果的价值不能简单地以数量来衡量，特别是不能以论文发表的数量或文字的多少来计算，真正优秀的科学发展成果，或许一篇小小的短文就够了。

五是公益属性强，发财难。科学发展的成果不像一般产品，谁生产的属于谁，谁想要就得拿东西来换，很容易交易变现。科学发展的成果是世界的客观规律，客观规律发不发现它都客观存在在那里，是人们都要运用和依赖的，你不去发现，别人终究也可能发现，只是你发现得早一点而已，

第二十章　为什么既要重视知识分子收入又要强调其情怀

你先发现,提前让人们受益,做出了贡献,但如你要据此进行垄断收费,那么全世界的财产也不够支付。所以,科学发展成果,应以荣誉奖励为主,金钱奖励只能是辅助。

因此,科学发展虽然离不开投入,但并不是仅靠投入可以解决的,也不是奖励可以实现的,投入和奖励可以解决一般产品的生产问题,但不能真正有效解决科学发展的问题。简单地进行金钱和物质刺激只会适得其反,催生浮躁、造成喧嚣、引发造假、制造虚假繁荣幻象,不会带来真正的科技发展。

科学发展的这些特点,决定了科学发展依赖于人各项自由的实现。因为,在消费自由的情况下,由于人们生存生活的后顾之忧被解除了,就有闲心和闲情发展兴趣,就能够更好地静下心来进行科学研究;在权利自由的情况下,人们的思想才能够被激活、思维才能打得开,理论才能发展、新的产品创造或制度设计才能生产、新的思路方法才能出现;在发展自由的情况下,由于人们的需求发展到尊重需求层次,所以就会从单纯的金钱与消费欲望中摆脱出来,耐住寂寞,甘愿从事成功率低、见效慢、收入低但对社会发展有意义的事,也就能不断填补科学发展的盲点、促进各项科学事业向更高水平发展。

●原理解读

第一,消费自由是发展自由的前提和基础,没有消费自由,发展自由就是空中楼阁。人的消费、尊重和尊敬三个层次的需求是有先后顺序的,消费是最优先的需求,人一出生,张口就要吃的,不管这些吃的是怎么来的,也不管这些吃的是谁给的;长到一定年龄,有劳动能力后,就要自立,通过自己的劳动来获得自己生存所需的消费品,这时就产生了尊重需求,如果不能自立,就会被视为废物,或被怀疑身心不健全,被人鄙视和看不起;成立家庭、创立企业或为官一方之后,就想着为家庭成员、企业人员或地方民众谋求利益,促进其发展,这时就产生了尊敬需求,如果不这么做,就会遭到批评、攻击或唾弃。

可见,人不同层次的需求是有自然的先后顺序的,这种顺序是不能人为的违逆和改变的，你不能要求一个刚出生的孩子自食其力，也不能要求其自觉做到不受嗟来之食。即使成年之后，正常情况下，消费需求都是人们的第一需求，只有在消费需求解决了或者有保障的情况下，人们才会有条件和欲望去追求更高层次的需求，在消费需求尚未满足或没有保障的情况下，去追求更高层次的需求实际上是脱离实际，自取灭亡。有些消费需求已经满足或者有保障的人，常常从自己的感受出发，要求消费需求没满足或没有保障的人追求他们所追求的那些更高层次的需求，不仅是强人所难，更是直接害命。所谓"饱汉不知饿汉饥"，人们不能用饱汉的想法去要求饿汉，要他和你追求同样的东西，你要让他和你有同样的想法，和你追求同样的东西，你得先让他吃饱饭再说，否则请先闭嘴。那些消费需求还没有满足或没有保障的人的消费需求获得满足或保障后，你根本不用讲，他们或许就会做你所希望的事，甚至比你做得更好。但是，如果没有正常的渠道实现生存发展，就另当别论。比如，大量的穷苦民众因为实在没有办法通过正常的劳动创造生存下去了，他们会为了自己和后代而革命。

所谓消费需求获得满足或有保障，实际上就是实现了消费自由，或者现在人们通常说的获得了财务自由。

第二，消费如果走向奢侈维度，就无法实现自由，也就无法实现发展自由。消费有两个维度，科学维度和奢侈维度。消费科学维度的满足分为生存层次的充分满足和生活层次的充分满足，前者是消费满足的最低标准，后者是消费满足的最高标准，二者的具体标准都以当时科技发展的水平为前提条件，并受其决定。

由于奢侈是没有极限的，所以如果一个人的消费需求进入奢侈维度后，就会掉入无边无际的消费欲望之中，永不餍足地索取、消耗、占有，其消费需求就将永远无法获得充分满足。其中，对物质、文化或服务消费品品质的极限追求，量的无度占有，以及浪费式消费，是奢侈维度消费的主要表现和无法充分满足的主要原因。

一个人的消费进入奢侈维度后，就会沉迷其中，把主要的时间和精力用在不断追求更高的奢侈消费上，就像凡勃伦在《有闲阶级论》中所分析的，通过炫耀来获得内心的满足，从而就不会有时间和精力来提升能力，更无法理解和想象人要为或者会为他人和社会做贡献，即其需求的层次就永远无法升级到尊重或尊敬层次上。换句话说，就是不会从兴趣或使命出发追求对社会总体有利的人个发展（也就是发展自由），除非其幡然悔悟，重新把自己的消费转移到科学维度上。比如，中国在加拿大的"富二代"曾组织了炫富俱乐部，后来玩出格，被警方盯上，一些人在反思后，决定做一点有意义的事。

第三，科学创造性工作的特点，决定了只有建立在发展自由的基础上，才能实现价值的最大化创造。科学是一种创新性的工作，非常重要，但是又有研究时间长、验证周期长、偶然性强，估值难，变现难等特点，并不适合迫于生存压力的人或在处于生存压力的状态下进行。它是一种适用于人们在强烈的兴趣或使命的驱动下，思想自由而开放的情况下的特殊劳动，此时人们的劳动主要不是为了生存或消费，而是享受这种劳动创造过程以及取得成果本身所带来的兴奋与喜悦。也就是说，金钱并不是这种劳动最主要、最有效的动力，对所从事的活动本身的兴趣和为给部分人群或全体人类带来相关福祉的使命感，才是最主要和最有效的动力。

因此，科学工作者，即此处所说的知识分子，要在收入接近或达到满足科学维度的消费需求后，把科学研究的动力转换到培养自己的研究兴趣及找寻或追求自己的研究使命上来，即树立科研人情怀，才能多出研究成果，出大的研究成果，否则很难产生很多或者很大的研究成果，或者虽然数量多质量却不高。

● 常见看法

一、科研工作和一般工作只是劳动形式不同，其管理方法与生产线工人的管理应该是一样的。

二、与一般生产一样，钱投得越多、奖励越高，科研产出越大，即成果越多，品质越高。

三、只要给科研机构人员好的待遇，就自然会有科研成果或会产生大的科学成果。

● 认识更新

如果要你到某条街某栋楼哪个房间取某样确定的东西,这很简单,是很容易完成的工作。但是如果要你在某一大片范围内寻找一样可能存在,也可能不存在的东西,这就是件耗时耗力,又让人抓狂的事了。创新就类似于做后一种性质的工作。做这样一种性质的工作,一定不能急,既要努力找,又要打持久战,还要有"碰"的思想。

科研工作是一项创造性劳动,而不是一般的重复性劳动。重复性劳动,做的是重复性工作,看的是劳动的熟练度、工作的积极性、完成任务的质量等指标。创造性劳动,做的是创新性工作,是为了发现新问题、新现象、新规律,用新的理论和方向改进工作,解决未解决的问题,或进行新的产品创造。它是做前人没有做过的工作,是做"无中生有"的工作。已有的事物触手可及,按照既有正确的方法做,就能出既定的结果;未知的事物则像迷一样,不知在哪里,寻找这些未知事物的过程是创新工作最艰难、也是最耗时耗力的过程,而且还有很大的不成功的可能。所以,管理科研人员,绝不能采用管理生产线上工人的方法,而是要根据这种劳动的特点,创造和采用与之相适应的不同管理方法,这种方法既要让其有充足的自由"找寻"的时间,也要宽容和理解他们"找不到"。与此同时,还要确保这些人又是真的在"找",而且一直在努力地"找"。

科学工作当然也需要设施、设备、材料等硬件投入,也需要调研、维持日常运行等的开销,但是科研的主要工作还是脑力劳动,脑子才是主要的"加工厂",设施设备一次性置齐后,是可以长期使用和产出的,除了维护更新,不需要继续投入。其维持经费也是相对稳定的,增加项目时只需要适当增加经费即可,最主要的费用还是支付科研人员的薪酬。最好的薪酬设计应该是,让他们获得当时科技条件下生活层次需求的充分满足,实现消费自由,解除后顾之忧。同时,创造环境,并引导他们把主要心思和精力用在科学研究上。

为什么新中国成立后到改革前,在很短的时间内,我国的科研水平能够从无到有,得到全面快速的发展呢?有两个原因:一是科研人员非常受

第二十章　为什么既要重视知识分子收入又要强调其情怀

尊敬。尽管因为政治斗争原因有短期被说成是"臭老九"的情况，但是对从事自然科学技术研究的人员，即通常所说的"科学家"始终是尊敬的，影响较大的主要是一部分从事哲学、社会学和文艺创作的人员。二是他们的生活待遇比较有保障，相对一般的工人、农民来说，是解除了后顾之忧的，是达到了当时科技条件下生存层次的消费自由的。所以，他们能够一心一意地忘我工作，短期内在科研上也取得了很多、很大的成就。如果不是外部封锁和内部封闭的话，以他们的工作状态，完全可以取得更大的成就，甚至实现与当时国际科技水平的同步发展。

改革开放后，由于对外开放，我们在生产技术上取得了很大的发展，但这种发展主要是引进技术的结果，当然也有一部分实现了消化、吸收和再创新，如桥梁、空调、高铁、工程机械等。这种成果，更多的是在能直接产生经济效益的科研上；在基础科研上，却没有取得太多重大成果。原因就是上面两个条件失去了，科研人员不再受尊敬了，人们崇拜的是有钱的老板和明星，科研人的待遇也相对极大地下降了。虽然后来加大了科研的投入，但是钱没有用对地方，真正搞研究的人得不到钱和项目，科技掮客和部分没有或失去研究能力的人却赚得盆满钵满，搞出来的所谓成果很多，但是都没有多大价值，很多是低水平重复，并造成大量的浪费。其原因，就是把科研工作当成一般劳动来对待，简单用抓一般生产的方法来抓科研生产，以为投入越多、奖励越高，出的成果越多越大，结果催生了是浮躁行为，形成了大量低水平重复产品甚至造假。

科研离不开物质需求的满足，也需要情怀，二者缺一不可，单纯强调物质需求的满足，或者单纯强调情怀都是不正确的。正如李侠所说，单纯强调物质，会出现人才的恶意竞争问题，各大机构纷纷高价挖人，结果少数人才的价格越来越高，该锻炼和培养的多数人和新人却成长不起来；如果单纯强调情怀，会造成人才的知识资本收益得不到合理补偿，产生相对的失落感，研究的动力和积极性下降，造成人才的智力资源被浪费，给社会带来巨大损失。[①]

那么，是不是让科研机构人员待遇好，或者强调一下情怀，就一定能

---

① 李侠：《科技人才如何合理流动》，《光明日报》2016年07月15日，第11版。

如何看懂中国经济？

够不断产出大量好的科研产品呢？显然不是。只有那些对某方面事物的研究有兴趣或有使命感的人在收入能保证其实现消费自由之后，才能自觉主动地进行研究。如果一个人没有对某方面的事物产生研究兴趣或形成研究使命，他是不会自觉主动地进行研究的，如果逼迫他，他也很难做出有质量的成果出来，如果像一般重复性劳动一样进行很严格的时间控制，比如考勤打卡，很难保证他不是在做样子，而且这样的监督成本太高。

所以，对搞科研的人员来说，关键是要考察研究人员是不是真正对某方面的事物有研究兴趣或建立了使命感。如果有，哪怕当时的研究能力差一点，专业知识弱一点，知识面窄一点，也不要紧，因为有兴趣或使命感后，缺什么，他（或她）会自觉主动地去补什么，直到胜任研究需要，而且这样的效率比一般情况下要高得多。

如果没有兴趣或使命感，他（或她）为了好的待遇和轻松自由的工作环境，会在考核入职时拼命学习以达到要求，但是入职后就会松懈下来或偷奸耍滑，或者通过关系挤进来，或者通过造假挤进来，从而导致人浮于事，却出不了什么研究成果，或虽然出了，却都是一些没有什么质量的东西。在这种情况下，研究机构为了交得了差，就往往会搞一些"命题作文"——指定要进行哪个方向课题的研究，或每年要求要在什么级别的刊物上发多少文章，结果常常会出现做课题变成纯粹应付差事，发文章变成卖版面，甚至雇"枪手"。

那么怎么来判断一个人是不是对某事物有真正的研究兴趣或研究使命呢？办法是，在其出成果之前，只给予其比生存层次消费自由稍高，但与生活层次消费自由相比又还有较大差距的薪酬，然后由其选择课题或自己确定课题进行研究，根据课题的内容，可以有时间限制，也可以没有时间限制，成果出来后，如果达到了较高的价值——逻辑严密，又较高的创新度，或有新发现，或产生了更有价值的发明等，就可以把薪酬提高到满足生活层次消费自由的水平，并补齐之前的薪酬。

这样做有几个作用：一是可保证成果是有质量的成果，不重复或重复度比较小；二是可以把没有研究能力、研究兴趣或研究使命的人吓退，减少滥竽充数，因为门槛高了，一般人很难达到，也不敢赌，浮躁的人等不了，剩下的自然基本就是真正爱好的人，对真正爱好的人来说，他是能够

第二十章 为什么既要重视知识分子收入又要强调其情怀

较长时间忍受较低收入的,也是愿意承担可能的失败的风险的。

一个人有了较大的研究成果后,一般就形成较强的研究能力,也基本形成了研究兴趣或会找到研究使命,就是说他们此时就通常已经形成了发展兴趣或发展使命。这时,就可以而且必须持续保持实现生活层次消费自由的薪酬,从而为保障其发展自由提供物质基础,以促进其价值创造的最大化。

正如李克强在清华大学和北京大学考察时指出:我国与世界发达国家在科学技术上存在差距,很大程度上是基础研究特别是基础数学存在"短板"。希望把基础数学研究放在重要位置,有一批人能够静下心来甘于坐"冷板凳",把板凳坐热。要建立对基础研究长效支持机制,让教学和科研人员拥有合理稳定的收入保障和受人尊敬的社会地位。

第二十一章 为什么强调奉献担当又提高公职人员收入

● **政策述要**

2013年6月,习近平在全国组织工作会议上的讲话指出:

"为官避事平生耻。"担当大小,体现着干部的胸怀、勇气、格调,有多大担当才能干多大事业。"疾风识劲草,烈火见真金。"为了党和人民事业,我们的干部要敢想、敢做、敢当,做我们时代的劲草、真金。

2014年2月,习近平在接受俄罗斯电视台专访时表示:

中国共产党坚持执政为民,人民对美好生活的向往就是我们的奋斗目标。我的执政理念,概括起来说就是:为人民服务,担当起该担当的责任。

2014年3月,习近平在参加十二届全国人大二次会议广东代表团审议时指出:

面临改革大潮,我们要做改革的弄潮儿,要有强烈的历史担当精神。革命战争年代冲锋陷阵、英勇献身,现在,就是要勇于改革、善于改革。

2015年1月,习近平在同中央党校第一期县委书记研修班学员座谈时指出:

干部就要有担当,有多大担当才能干多大事业,尽多大责任才会有多大成就。不能只想当官不想干事,只想揽权不想担责,只想出彩不想出力。

国办2015年3号文件指出:

落实公务员法要求,建立工资调查比较制度,定期开展公务员和企业相当人员工资水平的调查比较,合理确定公务员工资水平。确立定期调整机关工作人员基本工资标准的制度。今后基本工资标准原则上每年或每两年调整一次,依据工资调查比较结果,综合考虑国民经济发展、财政状况和物价变动等因素确定调整幅度。近期基本工资标准每两年调整一次,参考同期物价上涨幅度、同期企业在岗职工工资增长率等因素,确定工资增长幅度。

人力资源和社会保障事业发展"十三五"规划纲要指出:

落实机关事业单位工作人员基本工资标准正常调整机制,定期调整基本工资标准,逐步提高基本工资占工资收入的比重。探索建立工资调查比较制度,形成科学的公务员工资水平决定机制和正常增长机制。实行与公务员分类管理相适应的配套工资政策。完善公务员奖金制度。研究建立事业单位高层次人才收入分配激励机制。

◉ 提出问题

为什么既强调公职人员要奉献担当,又要提高其收入水平,二者不是有矛盾吗?

◉ 经济原理

一

现实社会活动中,人们所说的市场的概念是不断发展变化的。市场最初的含义是交易的场所,后来发展出了多种含义,交易场所成了其中的一种含义。当今,人们所说的市场主要有四种含义:一是交易平台,二是交易对象,三是交易范围,四是交易容量,不同的时机和场合,人们所说的市场代表了不同的含义。

市场的第一种含义是交易平台。即,交易对象交易需要用到的某种形式的实体或非实体的载体。市场平台有两类:一类是实体平台,如图书批发市场、百货商场等;另一类是非实体平台,比如淘宝、京东等。实体平台有多种类型,最早的是牛马、鸡鸭、粮食、蔬菜等交易用的公用空地,后来出现了私人店铺,再后来出现了大型超市,再后来又出现了非实物交易的市场,

如何看懂中国经济?

如银行、证券市场等资本交易市场。虚拟平台也有多种类型,如电话、电视、报刊、网络等。而网络以其成本低、信息容量大、交互性好而成为主流的虚拟平台,并且随着网络的发展,可以很大程度上替代实体市场。

市场的第二种含义是交易对象。即,供需双方交易的某种自然物质资源、物质产品和非物质产品的统称。比如,原油市场、土地市场、大米市场、钢材市场、电影市场、专利市场、文化市场。交易对象是市场分类的主要依据。从人的需求角度对交易对象进行市场分类,可以分为消费品市场(终端市场)和非消费品市场(前端市场)。从企业生产销售的角度对交易对象进行分类,可以分为产出品市场和要素品市场。

市场的第三种含义是交易范围。即,某种交易对象所涉及的地域和人群区隔。市场的地域范围通常分为本地、区域、全国和世界等多级,市场的人群范围通常分为婴儿、儿童、青少年、年轻人、中年人、老年人等。无论地域范围还是人群范围都不限于一种分法,而是根据市场参与者的各自需要有多种分法,同一种分法也有不同的具体分法。比如,中国市场、沿海市场、学生市场、婚庆市场等。

市场的第四种含义是交易容量。即某种交易对象的需求量或潜在需求量。也就是人们常说的市场大小。市场容量由交易指向的范围内的人口数量、收入水平以及产品本身的性质特点等决定。一般来说,人口数量越多,收入水平越高,市场容量越大,反之,人口数量越少,收入水平越低,市场容量越小。人们日常生活中经常用到的日用消费品,如食品、服装等市场容量大;人们日常生活中很少用到的非日常生活用品,如管钳、顶针等市场容量小。

市场的平台、对象、范围和容量都是不断发展变化的。市场的平台是由小到大、由实体平台到虚拟平台不断发展变化的;市场的对象是从消费产品发展到生产原料,再到空间、劳动、资本、技术、管理、模式等要素市场;市场的范围是从本地到外地、从国内到全球不断扩大的;市场的容量也会随交易对象的丰富、范围的扩大和人们收入的提高而不断扩大,或者因科技发展等原因而萎缩甚至消失(如胶片相机市场、随身听市场)。

前述为企业产品市场,即狭义市场的不同层次含义。事业单位和政府也生产产品,也有自己的产品需求者,这些产品需求者所产生的需求也相

第二十一章 为什么强调奉献担当又提高公职人员收入

当于市场需求,即广义市场需求。广义市场需求也会形成相应层次的市场含义,但是具体含义有很大的差别。除企业外的广义市场,是通过一定的平台向既定的部分或全部需求主体免费(个人已经或将会通过税收形式付费)直接提供产品,其平台不是选择平台——市场平台,而是供应平台。其供应平台也分为物质平台与虚拟平台,前者如通过党、政、军、法等政府机构提供的政务、安全、国防和法律服务,后者如通过相应的广播、电视、网站提供的信息服务。产品提供的对象和范围,对于不同的事业单位来说是特定的人群或组织,对于政府来说是所有公民和组织,其产品的市场容量是最大化的。产品供应主体都是在一定科技水平的基础上,按需求者的客观需求,在能力范围内最大限度地提供产品,需求者支付的费用就是其纳税——以有限的费用获取客观需要的最大化的服务。

二

产品从根本上都可以看作消费品,只是有的是直接用于人的消费,有的是间接用于人的消费。现实社会中,一般把直接用于人的消费的产品称为消费品,把间接作用于人的消费的产品称为非消费品。消费品也称为内容性产品,包括食品、住房、车辆等物质产品,文艺、体育、游戏等文化产品,餐饮、医疗、旅游等服务产品;非消费品分为两种,一种是工具性产品,包括物质的生产器具、机械设备,非物质的理论原理、工具软件、制度模式等,另一种是原料性产品,包括水、矿物、野生动植物等自然资源性产品,种植的农作物、木材,或养殖的禽、兽、鱼、虾,等等。人类社会最先生产出的是各类消费品,之后为了更多更好地生产消费品,才不断地生产出了各种非消费品。消费品的销售总收入总是大于非消费品的销售总收入,因为一切非消费品都是消费品的成本。消费品的购买者是消费者(一部分消费品会以生产要素的形式购买,此时按生产的要素品对待),而非消费品的购买者是生产者(含个人——如教育产品购买,企业、事业单位和政府——主要是购买各种生产要素品)。消费品购买者的数量通常远大于非消费品购买者。由于科技发展使生产效率不断提高,各种产品的生产会越来越成为少数人的行为,而其消费却总是所有人或很大一部分人的行为。因此,某种消费品的购买者的数量通常是很大的(所有人或者很大

如何看懂中国经济？

一部分人），其销售量也很大，成本分摊后价格往往可以比较低，生产者容易获得较高的总收入；而某种非消费品（如设备、技术、模式等，资源和原材料除外）的购买者往往只是少数生产者，其销售量会很小，往往需要很高的价格才能覆盖成本，生产者获得的总收入通常更低，而且越远离消费品的产品购买者越少，能够获得的总收入通常也越少。这就是为什么做消费品容易赚钱而做非消费品，特别是远离消费的非消费品不容易赚钱的原因。但是，这些产品对消费品生产效率的提高、种类的增加、品质的改进具有决定性作用，是必不可少的，而且生产的难度更大，成功率更低，所以需要以非企业的方式来生产。

所谓以企业的方式生产，就是生产者以相对确定的产品通过市场交换获取不确定数量的收入——最大限度地获取收入；而以非企业的方式生产，就是生产者以相对确定的收入提供不确定量的产品——最大限度地提高产品生产提供的数量和质量。简而言之，以企业方式生产，就是定产品不定收入，以非企业方式生产就是定收入而不定产品。

企业、事业单位和政府都既生产消费品又生产非消费品，其中企业生产的消费品占的比例最大，事业单位占的比例次之，政府占的比例最少；另一方面看，企业生产的非消费品比例最小，事业单位占的比例较大，政府占的比例最大。工业设备生产企业就是非消费品生产企业，银行既为消费者提供服务又为企业提供服务，同时提供消费品和非消费品两类产品；医疗、教育都是消费品，既可以以企业的方式生产，也可以以事业单位的方式生产，其发展趋势是，将主要以事业单位的方式生产；国防、治安、救援等就是政府生产的消费品，因为它是由政府直接向个人提供的最终满足个人某种需求的服务。

企业和事业单位都是产品生产者，但是企业是以赚钱为目的的产品生产单位，所以企业只愿意生产能快速赚到钱的产品，而不愿意生产不能快速赚到钱的产品。因为，企业选择产品生产时，要考虑以下两个因素：一是单位时间的利润率，如果某种产品最终销售后获得的利润率很高，但是生产周期太长，单位时间利润率低于当时当地企业的主流利润率，企业就不愿生产；二是劳动者和投资者的忍耐周期。劳动者的忍耐周期一般是一个月，如果是发周薪的地方，一般是一周，高管可以长一些，比如一年。

第二十一章 为什么强调奉献担当又提高公职人员收入

如果生产和获利周期太长,劳动者就无法生存,虽然资本可以通过向劳动者预支收入的方式来延长生产获利周期,但是投资者的忍耐周期也是有限的,长的就是几年,十年以上的就非常罕见。事业单位和政府选择生产的产品往往着眼于长远,数年、数十年很常见,有些则是百年甚至更长远。

一般来说,离人们的最终消费越近的产品和资源性产品越容易快速赚到钱,离人们的最终消费越远的产品和非资源性产品越难快速赚到钱。很多产品,都适宜以赚钱为目的生产,这样的产品就应该让企业以赚钱为目的进行生产;有些产品,不适合以赚钱为目的生产,如果以赚钱为目的生产,会导致产品价值生产效率降低或价值放大和社会受益最小化,这些产品就不宜以赚钱为目的进行生产。不能快速赚到钱的产品企业不愿意生产,不宜以赚钱为目的生产的产品不应让企业生产,这两类产品,就只能由事业单位和政府生产。

三

不只是道德错误者和道德有瑕者等道德不合格者的管理会产生GDP负增量,道德合格者的管理也可能会产生GDP负增量。道德合格管理者管理产生GDP负增量包括两个层次:一是中央、地方等政府层次的管理,二是企业、事业单位等非政府层次的管理。

道德合格者管理产生的GDP负增量有两种:一种是绝对负增量,一种是相对负增量。

绝对负增量,就是由于思想方法与决策执行错误而导致所管理集体的价值生产总量下降。绝对负增量是相对于管理者管理该集体之前本集体的价值生产总量而言的。比如某国之前的GDP是每年1万亿元,之后却变成了0.8万亿元;或者某企业之前的年收入是1亿元,之后却变成了0.8亿元。

相对负增量,就是既有管理者由于客观能力与主观努力不足,给所管理集体造成的相对价值增长损失——因在同一时段内其所管理的集体未达到可能的最大价值增长而产生的相对性机会价值损失。比如,一个企业由A来管理,年收入增长是5000万元,但由B来管理,假设B是可以参加本集体管理的最优秀管理者,年收入增长为8000万元,那么A的管理对本集体造成的相对负增量就是3000万元。政府管理也是一样。相对负增量是相对

如何看懂中国经济？

于当时的理论和潜在的管理者而言的，是在当时社会管理理论水平的基础上，既有管理者相对于所有潜在管理者中最好的管理者给所管理集体造成的相对机会价值损失。也就是说，这种价值负增量的比较不能脱离当时的理论发展水平，用后来发展了的理论水平作比较；也不能脱离当时可选范围内的潜在管理者，用可选范围之外的管理者作比较，或者用后来的掌握了未来知识的管理者作比较。

道德合格者管理产生GDP负增量主要原因有三个方面：一是管理理论发展滞后。即国家管理理论（尤其是经济管理理论）和企业管理理论发展滞后，导致管理者一直找不到正确的方法来处理国民经济与企业发展中遇到的矛盾和问题。经济衰退、经济危机、计划经济的不可持续性、"文革"对经济的影响，从根本上讲都是具体的国家管理理论发展滞后，人们被迫主观决策造成的。

二是管理中的决策错误。造成决策错误的主要原因有：在有正确管理理论的情况下，管理者未及时全面掌握这些理论；在没有正确管理理论的情况下，管理者独立思考研究不够；在最终决策前，管理者发扬民主不够，信息掌握不全面充分；在决策时，管理者选择了错误的工具，辩证唯物主义和历史唯物主义是最根本的正确决策工具；掌握了正确的决策工具，但管理者不选用或运用不正确。

三是执行过程中的问题。正确的决策做出后被错误执行的形式有：因各种原因被拖延、被直接或消极对抗、被违背决策本意地曲解执行、被各取所需地选择执行。造成决策执行错误的主要原因有：制度问题、用人问题和决策本身不细致严密问题。

可见，并不是说管理者道德合格了，就一定能使GDP产生正价值，不产生负价值；也不是说选了道德合格的管理者就一定能实现GDP增长的最大化，而是在道德合格的前提下，必须选择当时最优秀的管理者，才能实现GDP增长的最大化。

作为某个集体的管理者必须要清醒地认识到，如果自己不尽最大努力学习和工作，就是在给集体造成负价值——机会负价值，所以任何一个集体的管理者都不能认为自己的管理促进了集体价值增长就觉得很了不起，而是要时时想到如果别人来管理是不是可能做得更好，自己有没有影响本集体的最大发展。

因此，道德合格的管理者既要有让贤的精神，也要有勇于担当的精神，即，如果明知别人能力高于自己，就要主动推举和配合其管理，如张闻天、华国锋；如果知道自己能力更高，就要主动站到管理的第一线，如毛泽东、邓小平。管理者一旦站在管理工作岗位上，就既要保持最积极的学习状态，也要保持最积极的工作状态，不能有丝毫放松和懈怠，因为管理者的一点点懈怠都将产生很大的放大作用，给整个集体造成巨大的价值损失。

四

为什么政府公务人员队伍收入长期十分微薄还能稳定且有很多人想进入呢？一个十分重要的原因就是有相对高的收入安全感——确信这份薪酬是有安全保障的。如果收入很低，又打破了安全感，那么公务员队伍马上就会不听招呼，就会涣散。但是，光有安全感是不够的，只有在科学维度消费自由基础上的安全感，才能消除人们的后顾之忧；才能让人们完全地、毫无牵绊地将个人需求从消费需求转移到尊重需求和尊敬需求上来；才能使其产生和形成自己的发展动力，自觉更多更好地为社会的个人或组织提供公共服务；才能不断提高服务效率、能力和水平；才能为减少贪腐和违纪提供需求的物质基础和物质保证。因此，必须提高公务人员的收入到其实现当时科技条件下生活层次的消费自由的水平，才能为从根本上解决愿服务、主动服务和不腐败提供物质保证。

● **原理解读**

第一，公职人员本质也是产品生产者，他们与企业生产的是互补的不同产品。不是只有企业人员才是产品的生产者，事业单位人员和广义政府机构的公职人员，也是产品的生产者。

西方一般将产品分为物质产品和服务产品两类，而我国一般将产品分为物质产品和文化产品两类，这两种分法都没有概括产品的全部形态，因而人们对产品概念的认识，长期以来是有局限的，这种对产品概念认识的局限，就限制了经济学家对生产内涵的认识。实际上，产品分为物质产品、文化产品和服务产品，所有劳动者，无论是衣食住行产品从业者、文化娱乐体育工作者、各类服务人员、专业投资者、政府及企事业单位管理者，都是劳动者，他们劳动都是在生产产品，只是这些产品的性质和形态不同而已。企业的生产偏重于物质产品，事业单位的生产偏重于文化产品，政府部门的生产偏重于服务产品。

另外，企业、事业单位和政府等不同性质单位生产的产品是一种前后端互补关系，而不是竞争关系。如果把企业生产的产品比作花和果的话，政府生产的产品就是根和干，事业单位生产的产品就是枝和叶，彼此不可或缺，他们共同形成一棵不断生长的大树，互不可替代，也不能彼此逾越。

第二，企业生产是以既定的产品在市场上最大化地获得收入，政府是以既定的收入最大化地生产产品。不同性质类型的单位，其生产交易的原则是不同的。企业是通过生产一种或多种既定的产品，最大化地从市场上获得尽可能多的利润，企业员工和管理者追求的是尽可能高的薪酬收入；事业单位和政府，是以一定的薪酬，向个人、企业和社会提供尽可能多、尽可能好的公共产品。

由于一个人受到的尊敬程度与他所做出的贡献的大小及惠及的人群大小成正比，所以企业人员可以赚到较多的钱，但是因为只进行价值交换而不直接向人们贡献价值，所以较少获得人们的尊敬。一个企业再有钱，如果不做慈善等直接贡献，人们羡慕、追随，但一般不会产生尊敬之情。而事业单位和政府人员，因为他们生产的价值可能远远大于他们的收入，会直接向社会贡献价值，所以他们中很多人会受到人们的尊敬，如那些贡献较大的科学家、政治家。

第三，由于可能产生相对负价值，所以公职人员必然要学习、奉献、担当，才能尽量减小相对负价值。在获得既定收入的情况下，公职人员由于自身能力、学习情况、工作的主动性等因素，即使在遵守法纪，道德合格的情况下，其所生产的价值也是有差别的，而且有时这种差别还是相当大的。这就是为什么在一些国家，有的管理者被人们认为很伟大，而有的管理者被认为很平庸的原因。

这就要求公职人员要积极学习、提高能力，增强对工作所需理论、方法的了解、辨识与运用能力。做到这一点的公职人员和没有做到这一点的公职人员，根据其职务和级别的不同，对经济社会发展所产生的影响的差别是很大的，甚至是巨大的。因此，公职人员除了要遵守公共职业道德与法律，还应该努力提高自己的能力水平，更积极的工作，以减少可能造成的社会相对价值损失。

而且，在理论方法发展滞后或错误的情况下，还要进行理论和方法上的突破和应用性探索，如邓小平理论、"三个代表"重要思想、科学发展观和习近平新时代中国特色社会主义思想都是如此。这些理论是针对中国某一阶段党和国家建设遇到的主要矛盾提出来的，既管当时也管长远。学者还可以根据这些理论总结抽象出适于所有国家的一般性政治经济学术理论，如新政治学（科学社会主义政治学）、新经济学（科学社会主义经济学）等，以为他国学习运用。这就类似于经济学家们不断从企业家们对管理理论和方法的突破中总结抽象出新的（企业）管理学理论，从而不断发展（企业）管理学。也就是说，国家领导人针对国家管理中出现的既有理论不能解释的现象，也有方法不能解决的问题，而提出新论断、探索设计的新方法，往往会被学者作为学科理论发展的材料，总结抽象为一般性学术理论，促进政治经济学术理论体系的发展完善，以供更多的国家借鉴。当然，这些管理者也可以自己总结为一般性的学术理论，但是由于工作性质的原因，他们通常没有精力，也很难获得足够的时间来做这个事，所以这项艰苦而细致的工作一般是交给经济学学者和政治学学者来做。正因为如此，习近平要求中国的学者："坚持和发展中国特色社会主义政治经济学，要以马克思主义政治经济学为指导，总结和提炼我国改革开放和社会主义现代化建设的伟大实践经验，同时借鉴西方经济学的有益成分。中国特色社会主义政治经济学只能在实践中丰富和发展，又要经受实践的检验，进而指导实践。要加强研究和探索，加强对规律性认识的总结，不断完善中国特色社会主义政治经济学理论体系，推进充分体现中国特色、中国风格、中国气派的经济学科建设。"

第四，公职人员追求的是尊敬需求，只有建立在消费自由的基础上，尊敬需求才能有效实现，所以要提高公职人员收入至实现消费自由的水平。

精神需求是建立在物质需求满足基础上的，没有物质需求的满足，精神需求就成了空中楼阁，无法真正建立起来；或者就成了海市蜃楼，可望而不可即；亦或就成了天边的彩虹，十分易逝。尊敬需求是最高的精神需求，它的产生和保持更离不开物质的支撑和保障。因此，激发公职人员的职业荣誉感，使之以追求社会认可、满足尊敬需求为动力，积极主动、创造性的做好决策和服务工作，就必须提高公职人员的收入水平，使他们实现消费自由。

个人的消费受生理极限和科学发展水平限制，虽然不同的时代消费的内容和水平不同，但是都是有限。因此，消费自由是可以满足的，而且当科技发展到一定水平后，一个国家所有人的消费自由也是可以实现的。不过，要把消费自由同个人的主观占有欲望区别开来，主观占有欲望是永远无法满足的，无论社会财富有多丰富，都无法满足哪怕一个人的主观占有欲望。

●常见看法

一、对公职人员的要求和普通岗位人员的一样，没有什么区别。

二、人心是无法满足的，公职人员收入不能太高，提高收入并不能解决公职人员的不作为、乱作为问题。

●认识更新

人是社会生物，除了科技水平的不断发展，人类社会与其他群体性生物最大区别就是公共产品的提供水平越来越高。公共产品一开始就是那些生产能力更强，收入水平更高，有集体和人文情怀的人提供的，如原始部落的首领。后来，由于管理理论和管理方法的问题，在公共产品提供上出现了很多问题，会部分甚至完全背离这一原则，但随着人们对问题规律认识的深入，这些问题最终是要而且能够解决的。这时，公共产品又重新由那些有集体意识和人文情怀的人来提供。实际上，一般人更多是思考如何生产提供自用品或可以交易赚钱的商品——私人产品，只有有集体意识和人文情怀的人才会思考如何更多更好地提供公共产品。不过，反过来，并不是提供公共产品的人都有集体意识或人文情怀，他们有的或许只是为了得到一份工作来谋生，或者是为了获得公权力以满足成就感，或者是为了通过公权力来谋取不当利益。

随着社会公共产品提供人员的专门化和职业化，公共产品由自愿无偿提供，变成了有偿提供，即民众通过税收等方式，给公共产品提供者一定收入，再由公共产品提供者尽力提供更多更好的公共产品。但是，这种提

第二十一章 为什么强调奉献担当又提高公职人员收入

供原则与一般的商业提供原则是不同的，商业产品提供的原则是以既定一种或几种商品，尽可能多地从市场交易中换取更大的利润。一个是定收入，不定产品；一个是定产品，不定收入。前一原则适用于那些有集体和人文情怀的人，在这一原则下，他们才能尽最大努力做好工作；后一原则适用于所有人，在这一原则下，通常人们都会尽量生产提供更多更好的产品。

正如李克强在 2016 年 7 月 27 日的国务院常务会议上所说，"为什么差不多的项目，有的就推进顺利，有的则资金滞留在那？同样的简政放权措施，为什么有的地方落实不错，而有的地方就落不下去？""既然戴上了这顶'乌纱帽'，就要尽最大责任，给老百姓实实在在办点事。为官一任就要造福一方！"① 可见，在公务人员的生产收入原则下，不同思想情怀的人，工作的状态和结果是有很大差别的。也就是说，这一原则只对于那些有情怀，追求尊敬需求的人才适合，对于没有情怀，不追求尊敬需求的人是不适合的，他们更适合商业的生产交换原则。

的确，人的欲望是无法满足的，但是提高公职人员收入的目的，并不是要满足其无限的欲望，而只是为了，也只能满足其科学维度生活层次的消费需求。首先，满足这种消费需求是可能的，因为人是有生理消费极限的，每个人一定科技发展水平上的需求也是有极限的。其次，满足这种消费需求是必要的，因为这样，才能适应这种原则的产品提供方式，最大限度地发挥公职人员的积极性和主动性。

新华社转载香港《南华早报》网站的消息称，受反腐影响中国公务员跳槽人数大增，来自中国一家人力资源服务网站的报告数据显示，进入 2 月这一传统求职季以来，已有超过 1 万名公务员通过这家网站向潜在雇主提交简历，这一数字比 2014 年同期增加逾 30%。分析这一群体的求职意向。报告称，政府、公共事业单位人员最青睐的岗位是房地产/建筑/建材/工程、互联网/电子商务、基金/证券/期货/投资行业。这 3 个行业的薪资待遇，在各类行业中处于第一梯队。②

---

① 李克强：《依规将沉淀两年以上资金收回调整到积极干事创业的地方》，中国政府网 http：//www.gov.cn/premier/2016-07/27/content_5095373.htm
② 《三周内万名公务员上网投简历欲跳槽》，南方网 http：//news.southcn.com/china/content/2015-04/08/content_121748701.htm.

如何看懂中国经济?

且不说这些跳槽者之前有没有违纪违法问题，单就这种现象本身说明，消费需求的满足是人们的第一需求和基础需求，通常情况下总是被人们置于优先考虑的位置。如果这个问题不解决好，就要求他们追求更高层次的需求——非消费需求，他们可能会选择逃离，先追求消费需求的满足，最终也难以实现人们对公务人员高水平履职的期望。

当然物质条件和消费自由的满足，只是必要条件，而不是公职人员积极主动做好工作的充分条件。正确的教育引导，良好的体制机制也是必不可少的，没有这些，只是单纯地强调物质条件和消费自由的满足，并不能使公职人员充分发挥自身积极性，尽最大努力，更多更好地提供公共产品，也不能避免公职人员的不作为或乱作为。

因此，既不能因为担心人的欲望不能满足就不提高公职人员薪酬——直到适合这种职业性质应有的水平，也不能认为只要提高公职人员的收入，他们就能自动做好工作。一个问题只能解一把锁，几个方面同时改进，才能真正有效解决公职人员的工作与其职业要求相适当的问题。这就好比一个有多种机关的复合锁，只有同时把每个机关扳到恰当的位置，整个锁才能打开。

第二十二章　为什么推动建立全国统一的国家荣誉体制

● 政策述要

十八大报告指出:

加快人才发展体制机制改革和政策创新,建立国家荣誉制度,形成激发人才创造活力、具有国际竞争力的人才制度优势,开创人人皆可成才、人人尽展其才的生动局面。

2016年1月1日起施行的《中华人民共和国国家勋章和国家荣誉称号法》指出:

国家设立"共和国勋章",授予在中国特色社会主义建设和保卫国家中做出巨大贡献、建立卓越功勋的杰出人士。国家设立"友谊勋章",授予在我国社会主义现代化建设和促进中外交流合作、维护世界和平中做出杰出贡献的外国人。

国家设立国家荣誉称号,授予在经济、社会、国防、外交、教育、科技、文化、卫生、体育等各领域各行业做出重大贡献、享有崇高声誉的杰出人士。

全国人民代表大会常务委员会委员长会议根据各方面的建议,向全国人民代表大会常务委员会提出授予国家勋章、国家荣誉称号的议案。国务院、中央军事委员会可以向全国人民代表大会常务委员会提出授予国家勋章、国家荣誉称号的议案。

如何看懂中国经济?

习近平就党和国家功勋荣誉表彰工作指出：

建立健全党和国家功勋荣誉表彰制度，是完善和发展中国特色社会主义制度、推进国家治理体系和治理能力现代化的必然要求，是培育和弘扬社会主义核心价值观、增强中国特色社会主义事业凝聚力和感召力的重要手段。

国务院印发的《关于激发重点群体活力带动城乡居民增收的实施意见》指出：

物质激励和精神激励并用，综合运用增加薪资报酬、强化权利保护、优化评优奖励、提升职业技能、增进社会认同等多种激励手段，调动不同群体的积极性、主动性和创造性。

◉ 提出问题

市场经济条件下，人是"经济人"，经济是人行为的根本动力，国家荣誉制度还有用吗？

◉ 经济原理

一

人劳动创造的动力有两种：一种是恐惧动力；一种是愉悦动力。

恐惧动力，是人因为害怕自己或自己所关心的人遭受生存威胁、肉体或精神上的痛苦而产生的劳动创造动力。自己所关心的人包括亲人、亲戚、朋友或其他人。一是害怕自己或自己所关心的人消费需求得不到有效满足。包括害怕没有食品、服装、住房而挨饿受冻，不能生存下去而劳动；害怕可能出现疾病，无力医治而劳动；害怕工资、奖励减少，影响生存或生活质量而劳动等。二是害怕自己或自己所关心的人遭受肉体上的痛苦。如奴隶社会采石场的奴隶因害怕被鞭打、体罚或残害身体等而劳动；包身工等被以非法方式控制的企业员工因害怕体罚而劳动等。三是害怕自己或自己所关心的人遭受精神上的痛苦。如害怕自己或自己的亲友因为收入和消费水平的差距被鄙视嫌弃，不能与别人平等交流而劳动。

第二十二章　为什么推动建立全国统一的国家荣誉体制

在自然经济和自然平衡的市场经济（有关内容后有详述）下，人不劳动就没有食品、服装、住房，病了就得不到治疗，就无法生存下去（除非进行骗、盗等非法活动），或者不劳动就会受到体罚、辱骂、遭受鄙视、嫌弃等各种不平等的待遇。因此在这两种经济下，恐惧动力是人劳动的主要动力。

愉悦动力，是为了获得消费或精神上的愉悦而进行的劳动创造。

人的愉悦有三种主要类型：第一类是消费愉悦，第二类是精神愉悦，第三类是对比愉悦。

消费愉悦，是人在满足消费需求过程中所感受到的愉悦。包括衣、食、住、行、医、教、娱、信、联、安等必要需求，以及旅游、性等非必要需求。

敬重愉悦，是人在展示自己的能力或在为集体、国家和为人类做贡献过程中因受人们的尊重或尊敬而感受到的精神上的愉悦。

对比愉悦，是人在与他人、其他组织、其他事物以及不同时期的自己或自己集体的对比中获得的愉悦感受。

二

激励的本质是愉悦刺激。愉悦刺激分为消费愉悦刺激、精神愉悦刺激和对比愉悦刺激。无论哪种愉悦刺激，都分为有益刺激和有害刺激。

无论企业、事业单位、政府还是其他社会组织的管理，都离不开对人员的激励，激励是管理的主体工作，防控只是管理的辅助工作。如果主体工作与辅助工作发生颠倒，人们进行集体所需行为的积极性和动力就会丧失，整体工作就难以推进。

激励，是某一集体管理者用一定的方法或方法组合的愉悦刺激使人获得进行某种集体所需行为的动力的管理活动。与激励相对的是惩罚，惩罚是用痛苦刺激使人产生进行某种集体所需行为的动力。痛苦刺激虽然也能使人产生进行某种集体所需行为的动力，但是会产生对集体的厌恶感和离弃思想行为，所以越正确高级的管理越少用痛苦刺激作为激发个人进行某种集体所需行为的动力，越多地用愉悦刺激作为激发个人进行某种集体所需行为的动力。但是，再高级的管理，也离不开通过痛苦刺激进行个人负

如何看懂中国经济？

面行为约束，只是管理越向高级发展，会越多地减少通过痛苦刺激来作为个人进行某种集体所需行为的动力，最高级的管理完全不用痛苦刺激作为个人进行某种集体所需行为的动力，只用痛苦刺激约束人的负面行为。

根据刺激的愉悦类型不同，愉悦刺激分为消费愉悦刺激、敬重愉悦刺激和对比愉悦刺激三种类型。

消费愉悦刺激，就是满足或更好地满足个人的各种各样的消费需求。消费愉悦受消费边际的影响，越接近消费边际给人的愉悦感越弱，因此接近消费边际后应减少或停止继续进行消费愉悦刺激。虽然非科学维度的消费愉悦刺激没有边际，但是非科学维度的消费愉悦会造成社会发展不可持续，因此应避免进行非科学维度的消费愉悦刺激。

敬重愉悦刺激，就是使个人得到或更多地得到尊重或尊敬需求。敬重愉悦没有边际，个人能力越强、贡献越大，获得的精神愉悦越高。敬重愉悦是高级愉悦，没有感受和体会到的人常常体会不到它带给人的更高层次的愉悦感受，感受到它的人常常会对奢侈维度的消费愉悦形成部分或完全的免疫能力。敬重愉悦应建立在生存或生活层次的消费满足之上，否则就是空中楼阁。

对比愉悦刺激，就是通过建立层级、收入、贡献等系统，使人们在这些系统中因层级相对上升、收入相对更多、受到的敬重相对更高等而感受到愉悦。对比愉悦刺激既可以建立在消费愉悦的基础之上，也可以建立在敬重愉悦的基础之上。

三

贡献激励法，是通过建立让个人可以向公众贡献自己获得或创造的价值的系统满足人们的尊敬需求，以刺激个人尊敬愉悦感，激发个人进行某种集体所需行为动力的激励方法。为什么贡献激励法也能使人产生动力呢？因为一个人给予了别人价值，别人自然会对他产生尊敬和感激，除非受益的人智力有问题或故意矫情——完全可以忽略。通过侵略别的国家、盗窃或诈骗的方法为自己所在国家或集体成员谋取利益就是错误的贡献方法。贡献激励法适用于追求尊敬愉悦的人，这些人通常生存或生活层次的消费愉悦已基本获得满足，并且不满足于仅仅获得消费愉悦。个人在市场交易中是得不到尊敬愉悦的，因为交易双方是互不相欠的，但是可以通过捐赠等方法获得，所以一个商人获得尊敬愉悦的主要方法是向社会或国家捐赠财物。

四

人类共有三类价值贡献能力，因而需要同时建立三种价值贡献激励体系，一是财物贡献激励体系，二是成就贡献激励体系，三是付出贡献激励体系。

财物贡献激励体系，是某个集体为表达对货币或所需物品贡献者的感激与敬意而建立的个人财物贡献展示系统。所有收入超过自己科学维度生活层次边际消费能力的人都可以通过这个系统来获得尊敬愉悦。财物贡献激励体系不接受消费需求未实现科学维度生活层次边际需求满足的人的财物贡献。

成就贡献激励体系，是某个集体为表达对放大型价值创造者所贡献价值的感激与敬意而建立的个人成就贡献展示系统。放大型价值贡献者也可能同时是财物贡献者。

付出贡献激励体系，是某个集体为表达对为保护整体价值或在发扬相互帮助、见义勇为的人性光辉中因为各种原因遭受身体或生命损害的人的感激与崇敬而建立的感怀系统。对在守护整体价值中做出创造性贡献的人，如设备研发、制度优化等，纳入成就贡献激励体系。

消耗型价值生产者只能获得财物分配，财物无法直接为个人带来贡献激励，只有捐赠给一定的集体，才能获得该集体人们的感激与尊敬，从而获得相应的贡献需求。由于这些价值的生产者也有潜在的贡献需求，为了满足其贡献需求，所以需要为他们建立一种追求更高层次需求的激励体系，即财物贡献激励体系，使他们在获得科学维度生活层次的消费需求满足后，也能通过对集体进行财物贡献获得尊敬需求。

成就贡献激励是纯粹的精神激励，不能附加金钱或物质奖励，因为精神是神圣的、无价的，附加金钱或物质奖励就会导致精神被定价、失去神圣性，精神一旦失去神圣性就会失去激励作用。

成就贡献激励不应该分成等级，对成就分等级是物质奖励思维的结果，最好的精神激励就是直接如实记录和展现个人成就事实，这样的激励方式才能让所有人都得到成就激励，也才更加客观公平，并且利于避免造假。任何机构对成就的评价都是主观的，都可能被怀疑，只有事实是客观的，经得起时间的考验，能说明一切，所以政府要做的就是尽可能忠实地记录事实，并让人们依据这些事实进行自己的判断和评价。

付出贡献激励也是精神激励，无论是如何遭受伤痛或失去生命的，其精神都是一样的崇高，其行为都会受到人们的尊敬，因此也不应分等级，而应如实记录他们所做的事和做出的付出。

人的潜力是无穷的，当小集体的贡献愉悦刺激已经不足以继续激发其劳动创造的潜能时，就需要大集体的更强贡献愉悦刺激，以继续激发其进行小集体和大集体共同所需行为的更强动力，或者说当小集体内已经容纳不下其贡献，产生了贡献溢出时，就需要更大的集体来承接和容纳其贡献，这就是更大集体激励体系建立的原因。

由于受惠的人越多，其尊敬需求满足程度越高，愉悦感越高，所以其所贡献的价值应该让越多人分享越好。如果贡献的价值被所有企业员工分享，那么他得到的是来自整个企业的感激与尊敬，如果贡献的价值被所有国民分享，那么他得到的是来自全国人民的感激与尊敬，如果贡献的价值被世界上的人们共同分享，那么他得到的是来自全世界人民的感激与尊敬。

因此，大集体的范围应尽量地大，在世界人民的大团结还未实现之前，建立国家范围的价值分享与激励体系是最可行、最可靠的价值最大化分享与激励体系。

五

付出贡献激励体系的建立方法。建立个人付出贡献库，为每个为了维护整个价值生产体系的运行、保护整体价值以及发扬人性价值而遭受身体或生命损害的人进行逐一登记，永不消失，任何人可以随时查询，以对他们做出的贡献表达崇敬和进行缅怀。只详细记录他们的个人情况，如姓名、出生地、从事工作、上下三代以内直系亲属、什么时间因为什么事而受什么伤或牺牲，不进行评论。在国庆日、反外部侵略胜利纪念日要向他们表达崇敬和进行缅怀。

财物贡献激励体系的建立方法。建立个人财物贡献库，每个人所纳的

第二十二章 为什么推动建立全国统一的国家荣誉体制

税、捐的钱物和留下的遗产都全部累加登记，永不消失，任何人可以随时查询。同时，每年通过各种媒体发布一次全国货币贡献5000人排行榜，以增加其荣誉感。这样，可以激发个人的纳税与财物赠予的主动性，增加个人劳动创造的积极性和创造力。

在建立健全产品化社会保障体制和高水平的公共产品供应体制后，由于家庭无须再负担子女的生活与教育费用，就可以取消个人收入的家庭（含家庭或朋友）继承，改为全民继承。取消遗产的家庭继承对减少腐败也有积极作用。因为个人的生命周期和消费能力是有限的，很多人贪腐并不完全是为了自己的享受，而是为了家族、家庭或子女，取消个人继承（过渡期内，可设定最高限额，少量继承），改为全民共同继承，就会极大地减少个人腐败的动力。同时，也有利于增强个人"大我"意识，即由为小家发展为为大家（国家）。

由于个人的发展自由必须建立在生存或生活层次的消费自由基础之上，为使尽可能多的人都获得生活层次的消费需求充分满足，不接受未获得科学维度生活层次消费需求满足者的财物捐赠。换句话说，一个科学维度生活层次消费需求未获充分满足的人，想要捐赠自己的财物是不被接受的，因为他还不够捐赠的条件。

成就激励体系的建立方法。建立个人放大型价值贡献荣誉库，对每个人作出的放大型价值都进行登记并列出清单，同时附具体放大型价值详细说明。放大型价值只根据其价值的根本性和重要性进行排列，官方不进行排名、不发布排行，每个人都可以随时免费查询，各团体或媒体可以有自己的偏好或非官方排名，彼此之间可以不同，所有排名只代表该团体或媒体机构自身的看法。排名不评奖、不发奖金，更不能要求被排名者赞助。经查实，直接或间接向被排名者索取财物的媒体，除公开道歉外，永远不得再进行排名或发布相关信息，且媒体当事人要接受司法处罚。放大型价值的大部分价值常常是不经交换就直接贡献给国民甚至世界人民的。很多放大型价值的价值量都大于个人贡献的任意量的财物价值。

成就激励就是对那些创造无限性价值的人的激励，因为货币的价值量是有限的，社会也不可能把所有的货币都给某一个人，所以必须为无限价值创造者开辟一个单独的价值贡献记录库，以肯定和铭记他们对国家、人类所做出的贡献，激励本人和他人，同时这样的记录方式对他们也更客观和公平，能产生更纯粹和有效的激励作用。

成就激励绝不可以附带货币或变相货币奖励，否则荣誉就会被货币化，而使荣誉变得不再独特、神圣，荣誉的激励作用也会丧失，并且还会使那些不具备放大价值创造能力和需求层次没有升级到贡献需求的人进行投机、造假以获取荣誉所附带的货币奖励，这就好比一个不懂珠宝价值的人看上了盛珠宝的盒子，把偷来的珠宝盒子当成宝贝，却将珠宝弃若敝屣。

到了共产主义社会，实行各尽所能、各取所需后，货币仍然不会马上取消——虽然纸币有可能消失，但是对于从事非放大型价值生产的人，还是需要通过货币分配来进行激励。这时，身心健全、具有正常劳动能力的人的收入基本都会大于满足个人科学维度生活层次消费所需。即，都会有一定的货币剩余和货币贡献记录，只是各人的水平不同而已。对于创造无限性价值的人来说，他们通常更重视无限性价值本身的价值性质与质量水平，对货币收入和货币贡献榜并不会太在意和重视。

当重复性劳动都由机器替代，所有人都进行创造性劳动时，货币才有可能取消，但是财物贡献名录将会永远保存，排名也会永久保存。

即使重复性劳动都由机器来进行，但总是还会有一些半重复性劳动还是需要有人来做的，比如对维修机器人的检查与维修。不过，这时需要的劳动者的量会极大地减少，由从事创造性劳动的人兼做就可以了——相当于练练手。

此时，就像需要从事体育锻炼一样，人们通常会主动从事一些非创造性的重复劳动，以避免相关功能的退化。人们从事重复劳动会变为主动行为，也不再需要付酬和外部激励，因为重复劳动已经变成了一种消费，就像现在人们进行健身锻炼一样。届时人们会像喜欢秀自己的体育技能一样，喜欢秀自己的重复劳动技能。实际上，类似的情况目前已经开始出现了，如人们在一些休闲农场里摘果子或种地，都是要付费的。

● **原理解读**

第一，人不仅有消费需求，也有尊重和尊敬等非消费需求，荣誉体制

第二十二章 为什么推动建立全国统一的国家荣誉体制

的建立能更好地满足人们的这种需求。每个人都有消费、尊重和尊敬三个层次的潜在需求,在大多数情况下,人们主要表现出的是消费需求,尊重和尊敬需求在消费需求尚未科学有效满足的情况下,即未实现科学维度的消费自由的情况下,大多只是一种潜在的需求,不会表现出来,只有当消费需求得到科学维度的充分满足,即消费自由实现后,才可能表现出来,而且这时通常还需要正确的引导,同时更需要适当的方式来将其激发出来。

建立荣誉体制,是激发这种需求的主要和有效方式。因为它能给在消费自由实现后的人们一种看得见、摸得着的肯定,也能给人们一种看得见、摸得着的对比。个人贡献增大后,既会形成自己相对自己的进步愉悦,也会形成不同贡献者之间的竞争,产生一种相互追赶的效应,从而激励人们形成这方面的追求。

第二,荣誉体制本质是一种激励机制,目的在于激励消费需求得到满足的人进行更多更好的价值创造。收入体制本质上是一种价值创造的激励机制,它是通过对人们消费需求的刺激来促进人们进行价值创造的激励机制;荣誉体制本质是一种促进人们进行价值创造的激励机制,它是通过对人们尊敬需求的刺激来促进人们进行价值创造。后者是一种更高级形式的激励机制,是为了让获得消费自由的人继续不断地进行价值创造,为社会创造和贡献更多更大的价值。虽然这种激励机制更高级,但是它的使用是有条件的,不能直接对所有人使用,只能对已经获得科学维度消费需求充分满足的人,即实现消费自由的人使用,否则无法产生应有的效果,甚至会适得其反。

我们可以将这两种激励理解为汽车在不同速度下的换挡。汽车在低速时,只能用低挡位,如果用高挡位,就会熄火,反而无法前进。但是如果汽车跑到一定速度后,还用低挡位,不但导致汽车速度无法提高,而且还会增加大量的油耗损失。因此,荣誉体制的运用,一定要看对象达到的条件,条件不成熟不要用,条件成熟后应该积极的用,只有这样,才能实现激励效果的最大化。

第三,全国统一的国家荣誉体制能产生更强更好的激励作用,是社会发展的趋势和必然选择。行业的荣誉体制,其贡献的比较范围是本行业;地方荣誉体制,其贡献的比较范围是当地。而全国统一的国家荣誉体制,其贡献的比较范围是全国各行各业的所有人，在这样的体制下，对手更多，竞争的难度更大，个人需要越多越大的贡献才能达到顶端，所产生的激励的强度更大、可持续时间更长。

到目前为止，世界很多国家虽然有国家级的荣誉体制，但是全国统一的国家级荣誉体制还几乎没有，并且大多是针对某个方面的专项荣誉激励体制，如数学奖、科技奖、体育奖、英雄人物奖等。有些虽然有相对统一的奖项，但是缺乏科学正确的分类和评定标准。另外，还有一个很大的问题是只奖励少数人，不能起到普遍的激励作用，荣誉的激励作用和效果不能充分地发挥出来。

●常见看法

一、精神奖励是没有用的，只有物质奖励才有用。

二、通过对少数人的评选奖励，能普遍促进人们提高贡献的积极性。

●认识更新

精神奖励不是没有用，而是因为奖错了对象。只有懂它、需要它的人才会看重它、珍视它，不懂它、不需要它的人当然会轻贱它、鄙视它。有人问曹德旺现在赚钱是为了什么？他说，"（我现在做企业）不是为了钱，也不是为了享受，（而是）为了中国靠我们共同去努力能强大起来，这是我真实的话"。为什么在别人看来有点不真实的话，对他而言却是真实的呢？因为他即使"捐了100多亿"，仍然"还有100多亿"，完全够花了，实现了消费自由，而且他又没有走入奢侈消费的迷途。有了这两个前提，就很容易理解他的这种追求。其实，每个人在相同的前提下，都可能产生这样的追求。

因此不要对还没有实现消费自由的人进行精神奖励，他们的需求还没有发展到那个阶段，否则常常会导致精神奖励不被珍视，随意轻贱对待和处置，甚至是嘲讽其无用。因为他们对此的需求还不迫切和强烈，为了满足或更好地满足消费需求，他们宁愿用这些荣誉来换取。这会降低精神奖

第二十二章 为什么推动建立全国统一的国家荣誉体制

励的影响力，甚至导致其失去应有的作用。

也不要对没有荣誉追求的人进行荣誉奖励，否则会坏了该荣誉奖励的名声，并彻底毁了该荣誉。有些人，他已经进入并沉迷于奢侈维度的消费追求，就像一个正处于游戏或毒品上瘾中的人，对其他的东西完全视而不见，此时你如果给他荣誉或用荣誉来吸引或激励他，他根本就不会产生任何兴趣，甚至还可能对之讽刺、嘲笑。所谓道不同不相与谋，把荣誉给这些人，就是把鲜花插在牛粪上，把夜明珠放到牛屎里，是暴殄天物，是对荣誉及其价值体系的毁灭性破坏。所以，对那些还没有走出奢侈沉迷的人，一定不要给他们荣誉或试图通过荣誉激励来改变他们的追求，而应该在他们无法实现自己的追求或受到打击，开始自己反思时，再介绍给他们，这样才可能会正常起作用。

更不要把荣誉当成是廉价的激励手段。如果荣誉体制的建立者和管理者自己都不尊重这些荣誉，又怎么能让其他人尊重呢？如果荣誉体制建立者自己把荣誉看成是廉价的激励手段，并试图以此来节省开支，获取更多的金钱或物质利益，那么，到头来这些荣誉将会变得无足轻重，甚至被人们鄙视。荣誉就是荣誉，它是人们超过金钱或物质利益的追求，如果管理者都没有这样的追求，又如何让其他人能理解、接受和选择这样的追求呢？

荣誉虽然不是货币，但是可以用货币来理解荣誉，可以看成是一种完全不同，与货币互补，不可相互取代的一种更为高级的货币。荣誉不能滥发、不能错发，也不能与货币奖励混淆。如果滥发荣誉，那么这个荣誉就会迅速地贬值，严重的变得毫无价值，甚至成为累赘。如果错发荣誉，荣誉本身就会受损，就不能起到激励的作用，甚至走向反面，抑制人们创新和创造的积极性或热情。荣誉是一种高级奖励，是货币无法称量的，如果与货币等同起来，一是会降低荣誉的价值和神圣性，二是会被一些还处于消费需求未科学维度充分满足阶段的人所利用，使荣誉失去光环和吸引力。事实上，美国就成功实现了这种与物质脱钩的纯精神奖励。"美国的国家功勋荣誉称号除了功勋奖章和证书、称号外，基本上是纯精神鼓励，既没有奖金，也没有附加的福利待遇、优待。"①

正如韩方明所说："对国家荣誉制度进行立法，是国家正式建立一套严肃的精神激励系统的表现，使之能够与物质激励系统并驾齐驱，使社会更加平稳地前行。"② 其实，其作用不仅是能实现社会更加平稳的前行，而且更有利于实现社会快速的前行。

"虽然中国已有不少'国字号'的荣誉和表彰奖励，但由于缺乏制度化以及相应法律法规，整体奖励体系存在着标准混乱、多头管理、过多过滥等问题。'过多过滥就意味着权威性的下降。'"③

"建立国家荣誉制度，就是要兼顾文学、医学、卫生、教育等诸多领域，让每位在某个岗位上成绩卓著者都能受到尊重和认可。当然，建立国家荣誉制度，更要对评定标准、评定范围、评定程序、授予方式等给予制度化设定，树立起国家荣誉的权威性和公信力。"④

荣誉还必须与被评定者的实际功绩相一致。不以事实为支撑的主观评价必然使荣誉体系走向毁败。荣誉应该用具体的如实的记录来说话，而不能通过个人、部门或机构的主观评价来确定。荣誉奖励基于的事实记录越具体、越全面、越客观，这样的荣誉体制越有价值，越能得到人们的信任和认同，越能产生激励作用。吹捧、夸张、虚构必然会败坏荣誉体制。荣誉可以分级，但是它必须是基于价值贡献大小的分级，还必须附以客观、详尽的事实，而且应该突出事实或把事实放在前面。比如，对于英雄，就记录他杀伤敌人的人数，对手的水平等；对科研人员，就记录他成果的名称，并附原文或查询路径，可以或已经解决的问题或产生的作用等。事实最能说明他们的贡献，从而减少或避免评选者主观倾向的影响而做出不公正的评价。

---

① 《美国家功勋荣誉制度：授予平民的最高荣誉奖项》，参考消息网 http://ihl.cankaoxiaoxi.com/2015/0504/766821.shtml.

② 韩方明：《国家荣誉制度的价值》，南方日报 http://epaper.southcn.com/nfdaily/html/2015-12/30/content_7504101.htm.

③ 《国家荣誉制度不能缺位》，新华网 http://news.xinhuanet.com/herald/2015-05/05/c_134211652.htm.

④ 美媒：《中国国家荣誉制度即将横空出世 说明什么情况》，环球网 http://oversea.huanqiu.com/article/2015-08/7373067.html.

第二十二章　为什么推动建立全国统一的国家荣誉体制

荣誉奖励还应该按所贡献的价值的类型来分类记录和奖励，因为不同类型的价值是没有可比性的，只按价值的类型来分类记录和奖励，才有助于人们认识、识别和理解这些贡献，给人们以不同的尊敬感受和表达，从而产生更有针对性和效果的激励作用。比如，为了保家卫国付出汗水、鲜血甚至生命的将士贡献价值的性质和科研人员创新创造所贡献的价值的性质是非常不同的，他们价值贡献的方式也有很大的不同，人们对将士们的敬意感受和对科研人员的敬意感受也完全不同，无法用向将士们表达的方式来表达对科研人员的敬意。同样，对优秀的商业企业管理者的尊敬感受与表达方式和对做出很大贡献的国家领导人的尊敬感受与表达方式也是不一样的。

荣誉奖励不应该主要通过评奖评选少数人来进行，这种办法无法起到普遍的激励作用。应该对有荣誉追求的人进行普遍的登记记录，如实详尽地记录他们每一项具体贡献，区分所创造和贡献的价值类型进行展示。如果是集体任务，比如一个班排或研究小组，就应该详细列明当期有哪些人，每个人所从事的工作及所做的具体工作是什么，这样才能让人们知道是哪些人做了哪些事，做出了什么样的贡献，从而才有助于对每一个人产生激励作用。但是，如果用某一种评奖来评少数人，则对其他人就是不公平的，不能起到普遍的激励作用，甚至还可能引起消极作用或者矛盾冲突。

第二十三章　为什么减少企业税赋水平的同时增加个人纳税

● **政策述要**

"十三五"规划建议指出：

深化财税体制改革，建立健全有利于转变经济发展方式、形成全国统一市场、促进社会公平正义的现代财政制度，建立税种科学、结构优化、法律健全、规范公平、征管高效的税收制度。

"十三五"规划纲要指出：

按照优化税制结构、稳定宏观税负、推进依法治税的要求全面落实税收法定原则，建立税种科学、结构优化、法律健全、规范公平、征管高效的现代税收制度，逐步提高直接税比重。全面完成营业税改增值税改革，建立规范的消费型增值税制度。完善消费税制度。实施资源税从价计征改革，逐步扩大征税范围。清理规范相关行政事业性收费和政府性基金。

2016年中央经济工作会议指出：

积极的财政政策要加大力度，实行减税政策，阶段性提高财政赤字率，在适当增加必要的财政支出和政府投资的同时，主要用于弥补降税带来的财政减收，保障政府应该承担的支出责任。

2016年8月国务院发布《降低实体经济企业成本工作方案》指出：

第二十三章 为什么减少企业税赋水平的同时增加个人纳税

全面推开营改增试点，确保所有行业税负只减不增。落实好研发费用加计扣除政策，修订完善节能环保专用设备税收优惠目录。扩大行政事业性收费免征范围，清理规范涉企收费。取消减免一批政府性基金，扩大小微企业免征范围。

◉ 提出问题

国家为什么要征税？增加企业税，个人感觉不大，增加直接税，个人的痛苦指数会提高，国家为什么还要这么做？

◉ 经济原理

一

个人的消费品购买行为主要有两种：一种是自主消费品购买，一种是非自主消费品购买，前者是用个人的自主支配收入购买，后者用的是所纳的税（个人的非自主支配收入）购买。纳税实际是个人进行非自主消费品购买，一切税最终都是个人税，个人税主要有所得税和消费税两种，企业税、遗产税都是社会发展一定阶段的税种，最终将会消失。

纳税，是个人延期、当期或预先支付的社会保障品与公共产品消费费用，以及自主消费品消费中资源耗占或超量耗占费用。其中，前者为所得税，后者为资源消费税，也就是说，个人税有两大税种：个人所得税和资源消费税。

个人所得税，实质上是个人延期、当期或预先支付的社会保障品与公共产品消费费用。所以个人所得税，又叫社会保障品和公共产品延期、当期和预先支付费。

延期支付，即工作期内，为尚未工作时期的社会保障品和公共产品消费进行补交；当期支付，即工作期内，为本段时间内的社会保障品和公共产品消费进行即期支付；预先支付，即工作期内，为退休后的社会保障品和公共产品消费进行支付。也就是说，个人工作期间要通过上缴的所得税同时为工作前、工作中和退休后的社会保障品和公共产品消费付费。个人

如何看懂中国经济？

所得税本质是个人用自己的一部分收入购买社会保障品和公共产品，但与一般的市场购买不同，这种购买是非自主购买，带有强制性，个人不可以放弃购买，也没有完全的产品自主选择权，在采用正确的社会保障与公共产品供应制度后会有共同选择权或一定程度的个人选择权。

社会保障品与公共产品的性质决定了这些产品的消费只能而且必须按照"有能力者多付费，无能力者少付或不付费的原则"来进行。即，收入高的人累进多付费，收入低的人少付或不付费。这样的原则对所有人都是一样的，因而本质上是公平的；这样的原则是有能力者（中高收入者）完全可以承受的，对其科学维度生活层次的消费满足影响十分微弱，因而操作上是可行的；这样的原则有利于保护失业者的生存发展，即每个人的生存安全，有利于实现人生而平等，有利于身心不健全，劳动能力较弱或失去劳动能力者的生存，因而客观上是必要的；这样的原则有利于生产的发展和共同消费需求的实现，因而根本上是对所有人都有利的。

资源消费税，实际上是个人因资源耗占或超量耗占而支付的不同比例的资源购买费用。所以资源消费税，又叫共同自然物质资源个人耗占或超量耗占税。一切自然物质资源都是全民共有的，属于这个国家过去现在和将来的全体人民所有，应由这些人共同所有和共同享用，但是自然物质资源在一定时空内总量是有限的，其使用具有排他性，一个人消耗和占用过多，就会使其他人可以消耗和占用的量减少，因此应该在保证每个人都能获得生存层次所需必要自然物质资源基本量满足的前提下，对超过生存层次所需基本量的必要自然物质资源和非必要的自然物质资源进行付费购买，即征收自然物质资源耗占或超量耗占税。

根据自然物质资源的性质类型不同，征收资源消费税需要区别对待。自由使用的阳光、空气等非损耗型资源应免征资源消费税。消费边际可无限扩展、不可再生、再生成本比较高或消费产生的负外部性较大的资源，如土地、水、能源等实行累进税，个人对这些自然物质资源消耗和占用越多，税率越高。消费边际不可扩展、再生成本较低或消费产生的负外部性较小的资源，如食品、服装等实行正常税，无论消费多少，消费税的税率都相同，但消费越多的人纳税的总量越大。

在统筹普惠式产品化社会保障体制建立前，其中生存必需的资源在生存层次内应免征税，如乡村的宅基地。统筹普惠式产品化社会保障体制建立后，个人的自主消费都是在生存层次的必要需求以上，因此对个人自主购买的自然物质资源或间接耗占自然物质资源的消费品，都应该征收消费税。

资源累进征税只适用于个人消费，不适用于企业生产利用，因为规模化的生产利用，能提高资源生产利用率、降低劳动者劳动的强度、提高生产利用的效率，减少浪费和负外部性生成，对企业累进征税不利于企业对资源进行规模化生产利用。而且，企业的生产是由最终消费决定的，管住了消费也就管住了根本，没有必要重复控制。但是，要避免企业等人员人为地将用于个人消费的自然物质资源性产品划为生产资源，这个问题属于腐败监管问题。对于消耗性资源，可通过生产与零售分离经营，防止内部购买来解决，比如，禁止天然气公司对内部职工实行低于市场价的天然气供应；对于土地资源可用限制企业和单位办公用房面积的方法来解决。

如果单纯从企业角度考虑，无论资源性产品还是非资源性产品，个人一次性购买的产品越多，企业节省销售成本越多，所以个人购买和消费的产品越多，企业反而越愿意降价。但是从资源利用的角度讲，多买应该征收累进税，即应加价，因为这样才能实现资源的最大化利用，即让更多人都能用上资源，特别是暂时比较缺乏的资源，同时也有利于避免资源消费利用上的浪费。

进行正确的资源税征收后，既能保证每个人都能享有满足生存需求的必要自然物质资源，又能激发每个人的劳动创造积极性，还能形成节约利用意识，从而实现自然物质资源利用的公平化和资源价值的最大化实现。

遗产税是一定社会发展阶段的过渡性个人税。随着社会保障制度和公共产品供应制度的发展完善以及国家贡献激励体系的建立，个人遗产再留给子女已经没有意义，为了实现个人最终贡献的最大化，人们基本都会主动全部捐献给国家，遗产税也会随之取消。

二

人类社会发展之初的纳税主体是个人（含家庭），只是由于征收企业税等间接税能降低个人的纳税痛苦指数，所以随着企业的出现和不断增加，

如何看懂中国经济?

政府才逐步从向个人征收直接税转为向企业征收间接税。

企业税的本质是个人税，因为企业经营正常的情况下，所有的企业税最终都会转移到消费者个人头上，实际上都是个人在随着消费而纳税。

征收企业税，必然造成重复征税，加重个人税务负担。即使是实行增值税，产品从原料到最终被人们消费购买，也要经过多次加税，产品分工越多、链条越长，加税越多，当一个复杂的产品被人们消费购买时，消费者为此付出的税可能等于甚至数倍于其无税的价格。

政府是民众推举、选举或认可来用以为民众提供公共服务的（有关内容，下本书详述），增收企业税还容易使政府在职能定位上发生错误，把主要的心思和精力用在为企业服务而不是为民众服务上，造成服务重点偏移和本来的服务目标丢失。该对民众服务时不能及时有效提供服务，该对企业负面性防控时却不及时有效地进行防控。

如果政府不是征个人税而是征企业税，所谓"吃人嘴软、拿人手短"，政府就很难对企业的不法或不合理行为"下手"。这就是很多国家的政府都对企业过于宽容、纵容的根本原因，也是造成政府服务目标偏移丢失，重对企业服务而轻对民众的服务，甚至把对民众的服务当成负担的根本原因。

取消企业税，只征个人税，有利于政府以正确的态度对待企业，也有利于政府积极做好对个人的服务工作，更有利于政府税收的增加和财税的良性运行。第一，政府对个人的服务工作做得越好，吸引的人口就越多，人口越多税基越大，政府税收总量越多。因为人是优先追着社会保障体系和公共产品走（移民定居）的。人们之所以移民加拿大、澳洲、美国，或者北、上、广，不一定是因为那里工作机会更多、收入更高，而首先是因为那里的社会保障水平和公共产品的供应水平更高，对自己或下一代的生存发展更有保障、享有更好的公共产品，法制、自由、收入、空气当然也是原因，但实际上是移民定居的次要原因。第二，人口越多企业就越多，人们的收入水平就越高，每个人上缴的税就越多，等量人口上缴的总税量越大。因为企业都是追着人口走的，只要有足够的人口，企业自然就会产生，人越多企业越多，新技术越易产生和得到应用，同时分工也越细，形成的生产效率会越高，成本会越低，企业的利润和人们的收入水平会越高。这就是为什么大城市人们的收入水平高于小城市的原因。

第二十三章　为什么减少企业税赋水平的同时增加个人纳税

一个国家或地方,如果把社会保障品和公共产品等对个人服务保障的工作搞好了,吸引到了足够的人,企业就会蚁聚而来,人们的工作机会和收入也自然会增加,从而形成相互促进的良性循环。这也是为什么在中央政府未统一均等地向各个地方提供社会保障品或公共产品而由各个地方政府自行提供的情况下,大城市越来越大,小城市越来越小以及一些乡村荒芜的原因。

所以,财税发展的根本趋势是征收直接税,形成政府直接服务个人,个人直接向政府纳税购买社会保障品和公共产品的制度。

由此可见,政府为人民服务并不单纯是先进的政治觉悟,也并非仅仅是一句政治口号,而是政府最根本的职能。

●原理解读

第一,企业税是间接税,一直都是由个人最终支付的。最早的税收都是个人税,是向个人或家庭征收的。比如,赋役、徭役等。在中国,历史典籍可查的是《春秋》所记鲁宣公十五年(公元前594年)的"初税亩"。"税"字本意是社会成员把以土地为基础的农产品上缴给国家。徭役包括力役和兵役两部分,是国家无偿征调各阶层人民所从事的劳务活动。《礼记·王制》中有关于周代征发徭役的规定,它实际上是以劳动代替实物或货币税。

手工工场出现后,开始向手工工场征税,间接税开始出现,到了工业革命后,机械化工厂开始出现,企业税的比重迅速增加,超过了个人税。后来,欧美一些国家开始出现消费税、个人所得税、遗产税,个人税的比例开始增加。未来,随着国际竞争的加剧、政府管理方式的改变、税收公平的要求等,企业税将逐步退出历史舞台,个人税将全面回归。

一般来说,一个正常经营的企业,都会把向其所征收的税作为成本转移给个人。正常经营的企业的利润一般大于等于当时当地的主流利润水平,这个利润水平是扣掉所纳的税以后的。如果政府提高对企业的税收,那么企业通常会统一普遍提高产品的价格,以保持原来的利润水平,这样政府向企业增加的税收就会转移到个人头上。反过来,政府减税时,企业通常

如何看懂中国经济？

并不一定会降低产品的价格，这时政府减少的税收一般会成为企业增量利润。所以，政府增税一定会由个人最终支付，政府减税，个人并不一定会减少纳税。

不过，如果企业的产品是外向型的，即主要用于出口，那么政府增加对企业的征税，企业就有可能转移不出去。如果转移不出去，企业往往就会倒闭。因为国内政府增加对企业的税收，国外政府可能并不会增加对本国企业的税收，如果这样的话，国内企业原来在同品质情况下有价格优势。但是因为国内政府增加征税，企业就得相应提高产品价格，这时就可能失去价格优势。如果不提高产品价格，企业的利润水平就可能低于当时当地的主流利润水平，慢慢地，劳动者和资本就会离开，企业就可能关停或倒闭。

美国等一些国家的消费品标价不含税，但是在销售时要另外加税，这实际上是按个人对消费品的消费量，直接向消费者征收。这是把转移到企业征收的消费税再转移了回来，由暗收变为明收，增加了透明度，也让消费者知道自己为每件商品消费支付了多少税，一来有利于提示节约，二来也表明自己为公共产品购买所做的贡献。

第二，征收企业税，容易导致个人纳税实际加重。正常经营的企业，其利润水平都是大于等于当时当地的主流利润水平的，对它们征收的所得税，都被会转移出去。

一种消费品从原料到最终产品，垂直链条上通常有多个企业。比如，生产面包，有粮食生产企业、面粉加工企业、面粉运输企业、面粉销售企业、面包制作企业。而且，有很多最终产品，通常需要多种原料（或部件）和设备。同样以生产面包为例，它还需要用到糖、酵母等，这些原料，也有其垂直生产链条。生产面包还要制作工具、烤箱等，这些也有自己的垂直生产链条。由于所有这些企业的税，最终都要转移给消费者，因此一种产品参与生产的企业越多、链条越长，个人纳的税就越多。

随着科技的发展，最终产品的生产分工往往越来越细，部件企业越来越多，单个部件的垂直链条越来越长。这样，最终产品所征收的总税量也就越多，这对中低收入者，无疑会降低其获得感，甚至造成生活质量下降。同时，也会降低本土生产的产品的出口竞争力。不光物质产品，服务产品或文化产品也存在同样的情况。

第三,直接税有利于政府工作回归到服务人民的本质。如果向企业征税,那么政府就必然会把更多的精力用来吸引企业和为企业服务,因为企业多了、留住了才能增加政府的税收,以确保政府的正常运转或提供更多更好的公共产品,进行更好的社会保障等。企业如果把更多的精力用在了吸引和服务企业上,用在吸引服务民众上的精力就会减少,或者服务民众的动力会不足。

但是,如果政府收个人税,那么政府则会把更多的精力用来吸引民众和为民众服务上。因为民众多了、留得住了,政府的税收才会增加,才可能保证政府的正常运转和做更多的事。

一个地方,人多了,能留得住,市场就大了,企业就好做生意了,来的企业也多了。企业越多,需要的劳动者越多,就会更多的吸引人口流动过来。人口越多,政府的收入就更多,就能提供更多更好的公共产品,进行更好的社会保障,这样就形成了良性循环。

◉ 常见看法

一、税收是政府自己无偿征收的,个人是白给,没有回报。
二、纳税只会让人感到痛苦。

◉ 认识更新

作为社会人,在市场经济下,有三种类型的消费:一是个人自主购买品消费,即我们通常所说的吃、穿、住、行、医、教、娱、联等消费。二是公共产品消费,道路、广场等是最常见的公共产品,实际上公共产品除了物质产品外,还包括历史、哲学、政治理念等文化产品,安全、秩序等服务产品。公共产品的特点是具有不可分割性,由社会成员共同享用。三是社会保障品消费,它和自主购买品消费的内容差不多,它是为应对随时可能发生的必然有一定比例的人口因为竞争或开拓创新而导致的生存安全不确定性而设计提供的,只提供维持人正常生存发展所必要的项目,同时只满足基本层次的需求,不满足更高层次的需求,即只保证合格和基本够用，不保证很好和充分满足。社会保障是市场经济在一定阶段为实现人类可持续和更好发展所必须建立的体制。

政府提供公共服务，实际上是一种服务产品的生产行为，这样的生产需要成本，也要支付其劳动者的工资，而且其工资水平不能低于当时当地的主流收入水平，否则就没有愿意来生产这些产品。税收的大部分是用来提供安全、教育、基础设施等具体的公共产品，这些产品的生产也需要成本，其劳动者也需要不低于当时当地主流薪酬水平的收入。社会保障体系的建立和维护也是一样。这些机构不挣利润，但是他们生产产品的原材料、服务和设备等是市场价从市场购买的，劳动者也要薪酬，所以这些税收实际是在支付公共产品和社会保障品生产的原材料、设施等的成本费和劳动者的劳动薪酬。与个人的自主购买品相比，公共产品只是成本购买，不用支付利润，是比个人消费品更划算的商品购买。之所以有时候价格反而比较高，是由于这些生产机构的管理制度的设计或运行出现了问题。

也就是说，公共产品消费和社会保障品消费都是个人消费，只是是对不同性质类型的产品，以不同的方式进行消费，因此这些产品的生产成本和生产费用是需要个人来出，这就是个人作为社会人要交税的原因。如果一个人进入大自然独自生存，那么他可以不交税，因为它不消费公共产品和社会保障品，但是这样的人生还有意义吗？

民众对公共产品只拥有部分而不是全部所有权，所以个人的消费权是有条件的而不是完全自主的。个人或集体捐献给国家的产品公共财富，由于已经成为公共财富，其使用权和消费权不再由原所有者决定和控制，而是成为共同所有的产品，此时原所有者与所有其他人拥有的使用权和消费权是完全一样的，但原所有者会得到人们的尊敬。

政府将企业税逐步转移回归到个人税，不但有利于减少个人实际税赋，避免税赋过重，与此同时，如果再配合建立以下制度，那么就会改变人们对纳税的感受，对于能力和创造力大的人来说，不是痛苦感受而是会获得成就感和高层次的愉悦。建立个人财物贡献库，每个人所纳的税、捐的钱物和留下的遗产都全部累加登记，永不消失，任何人可以随时查询。同时，每年通过各种媒体发布一次全国货币贡献排行榜。这样做，可以激发个人的纳税与财物赠予的主动性，增加个人劳动创造的积极性和创造力。

第二十三章 为什么减少企业税赋水平的同时增加个人纳税

马云也反对企业员工薪酬水平很低而去捐款,应该先提高员工薪酬待遇。为什么呢?因为人在不同的收入水平上有不同的人生追求,超越了这个阶段,就是拔苗助长,适得其反。

曹德旺说:"因为我原来只是一个小老板,只要对国家无影响,什么地方都可以去。但后来把企业做大了,成为全球同行的前列,性质变了,这时候我意识到,将来福耀是中国汽车玻璃的代名词。这个企业是中国人的,如果移民到美国,资产就随着我到美国。所以,作为创始人,我必须回去。"

到了一定阶段,他们有资格、有能力,也更关注荣誉,这时政府对这些人的激励也要从收入激励更多的转向荣誉激励上来,让其在国家发展的历史长河中获得与之相适应的历史地位。历史地位,不只是政治历史地位,还有学术历史地位、经济历史地位,总之各行各业都有其历史地位问题,政府要主动承认和积极地利用历史地位来调动各行各业精英阶层的积极性,让他们为社会做出更大的贡献。

第二十四章 为什么实行市场化又要维持汇率基本稳定

● **政策述要**

2016年9月,习近平在接受了美国《华尔街日报》书面采访时指出:

从国际国内经济金融形势看,人民币汇率不存在持续贬值的基础。人民币汇率形成机制改革会继续朝更加市场化的方向迈进。

10月18日,习近平接受路透社采访时指出:

我们陆续出台降准降息、完善人民币汇率形成机制等一系列举措。目前,市场风险得到相当程度释放,内在稳定性增强。

2015年8月,中国人民银行研究局首席经济学家马骏表示:

中国人民银行在必要的时候,完全有能力通过直接干预外汇市场来稳定市场汇率。

2016年7月,中共中央政治局召开会议,针对下半年经济工作指出:

要有效防范和化解金融风险隐患,保持人民币汇率在合理均衡水平上基本稳定。

十九大报告指出:

健全货币政策和宏观审慎政策双支柱调控框架,深化利率和汇率市场化改革。健全金融监管体系,守住不发生系统性金融风险的底线。

第二十四章　为什么实行市场化又要维持汇率基本稳定

● **提出问题**

为什么要推动人民币汇率市场化，又要维持汇率稳定，二者是不是有矛盾，这样的目标能实现吗？

● **经济原理**

一

货币本质是一种市场交易的中介工具，具有价值衡量、交易支付、财富储存、生产组织四种功能。

货币的价值衡量功能，是指货币可以用来对各种资源、产品、劳动的价值进行量化的特性。这种量化功能和尺子、秤、温度计等的量化功能是类似的。

在量化的基础上，就可以对不同类型的价值进行对比和计算。对不同类型价值的量化、对比与计算，是这些价值进行交易的基础。不同类型的价值，如果没有统一的标准进行量化、对比与计算，一般只能进行偶发的、零星的个别交易，很难形成普遍的、经常的市场化交易。货币信用化后，价值的衡量功能从具体单位变成了抽象单位。比如，用粮食或黄金衡量其他价值时，衡量出的其他价值的价值单位是若干斗（升、公斤）的粮食或若干两（克、盎司）的黄金，而如果用信用货币衡量这些价值，衡量出的各类价值的价值单位则为元或镑，元或镑后面是什么呢，谁也说不清，因为它已经变成了抽象的价值单位。

货币的交易支付功能，是指货币可以作为通用等价产品或凭据向价值供应方进行对价支付的特性。在支付的基础上，需求方就能获得相应的价值，而供应方则能得到与自己商品出售价格等量的货币。其中，需求方的需求既可以是个人的消费需求，也可以是个人、企业或其他组织销售、传播、服务等的生产需求。货币的支付功能，方便了不同性质类型的具体使用价值（简称具体价值）进行市场化交易。

便捷性是支付功能的核心价值，货币的便捷性对交易速度、交易范围、

如何看懂中国经济？

交易成本等都有很大的影响。所以为了更好地适应市场交易的支付需求，货币一直在向便捷性方向发展。比如，从粮食等消费品货币发展为黄金等产品货币，从黄金白银等产品货币发展为铸币纸币，再到如今的电子货币，都是货币为改善支付功能，适应不断发展的市场支付需求而在便捷性上的发展。换句话说，货币的发展就是以提高支付便捷性为目的的发展，货币的发展史就是货币支付便捷性的提高史。

货币的财富储存功能，是指货币可以被作为财富进行更方便低成本的储存的特性。财富就是被储存的价值。从使用的角度看，价值分为通用价值和具体价值，通用价值即货币，具体价值即各种有价值的资源或产品。财富既可以是通用价值，也可以是具体价值。

因为货币本身有相对其他不同类型的财富更便于存储的特性，同时它又能方便地进行市场交易，所以把具体价值变成通用价值储存，就等于用方便和低成本的方法储存财富，同时储存货币这种通用价值可以随实际需要方便地从市场换取某种具体价值，比单纯地储存各种自己经常或偶尔需要的具体价值更方便和可实现。

由于有些具体价值，或者容易变质，或者无法储存，或者储存成本太高，一个人对每一种经常或偶尔需要的具体价值进行储存既不可能也不经济。鲜菜、鲜果、鲜肉等就是容易变质的具体价值。看病、咨询、旅游等服务就是伴随提供的具体价值，一般不能进行储存后随需取用。虽然有一种办法也相当于把服务买来先放着，比如私人医生，但是成本太高，绝大多数人无法负担。一个人想经常听戏，就养一个戏班子，就是典型的具体价值储存成本太高的例子。

货币的生产组织功能，即投资功能，是指通过货币能把某一种或多种产品生产所需的土地（房屋）、原料（材料）、技术（设备）、制度（模式）、劳动力和管理等要素组织起来并进行产品生产供应，以直接或间接满足人们的消费需求，同时也满足人们的发展需求的特性。

进行投资收益分配，是货币成为资本并产生生产组织功能的前提，如果不进行收益分配，货币就不能被集中起来用于购买某一种或多种产品生产所需的各类要素并进行生产。所以，要使货币成为资本组织生产，特别是大型的社会化生产，就要让出资人分配到资本的市场收益，否则就没有人愿意出资,也就无法产生资本和组织生产。资本的市场收益,是个人节约的货币进行市场化投资所获得的市场化收益。所谓市场化,就是去除产品供应主体和需求主体各自参与交易的条件(零价值或负价值生产除外),即不设置准入门槛,使供需双方各自都能根据自身的能力与需求自主进入市场进行相互选择。市场化水平越高,供需双方的自主性越高,受到的条件制约或不法干扰因素越少越小。

二

货币从自身性质上分为产品货币和信用货币两种主要类型。

产品货币,是在一定范围内被人们选作交易中介工具的某种产品。产品货币本身有相当的市场价值,有充分的安全性、可靠性,以及较好的稳定性。所谓本身有相当的市场价值,就是将这种货币按产品的常规非货币功能(如大米的粮食功能,黄金的金属功能)用于市场销售能够获得的价值与作为货币所代表的价值基本一致。产品货币分为消费品货币和非消费品货币两类。

消费品货币,是在一定范围内被人们普遍选作交易中介工具的某种常用消费产品。如米、粟、羊等产品历史上都曾充当过交易中介工具。消费品货币虽然安全性和稳定性较好,但是便捷性差、存储不便、容易腐烂变质,随着市场经济的发展,交易量、交易频度的增加,变得很不适应,于是出现了非消费品货币。

非消费品货币,是在一定范围内被人们普遍选作交易中介工具的非消费产品。如贝壳、黄金、白银。非消费品货币体积小、不容易腐烂,好储存且耐储存,又有相当的市场价值,所以在较长时间内成为主要货币。这也是黄金等产品被作为硬通货币,并持续到今天仍然是各国的储备货币的根本原因。但是,非消费品货币数量少、切割不方便,不适宜低价值产品的交易,也不适宜高频度、大量交易的要求,于是随着市场经济的发展,出现了信用货币。

信用货币,就是一定范围内被人们选作交易中介工具的本身没有相当市场价值的某种形式与式样的消费凭证或某种形式的统一记录。如铸币、纸币、支票、汇兑凭证、电子货币、游戏币等都属于信用货币。本身没有

如何看懂中国经济？

相当的市场价值，是指将这种货币按产品的常规非货币（比如，铸币铜金属的功能、纸币纸张的功能等）用于市场销售能够获得的价值低于或远低于作为货币所代表的价格，即其面值。信用货币分为主信用货币和从信用货币。主信用货币，又叫通用信用货币或国家信用货币，是一个国家或地区（如欧盟）最主要和全面通用的信用货币，具有独立的币值。从信用货币，又叫局部信用货币或非国家信用货币，它是非独立的，通常参照主信用货币，按照一定的比例来确定自己货币的币值。比如，多少游戏币相当于一元人民币。由于从信用货币是非独立的，所以并不是严格意义的信用货币，而仅仅是一种支付凭据。信用货币虽然便于支付和储存，但是由于本身没有相当的市场价值，所以存在可靠性和稳定性问题。

货币是人们共同选择的结果。人们选择货币主要有四个依据：一是安全性，二是便捷性，三是可靠性，四是稳定性。安全性，是货币被损坏、造假、偷盗等的难易度；便捷性，是货币存储、携带、支付等的方便快捷程度；可靠性，是货币的发行方维持承认该货币的意愿和能力；稳定性，是货币在其适用范围内能够购买的价值量的变化情况。

产品货币只存在安全性与便捷性问题，由于产品货币的安全性基本相当，所以人们选择产品货币主要是选择便捷性，而信用货币还存在可靠性与稳定性的问题，所以人们选择信用货币还很关注信用货币发行单位（含个人）信用的可靠性和所发行信用货币币值的稳定性。

为了提高信用货币的信用可靠性水平，人们常常选择以政府信用为支撑来发行主要信用货币——全国性通用信用货币，如美元、人民币等。除此之外，商业银行、普通企业还常常用自身信用发行票证、虚拟货币等辅助货币，这些货币的信用等级通常比政府信用货币的信用等级要低。企业发行的信用货币，一般来说，企业越小、创办时间越短、知名度越低、历史信用记录越差、管理者个人信用越差，其货币信用的可靠性越低。信用货币发行方的管理者如果是个骗子或只想套利，那么他得利后或为了减少损失，就可能突然不再承认该货币；信用货币的发行方如果没有足够的实力和能力，就容易失去货币发行的权力或能力，从而导致该货币被否定或取代。无论货币发行方是没有意愿还是没有能力维持承认，都会导致该货币失效，从而给使用该货币的个人或集体造成损失。所以人们会选择可靠

第二十四章 为什么实行市场化又要维持汇率基本稳定

性高的货币，抛弃可靠性差的货币。而货币的可靠性主要由货币背后的个人或组织的信用和实力决定。政府信用不是某个人的信用，也不是某届政府的信用，而是一种政治体制的信用。政府是服务于民而不是追求自身利益最大化的组织。政府追求的是全民总体长远利益的最大化，对政府的监管体制通常比企业对管理层的监管更全面和严格，政府所代表的经济体量最大且有军队警察等武装力量保护，所以政府维持承认货币的意愿最强，能力也最强，因此政府货币通常是信用可靠性最高的货币。再加上，政府通常只允许自己发行主货币，所以政府信用货币通常成为一个国家人们共同的货币选择。

但情况并不总是如此，尤其是对一些合法性差、不稳定的政府来说更是如此，甚至还不如好一点的企业发行的货币的信用可靠性高。在这种情况下，如果有条件选择，人们往往会抛弃政府信用货币，而选择产品货币或他国货币。所以政府信用货币的可靠性主要是看其政府本身的稳定性、持续性，以及其基本政策的继承性、连续性，各届政府之间能和平友好地继承并延续基本政策，其货币的信用就能一直持续。反之，暴力夺权、政变、下届政府彻底推翻之前政府的所有政策，货币就会失去可靠性。因此，一国政府的稳定性、持续性和基本政策的继承性、连续性，远比黄金储备对其所发行的信用货币的支撑力更强。

信用货币在基本可靠的前提下，稳定性就成为主要问题。在信用货币的可靠性基本相同的情况下，人们总是选择稳定性好的货币作为支付工具或财富储存手段。因此，在货币的可靠性基本相同的情况下，稳定性就成为信用货币生存的根本依据。一种货币，如果其币值波动频繁且较大，就会被人们抛弃，而且波动越频繁、幅度越大，被抛弃的可能性越大。当一种政府信用货币的波动过于频繁，人们又无法选择其他信用货币时，就会重新选用非信用货币。需要说明的是，投机者不是将信用货币作为支付中介工具在使用，没有正常使用信用货币的本来功能，所以他们会喜欢信用货币的币值波动，真正使用信用货币正常功能的个人或企业是不喜欢其币值波动的，他们总是希望币值越稳定越好。

为什么信用货币的币值稳定性会成为人们选择该信用货币的主要依据呢？因为信用货币的币值不稳定会增加个人和企业的非生产性精力投入，

如何看懂中国经济？

给价值的度量、支付、储存与投资等带来困扰和不便，并造成个人非自身性或企业等组织非经营性损失，甚至导致企业非经营性原因倒闭退出。所以，除了少量投机的个人或企业以外，单纯的消费者和非投机性企业、事业单位都希望所用的信用货币的币值稳定，如果能够选择，总是把币值稳定性作为选择的主要依据，无论国内还是国际都是如此。

由于在可靠性一定的情况下，稳定性是信用货币的生命，所以一个国家货币发行部门的核心工作是用正确的方法使货币的币值波动趋于最小，人为固定物价已被实践证明是一种错误的方法。

认为信用货币无法实现稳定，是人们对信用货币的运行规律认识还不清楚，导致信用货币发行的方法错误造成的。如果把信用货币运行的规律真正搞清楚了，再找到并使用了正确的货币发行方法，就能实现货币的高度稳定——永远不升值也不贬值，只在小到几乎不能觉察或可以忽略的范围内波动。类似电冰箱温控器为达到某一温度而允许的温度波动范围。

关于适度的通胀有利于经济的说法是错误的，它只是表面现象，货币发行的方法正确了，不需要通胀同样能促进经济增长，而且更有利于经济增长，同时更公平。

如果货币的发行方法正确，不但能彻底普遍解决货币的稳定性，而且黄金白银作为硬通货币备用的功能也将失去，届时黄金白银就仅仅是工业原料，其作为饰品的功能也会逐步淡出。因为黄金白银作为饰品，装饰功能是其次的，显示财富功能才是主要的，这时黄金白银已经不再用作硬通货币，也就不再是通用财富。

●原理解读

第一，便捷性是货币发展的总趋势，电子货币会在流通中全面取代纸制货币。货币为什么会产生，就是为了使交易更便捷。便捷是相对的，随着技术的发展，货币为了实现更加便捷交易，也在不断地演化，从产品货币到信用货币，从铸币、纸币到如今的电子货币。电子货币已经不是一种实物形态的货币了，而只是一个超大型的记账簿，而且这个记账簿也不是可见的实物形态的，而是不可见的电子记账簿。人们从电子设备上看到的

第二十四章　为什么实行市场化又要维持汇率基本稳定

也只是数据信息，连通常的货币图案等象征性信息都没有了。

随着电子与信息技术的发展和普遍使用，个人、企业、事业单位、政府等货币流通主体不再在交易中使用金银或纸币，而全部采用电子货币的形式进行交易是完全可能的，甚至在有的国家目前已经基本实现，如丹麦①。电子货币之后，还会不会有新形式的货币出现，现在还无法想象。

第二，比特币等是投机对象，不符合货币的定义，不是真正的货币，最终会退出历史舞台。比特币等自称为货币，但它们其实并不是货币。他们的创造者们声称，创造这种"货币"是用来对抗政府乱发货币造成的通胀，并且说是效仿黄金的稀缺性研制的，将其与黄金并论。但是，事实上，比特币等根本就不具备货币的必要属性，所以它们根本就不是货币。

什么是货币的根本属性呢？货币的根本属性是方便和促进生产生活交易的中介工具。比特币是信用货币。信用货币必须是有管理的，根据价值的生产能力来发行，并根据价值生产能力的增加而增发。比特币的总量是有限的，无法实现货币的增发，这会带来两个问题：一是伤害人们劳动创造的积极性。因为不能增发，所以单位比特币的币值会随着社会生产能力的增加而增值，这就会给投机者以投机的机会，甚至导致整个社会进行货币投机，而投机对人们的劳动创造积极性是有极大的伤害的。如果投机能快速大量赚钱，谁愿意进行艰苦细致的劳动创造呢？没有劳动生产，一切消费都无从谈起。没有创新创造，经济就无法发展。二是影响货币的使用和流动。当货币不用而能随着时间的流逝增值时，人们就都想尽可能的储存而不是使用比特币。这样，十分有限的比特币就很难满足社会巨大和频繁的交易需求，这会极大地阻碍生产，影响人们的生活。因此，如果一个国家广泛使用了比特币，必然造成经济的混乱和倒退。

由于很多人都可以创造出一些类比特币，创造和先挖这些币的人会获得巨大收入，因为这种币是越挖越少的，先挖能挖到更多而且成本更低，所以必然会导致类比特币的泛滥。届时，这些所谓的货币就都会变得像垃圾一样不值钱了。

---

① 《丹麦即将成为世界上第一个不用现金的国家》，新浪网 http：//finance.sina.com.cn/world/gjjj/20150521/112322234030.shtml.

如何看懂中国经济？

比特币不过是一些投机者制造出来的一个毫无意义和价值的投机标的，它们永远也成不了真正的货币，并且随着泡沫的破灭，最终将烟消云散，甚至不留半点痕迹。炒郁金香、兰草、普洱茶、红木还有有一定价值的实物，炒股票、期货总还对应着企业的股份或某种实物产品，它们在投机泡沫破灭后，还能留下一点东西。而比特币等，既不是有价值的实物，也不对应有价值的某种东西，所以它们的投机泡沫破灭后，几乎不会留下任何有价值的东西，在历史的长河中一瞬而过，了无痕迹地消逝。如果一定要说有一点痕迹，或许就是剩下几台再也不会用来继续挖矿（币）的挖矿机吧。

第三，信用货币的稳定性是其生存之本，无论在国内还是国际上都是一样。作为生产者的企业和作为消费者的个人，都是希望货币的币值维持稳定的，只有职业投机者希望货币的币值波动，这样他们才有操作的空间，才有可能获得投机收入。

因为企业和个人没有也不愿意花费大量的人力、成本和时间来关注货币币值的变化，所以货币持续、大幅、频繁的通胀或通缩，会给企业和个人造成极大的困扰，使企业因为害怕损失而不敢正常投资生产，使个人因害怕损失而不敢持有货币，从而造成生产和消费减退，国民经济衰退。一国货币汇率持续或频繁的大幅波动，也会给企业或个人造成无端的损失，使其避而远之，不愿意持有或用其进行生产和消费交易。

货币稳定，可以使企业更专注于生产本身，使个人更专注于享受消费本身。因而货币稳定对促进生产，增加民众的幸福感也具有很重要的作用。

也就是说，除了投机者以外，企业和普通人都有货币稳定偏好，都愿意在生产和消费上选择币值稳定的货币，而且货币稳定也有利于经济发展。因此，各国都应该把追求货币稳定作为其货币发行工作的主要目标。

第四，在信用货币发行方法正确的情况下，可以实现货币稳定，基本避免通胀或通缩。货币是可以实现稳定的。要实现货币稳定，关键是要真正搞清货币的本质和运行的规律，同时根据这个规律寻找和设计出正确的货币发行方法。这个问题解决了，就能实现货币稳定，这个问题不解决，就很难实现货币稳定。

货币稳定，不是使货币的币值静止不动，不是用计划定价的方法来稳定所有产品的物价,也不是长期人为固定汇率或盯住某一种或几种货币的办法来稳定汇率。这些都是没有真正理解货币的本质及其运行规律的简单或错误的办法。

货币稳定,是一种动态稳定,其稳定原理类似于空调的恒温原理。它允许货币的币值有一个较小的上下浮动区间,当货币币值的浮动达到区间的上限或下限时,货币发行部门就启动逆向的货币回收或发行工作,以适当的节奏回收或增发货币,如此不断反复,就实现了货币的动态稳定。其中,货币币值的浮动区间越小,说明该国货币币值监测水平和发行操作水平越高,反之则说明该国货币币值监测水平和发行操作水平越低。

货币发行方法正确,就像人们对空调设定为某一温度后,对其温度的微小变化无感一样,会对货币的变化无感。这样不但可以实现国内无明显的通胀或通缩,也可实现国际上本国货币汇率保持稳定。这种稳定是独立性和标杆性的稳定,而不是汇率不变或相对其他一种或多种货币加权值的相对稳定。

第五,货币稳定不是同一产品的价格一直维持不变,而是单位货币对应的价值量不变。这个价值量不是某一具体产品的价值量,而是对应的货币发行之初的单位价值量,即当时的社会价值生产总量与当时发行的货币总量相除后得到的一单位(通常是一元)的货币对应的当时产品综合价值量,不是某一个产品的质和量,而是以当时所有产品的质和量为基础得到的加权质和量。这些产品的质是不断发展的,同时有新的产品加入或部分旧的产品淘汰,社会的最新价值生产总量都是以原来的质和量为基础标准对比得出的,而货币增发就是用来适应和标示这些价值量变化情况的。

由于科技进步快的产品在竞争压力下会以主流利润水平为底线降价,科技进步慢的产品会因为科技进步快的行业劳动力和资本竞争压力而直接涨价,且不同产品科技进步快慢是不同的,所以不能用某一产品的价格涨跌变化来衡量货币的价格是否稳定,而应用所有产品的价格加权值来综合衡量。

实际操作上,由于每一种产品的科技进步快慢是不同的,而且同一产品在不同时期也是不同的。即是波浪式进步,而不是直线进步的,所以某一种产品加权值的大小是很难准确评估和测算的。但是,有一个比较简单的方式来间接衡量货币的币值是否稳定,即有没有出现通胀或通缩,以及通胀或通缩的幅度。这个办法就是,用一定量的货币(如一千或一万元)来购买当时主流的各种产品,如果购买的产品的质提高了或量增加了,说明出现了通缩;如果购买的产品,在量不变的情况下质下降了,或者在质不变的情况下量下降了,或者质下降了,量也减少了,那么说明出现了通胀;如果购买的产品的质和量都维持不变,说明既没有发生通胀,也没有发生通缩。

当货币(币值)维持稳定时,随着生产力水平的提高,即生产效率的提高和产品的丰富与改进,人们将通过不断增加货币收入总量来实现购买力增加和生活水平改善。

第六,货币发行方法正确后,产品货币(黄金白银)将失去作为安全稳定的通用货币存在的意义。纸币等信用货币出现后,黄金白银之所以仍然被作为储备货币,是因为它们作为产品货币因其稀缺性不易出现通胀,所以对个人存储货币财富来说,是一种防止财富损失的安全选择——规避纸币等信用货币可能因为超发或错发引起通胀而给个人或单位造成由于货币购买力下降而产生的损失。

实际上,黄金白银也不是绝对安全的。假如一个国家科技几乎没有进步,经济发展处于停滞状态,而此时有人或企业发现了大量的金矿,并开采出来用于市场购买,此时黄金同样也会出现贬值。现实中,一个国家经济几乎不发展和发现大量金矿并迅速开采出来大量用于市场购买同时发生的情况很难出现,所以黄金出现通胀的情况也很难出现。

黄金白银作为货币,其币值也不是十分稳定的,它会因多种因素影响而产生波动。如果一个国家的GDP快速增长而黄金产量不变或增长相对缓慢,那么黄金就会出现"通缩"。反之,如果一个国家的GDP没有增长或增长缓慢而黄金产量增加较多,那么黄金就会出现"通胀"。

但是,如果货币发行方法正确后,纸币等信用货币将成为比黄金还稳定的货币。在这种情况下,人们保留黄金作为保值货币的意义将完全失去,所以此时黄金作为货币将完全退出历史舞台。

第二十四章　为什么实行市场化又要维持汇率基本稳定

● 常见看法

一、一国货币成为国际货币，靠的是经济和政治实力。

二、汇率有"不可能三角"理论。一国货币当局在独立货币政策、资本自由流动和汇率稳定三个目标之间必须要有所取舍，最多只能同时满足两个目标，而放弃另外一个目标。

三、为了人民币走出去而稳定汇率是不值得、不划算的。

四、货币贬值对一国经济有好处或利大于弊。

五、比特币可以取代各国央行货币，成为最好的世界货币。

● 认识更新

一种货币要成为国际货币，当然需要有强大的经济和政治实力，但是光有经济和政治实力是不够的，经济和政治实力是前提和基础，而不是决定因素。一个国家经济和政治实力再强，如果通胀、通缩频繁，币值不稳定，也不可能被其他国家的个人、企业和国家所选择。其实，在这种情况下，这个国家也不可能实现经济和政治实力强大。以货币稳定为基础的汇率稳定才是一个国家的货币被各国政府和企业选择的关键，也是一个国家货币能成为国际货币的关键。因此，中国政府决定通过人民币汇率的稳定来吸引各国政府和企业，完成其国际货币化的道路是完全正确的、可行的，也必将成功。因为这对各国政府和企业最有利，这种国际化是通过其他国家政府、企业或个人的自主选择来实现，而不是通过阴谋诡计、施加压力等来实现。

2016年6月25日，周小川在回答国际货币基金组织总裁拉加德提问时说："人民币更广泛的使用是一个自然而然的过程，要尊重市场参与者的选择。如果美元汇率稳定、流动性充裕，没有不正常的资本流动，这时人们愿意选择美元。否则，人们也希望看到货币的多元化，以更好地管理风险，

如何看懂中国经济？

我们乐意看到这样渐进的发展过程。"①

如果国际货币市场上多了一种货币选择，这种货币币值稳定、风险小，各国政府和企业自然更愿意选择。但是这需要一定的时间检验，人们才能判断得出来，所以人民币的国际化需要一个较长的证明其稳定的时间过程，也需要一个较长的自然选择的时间过程。

如何抵制国内外汇率炒家制造的汇率波动呢？一般的做法是用本国拥有的外汇进行逆向操作，炒家释出人民币贬值消息时，就用外币（多为美元），买入人民币，炒家释出人民币升值消息时，就卖出外币，买入人民币。这种做法是很吃亏的，因为每一个国家持有的一种或数种外币的数量是有限的，而市场上这些外币的数量是相当大的，以本国有限的外币去对冲各国投机者巨量外币带来的汇率变动是很难的。即使是外币持有量比较大的大国也是如此，而对于很多小国来说，则根本就是不可能的。因为炒家从释放消息开时，汇率就开始波动，即使这种波动很小，由于炒家提前就布了局，做了准备，所以即便由于政府干预而没有达到炒家想要的涨跌幅度，但通常仍然会有一定的收入，只是量小一些而已，由于炒家通常是长期反复的折腾，时间一长即使外汇储备较多，也会耗尽。

解决这个问题的办法就是，调节自己货币的预算和数量。当炒家释放人民币贬值的消息时，央行就释放回笼货币的消息，如果炒家进行实际的人民币抛售操作，央行就进行实际的人民币回笼操作。总之，炒家只是进行舆论炒作，央行也只是释放消息来对冲舆论走向；炒家如果进行实际炒作操作，央行也进行真实对冲操作。这种办法由于不需要动用本国外汇，所以不会造成外汇损失，更主要的是本国央行有货币发行权，炒家的钱再多，也没有央行的印钞或数字划拨来得快和多，所以采用这种办法后，哪怕是一个小国家，炒家也对抗不过。

可见，两种办法的结果是完全不同的，采用后一种办法，所有国家都能维持本国货币稳定，货币炒家将会没有多少利可图。久而久之，自然就会减少甚至消失。

---

① 《周小川行长与拉加德总裁问答环节实录》，中国人民银行 http：//www.pbc.gov.cn/goutongjiaoliu/113456/113469/3090405/index.html。

第二十四章　为什么实行市场化又要维持汇率基本稳定

另外，还有一种可能性理论上是存在的。即出现货币超发或少发，甚至情况比较严重。需要说明的是，由于此时货币发行方法正确，无论超发还是少发，都是货币供应总量相对于社会生产总能力的绝对超发或绝对少发，是绝对通胀或绝对通缩。这个问题不用害怕，如果操作正确，实际上是不会对经济和人们生活产生明显不利影响的。因为央行的货币发行或回笼措施是对冲性的，即为了对冲炒家制造的汇率上升或下降，所以即使是超发或少发，在当时也是表现不出来的，只是在炒作的消息或操作被消化后才会慢慢显现出来，此时央行可以通过反向的后续操作回笼或增发货币，以达到货币与社会生产总能力的平衡，从而实现汇率稳定。

中国社科院世界经济与政治研究所国际投资室主任张明在FT中文网撰文说："我们认为，更好地花掉外汇储备的方式，是用外汇储备去购买海外资源、先进技术与人力资本，或者用外汇储备进行全球直接投资，或者用外汇储备更加积极地参与全球与区域金融合作等。仅仅为了汇率维稳就花掉如此宝贵的外汇储备，是一种不值当的策略。"①

这话本身没什么错误，但是如果把人民币走出去的目标与之相比，就是一种"值当"的策略了。因为人民币成为国际货币且不说可能获得通常所说的"铸币税"，就是减少被美国"拔羊毛"的长期损失也比这个大得多得多。当然，如果央行能采用前面介绍的方法稳定货币的话，张明所说的"不值当"的损失也可以避免，这样就能一举两得。

西方经济学家和政治家普遍认为，通过货币贬值可以提高本国商品的竞争力，增加出口，提振本国经济。但是，他们却没有注意到这么做的多种负面影响：一是给一部分企业和个人造成损失。因为货币贬值会导致进口资源和产品价格上涨、国外学习旅游费用更高，这部分企业和个人的利益会受到损失。即一部分的受益是建立在另一部分人的损失的基础之上的。二是给一国货币的信用造成损害。导致他国甚至本国的个人、企业或政府减少持有，这实际上会造成货币贬值收入，即西方经济学中所说的"铸币税"损失。这个收入是涓涓细流，长流长有的，时间一长，加起来是一笔

---

① 张明：《中国外汇储备与别国外汇储备不一样吗》，FT中文网 http://www.ftchinese.com/story/001068526.

如何看懂中国经济？

不菲的收入。三是会引发货币贬值竞赛。国际社会之间一旦形成汇率竞争性贬值行为，就将完全扰乱国际的货币和金融秩序，导致个人、企业和各国政府无所适从，只能被迫大幅缩减生产和消费活动，以减少损失。这样一来，就会极大地损害各国经济的活力，导致世界经济整体严重下滑。因此，通过货币贬值来提振经济的做法是杀鸡取卵的短视行为，是完全不可取的。

正因为看到了这些问题，所以2016年7月下旬在成都召开的由中国主导的G20财长和央行行长会公报才说："汇率的过度波动和无序调整会影响经济和金融稳定。我们将就外汇市场密切讨论沟通。我们重申此前的汇率承诺，包括将避免竞争性贬值和不以竞争性目的来盯住汇率。"①

正是在这样的理念和政策之下，才有了"纳入SDR篮子试运行一年，人民币在国际社会受认同的程度比预想中要顺利得多。""人民币真正成为国际通行货币的日子并不遥远。"②

由于比特币等ICO货币会危及一个国家的货币控制权，导致经济因失控而出现灾难；ICO货币种类的无限性，使这些货币仅仅是在种类上就可能远超各国央行超发货币数量的可能性；比特币假货币、真投机工具的本质，所以政府最终不会让这样的所谓货币成为货币，而且它们也无法真正成为货币。前美联储主席耶伦认为，比特币是一种高投机性资产、并非稳定的价值来源，也不具备合法的偿付属性。在2017年大连夏季达沃斯年会上，前央行货币政策委员会委员、清华大学苏世民学院院长李稻葵也认为，"比特币是由电脑产生的，我相信未来货币还是由政府来创造，只要美国政府在、中国政府在，绝对不允许别人随便创造货币的……（比特币）本身不可能成为真正的货币"③。

2017年9月4日，中国人民银行等七家单位联合发出通知指出，"向投

---

① 《G20财长和央行行长会公报》，中国金融信息网 http://world.xinhua08.com/a/20160416/1628537.shtml?f=arelated。

② 《加入SDR一周年：人民币国际化进程稳字当先》，《人民政协报财经周刊》2017年10月，10期05版。

③ 李稻葵：《马云只能搞支付 政府绝不允许别人随便创造货币》，凤凰网 http://finance.ifeng.com/a/20170627/15490755_0.shtml。

第二十四章　为什么实行市场化又要维持汇率基本稳定

资者筹集比特币、以太币等所谓'虚拟货币'本质上是一种未经批准非法公开融资的行为，涉嫌非法发售代币票券、非法发行证券以及非法集资、金融诈骗、传销等违法犯罪活动。""代币发行融资中使用的代币或'虚拟货币'不由货币当局发行，不具有法偿性与强制性等货币属性，不具有与货币等同的法律地位，不能也不应作为货币在市场上流通使用。"① 2017年10月10日，俄新社援引俄罗斯央行第一副行长谢尔盖·什韦佐夫的话称，俄罗斯将封禁提供比特币的网站。

---

① 《中国人民银行 中央网信办 工业和信息化部 工商总局 银监会 证监会 保监会关于防范代币发行融资风险的公告》，人民银行网 http：//www.pbc.gov.cn/goutongjiaoliu/113456/113469/3374222/index.html.

第二十五章　为什么坚持独立自主又全面积极对外开放

● 政策述要

习近平在纪念毛泽东同志诞辰 120 周年座谈会上的讲话指出：

独立自主是我们党从中国实际出发、依靠党和人民力量进行革命、建设、改革的必然结论。不论过去、现在和将来，我们都要把国家和民族发展放在自己力量的基点上，坚持民族自尊心和自信心，坚定不移走自己的路。

2014 年，习近平访问德国时，应科尔伯基金会邀请在柏林发表演讲指出：

几十年来，中国始终坚持独立自主的和平外交政策，反对霸权主义和强权政治，不干涉别国内政，永远不称霸，永远不搞扩张。我们在政策上是这样规定的、制度上是这样设计的，在实践中更是一直这样做的。

"十三五"规划建议指出：

开放是国家繁荣发展的必由之路。必须顺应我国经济深度融入世界经济的趋势，奉行互利共赢的开放战略，坚持内外需协调、进出口平衡、引进来和走出去并重、引资和引技引智并举，发展更高层次的开放型经济，积极参与全球经济治理和公共产品供给，提高我国在全球经济治理中的制度性话语权，构建广泛的利益共同体。

"十三五"规划指出：

以"一带一路"建设为统领，丰富对外开放内涵，提高对外开放水平，

第二十五章　为什么坚持独立自主又全面积极对外开放

协同推进战略互信、投资经贸合作、人文交流，努力形成深度融合的互利合作格局，开创对外开放新局面。

习近平在全国科技创新大会、两院院士大会、中国科协第九次全国代表大会上的讲话指出：

要增强我们引领商品、资本、信息等全球流动的能力，推动形成对外开放新格局，增强参与全球经济、金融、贸易规则制订的实力和能力，在更高水平上开展国际经济和科技创新合作，在更广泛的利益共同体范围内参与全球治理，实现共同发展。

李克强2016年天津夏季达沃斯论坛上指出：

在全球化的大背景下，各国都不可能离开世界经济环境去谈本国的发展，所以需要携手共进。我们还要以开放助推经济转型升级，中国无论发展到什么阶段，都需要和世界各国取长补短，互学互鉴，对外开放的大门会越开越大，我们将进一步提高开放型经济的水平，扩大服务业和一般制造业的开放，为外商提供更多投资机会，营造更加公平、透明、可预期的投资环境，只要是在中国注册的企业，无论是中资还是外资，无论是合资还是独资，我们都将一视同仁。

十九大报告指出：

开放带来进步，封闭必然落后。中国开放的大门不会关闭，只会越开越大。要以"一带一路"建设为重点，坚持引进来和走出去并重，遵循共商共建共享原则，加强创新能力开放合作，形成陆海内外联动、东西双向互济的开放格局。拓展对外贸易，培育贸易新业态新模式，推进贸易强国建设。实行高水平的贸易和投资自由化便利化政策，全面实行准入前国民待遇加负面清单管理制度，大幅度放宽市场准入，扩大服务业对外开放，保护外商投资合法权益。凡是在我国境内注册的企业，都要一视同仁、平等对待。优化区域开放布局，加大西部开放力度。赋予自由贸易试验区更大改革自主权，探索建设自由贸易港。创新对外投资方式，促进国际产能合作，形成面向全球的贸易、投融资、生产、服务网络，加快培育国际经济合作和竞争新优势。

● 提出问题

独立自主与对外开放是不是有矛盾,如何实现二者的平衡?

● 经济原理

一

开放市场社会生产总能力的决定因素和通用计算公式和封闭市场是一样的,主要差别是资源水平值和生产力水平值不同,封闭市场取国内值,而开放市场取国际主流或最高值。

在不实行资源和技术保护的情况下,市场开放国家的技术是全球技术,生产力水平值为全球主流或最高水平值,其资源是全球资源,资源水平值由国际资源开发利用水平决定,因此其生产能力较之封闭市场国家通常要大,有时还会大很多。这就是日本虽然自身的资源不多、重大原创技术不多,却能较长时间成为世界第二大经济体的原因——通过开放充分利用了国际资源与技术,极大增加了社会生产总能力。

技术可以通过自己研发,也可以通过市场交易,如限期授权、购买等方式获得。一个国家让其社会保障品、公共产品提供水平和发展自由程度尽可能的高,才是吸引人才实现技术领先的根本之道。靠特殊待遇是留不住真正的人才的,靠奖励是奖不出技术发展的。由于技术创新的偶然性,通常,一个国家往往只能在一些技术上领先或暂时领先,通过技术交易或市场开放就能实现各种技术全球同步,从而提高生产力水平值和社会生产总能力(部分生产能力可能是外国企业产生的)。

突破资源限制除了技术,还有另一个办法,就是开放市场,与他国互通有无。由于技术发展需要时间,而且带有一定的偶然性,所以用技术的方法来突破资源限制常常是远水不解近渴,不确定的偶然性更让突破资源限制的希望变得渺茫。而开放市场可以立即确实地突破资源的限制,是最现实可行的突破资源限制的方法。对于一个开放的国家来说,它的资源是全球资源,甚至是全宇宙资源,所以其社会生产总能力受资源的限制和影响较小。这就是很多小国家的发展和人们的需求水平并没有因为本国的资源不足而受到影响的原因。

同时，开放市场，利用全球资源，也能为寻找技术方案最终突破资源限制赢得时间。

资源对封闭国家社会生产总能力的影响和限制较大。国家越小，资源的量越少、多样性越不足，资源对其社会生产总能力的影响和限制越大。除非国土面积足够大且所有资源都有而且比较均衡，否则，封闭国家的社会生产总能力很难不受资源的影响。但是，这样的国家在世界上是不存在的。因此，从资源对一个国家社会生产总能力的影响角度看，各国都应该开放市场。

这里的计算公式主要不是用来计算社会生产总能力的，而是用来帮助政府进行经济决策的。一个国家的政府只有按这些影响因素和因素之间的关系来调整或改变参数才能正确有效地扩大社会生产总能力，才能避免出现错误或发生问题。当然，人们也可以通过细化这个公式来大致测算一个国家一段时间的社会生产总能力。不过，细化这个公式是一个不小的工程。

二

在市场经济下，由于三种原因，社会生产总能力总是大于社会边际消费总购买力。一是人们的消费是有边际的。随着技术特别是非畜力和种养殖技术的发展，只要环境能够承载，人们在单位时间能提供的产品量总是大于同期人们能够消费的产品量。二是一定时期内，资本要占用人们的一部分消费收入。由于生产特别是随着技术的发展，大量的生产都需要资本，而在共产主义社会实现以前，总是有一部分资本是人们节省消费的收入，这会减少一部分社会总购买力，即人们用于消费的收入小于个人的实际收入（信贷最终是要还的，长期看不影响这一原理）。三是个人价值直接或间接创造的差异。由于个人能力、勤奋程度等的不同，即使是按照按劳分配和按资分配的公平方法进行分配，人们之间的收入还是存在一定程度的差异，收入高的人因为边际消费获得满足会剩余一部分收入，这些收入往往不用于消费，收入低的人消费则不能得到当时科技条件下的最好满足，这也会减少一部分购买力。

如何看懂中国经济？

所以，社会边际消费总购买力始终小于社会生产总能力，且约等于人们的边际消费能力之和。为什么是约等于呢？因为有一部分人并不会把全部收入用于该层次的消费，他们的边际消费并未得到与收入相适应的充分满足。

社会生产总能力大于社会边际消费总购买力，就为对外贸易提供了可能和动力。因为只有社会生产总能力有剩余，人们才有条件输出产品，进行国际贸易；同时，人们利用这些生产能力可以获得更多的收入以改善自己消费水平或储存更多的物质或货币财富，所以人们有对外贸易的动力。

开放市场的购买 GDP 计算公式与封闭市场是一样的，也是购买 GDP（开）＝分配公平系数×边际消费率×社会生产总能力，只是开放市场的购买 GDP 是以开放市场的社会生产总能力为基础的。从前面知道，开放市场由于资源是全球资源，技术是全球技术，所以开放市场的社会生产总能力大于封闭市场的社会生产总能力。这就是开放市场对所有市场经济体都有利的原因，因为它通常会对各国购买 GDP 都形成增量。

如果各国之间不进行也不会进行任何技术、资源、产品的限制、封锁，也不进行任何经济制裁，且都只向在本国居住和消费的个人征收所得税与消费税而不向企业征税，那么产品是国内企业生产还是国外企业生产就无所谓，完全可以不用考虑，因为这时国外企业就几乎和国内企业一样，没有什么区别，就像是一个国家。但是，由于只要有一个国家出于成见、偏见、为了保护自身优势特权或其他目的对他国进行技术、资源、产品的限制、封锁或经济制裁，并征收企业税，而且对国内企业和国外企业区别征收，那么购买 GDP 中本国企业所占的份额就非常重要，否则一旦遭到他国的限制或制裁，该国经济就可能严重下滑或无法正常运转。

也就是说，技术垄断、资源独占、强权思想和税收问题是各国关注和重视购买 GDP 中本国企业所占份额的根本原因。在这些问题解决之前，各国在对外开放中不得不考虑购买 GDP 中本国企业所占份额，即内企 GDP。

内企 GDP 主要通过分析计算购买 GDP 中产品进出口和资本输入输出数据来考察，其公式为，

内企 GDP ＝购买 GDP（开）＋（产品出口－产品进口）＋（外资输入产生的购买 GDP 增量＋对外投资产生的购买 GDP 增量）

由于市场开放通常既要开放生产市场，也要开放消费市场，如果产品进口大于出口且大到一定程度（超过因社会生产总能力提高而增加的收入产生的购买力），那么国内的边际消费总购买力所能带动的国内企业产品生产总量（GDP）就会小于市场未开放前的总量。如果产品出口大于进口，那么开放市场的 GDP 一定大于封闭市场，人们的收入和生活水平也大于封闭市场。其中，国民出国旅游属于产品进口，外国人到国内旅游属于产品出口。但是与一般产品出口不同，旅游产品出口会占用公共产品，所以这种出口应该有所限制，即必须限制在公共产品可以容纳的范围之内，以避免当地民众的公共产品消费受到影响。但如果是专门的旅游区，也可以通过扩大相关公共产品，如道路等的容量来解决。

开放市场，除了产品的进口与出口，还有资本的输入与输出。由于资本输入同时伴随着新技术或新经营模式的引入，输入资本也就意味着扩大了社会生产总能力，所以输入资本能扩大购买 GDP。但是输入的资本也会抢占一部分国内企业市场份额，即占去一部分社会总购买力，如果输入资本在国内抢占的购买力大于它产生的购买力增量，那么就会造成内企 GDP 减少。出口加工型企业由于基本不占用国内购买力，所以通常能增加该国的内企 GDP。

但是，内销型外资或合资企业则不一定，这主要取决于外国资本从国内输出的利润情况。如果其从国内输出的利润口径大于其投资产生的国内新增购买力口径（或者一段时间内从国内输出的利润大于在国内投资生产的新增购买力），则该国的购买 GDP 会减少。只要其从国内输出的利润口径小于其投资产生的国内新增购买力口径，都会带来该国购买 GDP 的增加。

相应地，对外投资通常会增加目标国的购买 GDP。因为这些资本会提高输入国的社会生产总能力并转化为本国企业劳动者劳动薪酬和上下游企业的劳动和投资收入，从而增加该国民众的社会边际消费总购买力，因此对外投资通常会同时增加资本输出国和目标国的购买 GDP。不过，如果资本输出国投资失败，没有利润输入国内，则会造成国内购买 GDP 减少。

也就是说资本输入或输出都不能绝对增加本国的 GDP，即资本输入产生的 GDP 增量和资本输出产生的 GDP 增量都可能为负值。

● 原理解读

第一，开放能提高一个国家的社会生产总能力。从前面我们知道，一个国家的社会生产总能力＝生产关系（制度）系数×生产力（科技）水平值×国家基本情况值。

其中，生产力水平值由自然科学发展水平特别是技术水平决定，主要包括产品技术与工具技术。在开放的情况下，一个国家的产品技术和工具技术都是全球最高的技术，有些是国内企业的最高技术，有些是国外企业的最高技术，所以当然会提高其社会生产总能力。

而国家基本情况由有效劳动人口数量、自然物质资源、法定劳动时间等三个方面的情况决定。在开放的条件下，可以吸引国外劳动力，增加实际劳动人口数量；可以购买全球物质资源，解决国内资源种类和数量的限制。这些都会提高一个国家的社会生产总能力。

第二，贸易保护主义或强权政治国家的达尔文主义行为要求大家必须坚持经济独立。国际的整体局势是和平还是战争是由世界主要大国决定的，小国只能诱发战争，但是不能保障和平。力量最大的一个或多个大国如果爱好和平，世界就是和平的，如鸦片战争以前，中国力量比较强大时的亚洲；力量最大的一个或多个国家如果不爱好和平，世界就会战乱，如欧洲国家随着工业革命和国力增强而进行全球殖民。力量相当的大国，如果一部分爱好和平，一部分不爱好和平，那么主要取决于二者力量的对比，如果爱好和平的国家的力量占上风，那么世界就和平，如当今世界；反之，如果不爱好和平的力量占上风，世界就战乱，二战之所以爆发，就是因为德、日、意法西斯的力量一时力量相对强大。

中国是世界上的主要大国，也是世界上的最重要和最主要的和平国家，作为世界上最重要和最主要的和平国家，必须要有足够而稳定的力量，才能使世界和平力量占上风，才能维护和保障世界和平。而经济是国家全部力量的基础，只有保持独立自主的经济能力，才能不被非和平国家利用经济的漏洞击垮经济，进而破坏军事能力、动摇政治基础。

第三，开放对GDP的实际影响，取决于本国的制度水平和企业的竞争力。开放只能总体提高一个国家的社会生产总能力,但是并不一定能提高一个国家的实际 GDP。一个国家的实际 GDP,是由该国的国内制度水平和企业的竞争力决定的。

国内制度和管理水平高、科研水平高、基础设施好、税费水平低,企业的管理水平高、产品技术质量好、成本低,综合竞争力强,那么无论是出口还是对外投资,都能总体增加 GDP,使经济越来越强。反之,国内制度与管理水平落后、科研水平低、基础设施差、税费水平高,企业的管理水平低、产品技术质量差、成本高,竞争力弱,那么进出口就可能出现逆差,对外投资可能造成损失,从而使经济越来越弱。

这就好比每个人都把自己的食品全部拿出来放在一起,食品多的人多拿,食品少的人少拿,然后大家按一定技能规则来获得这些食品,最后当然是技能高的得到的食品多,甚至拿出多的人得到的食品也可能比自己原先拿出的还多。技能低的得到的食品就少,甚至拿出少的人得到的食品也可能比自己原先拿出的还少。当然,也有可能原先拿出食品多的人后来得到的食品少,原先拿出食品少的人后来得到的食品多。

上面这个比喻是一种大致的简化描述。实际上,开放市场主要是增加了原料、技术、人力、管理等的来源和量,提高的是可能的生产能力,而不是实际生产与分配成果,二者之间是有根本区别的,这种区别类似渔与鱼的区别,这一点必须清楚。

●常见看法

一、全面开放会导致经济变得脆弱,易受国际影响或外部攻击。

二、无论国家大小,开放都是一样的,都不需要考虑经济的自主性与独立性。

●认识更新

理论上,开放对所有国家都是有利的,因为其自然资源、人力资源是全球资源,从种类和数量上都更多,有利于采用全球最先进的科技和制度。

如何看懂中国经济？

但是，相对来说，开放对小国更有利，因为小国的资源无论是数量还是种类都很少，而大国资源则往往较多。在不开放的情况下，大国可以利用自己的资源实现发展，小国则几乎无法利用自己非常有限的资源实现发展，往往只能艰难的勉强度日。

另外，还有很重要的一点是，小国的人口和市场很小，大国的人口和市场很大，小国把市场开放给大国比大国把市场开放给小国占的便宜要多得多。因为同一项产品或模式创新的价值，市场越大产生的价值放大性越大，可以获得的收入越多。反之，市场越小产生的价值放大性就越小，可以获得的收入就越少。举例来说，中国是13.5亿人，韩国不到5000万人，相差27倍，除去因为收入差距等因素影响，其市场大小相差至少有20倍。在这种情况下相互开放文化市场，韩国一首歌假如在本国能获得30万元的收入，有了中国市场后就能增加600万元的收入，但是中国一首在国内能获得600万元收入的歌曲，在韩国只能增加30万元的收入。

所以，相比较而言，即使是完全对等的开放，小国也更占便宜。对大国而言，最重要的是可能从小国吸收到有用的科技和制度创新成果；小国的市场主要是起查漏补缺的作用，如果是多个小国加起来也可以积少成多。

如果不开放，小国即使有先进的技术和制度也是无法富起来的，甚至都发展不起来。因为有很多技术是要在一定的市场规模下才能实现或生存，所以如果没有大国的市场，仅凭小国自身的市场，很多应用技术根本就无法发展起来，特别是资本密集型的科技含量比较高的行业。比如，某小国只是一个城市，能生产盾构机，但是由于工程量很少，研发和生产成本很高，即使有此技术，也无法赢利和生存，而如果有大国市场，则可以实现大量赢利。大制作的影视作品等也是一样，好莱坞的大制作电影为什么只能在美国产生，就是因为美国有很大的电影市场，如果在新加坡，是绝对无法生存的，因为根本就收不回成本。

因此，小国的经济特别依赖于相互的市场开放，没有开放，小国不可能实现经济发展和国家富裕。而经济的开放与否是由大国主导的，所以小国并不能独立实现经济安全，其经济安全完全依赖于大国的意志与表现。只有大国可以独立实现经济安全。以中国为例，"中国是一个主权完全独立的社会主义国家，中国一直保持着自己的自主性和政策空间，中国有独立的国防体系、科技体系、工业体系等,这使中国在对外开放中,允许外国投资者获益,同时也能使大多数百姓受益。这与很多国家在开放进程中失去自我,结果国家经济命脉被海外跨国公司控制,百姓的财富甚至被西方金融大鳄洗劫一空,形成了鲜明的对照"[1]。

大国可以而且应该坚持经济独立自主,以实现经济安全。大国的经济安全,不但能为国内的社会稳定、政治稳定和国家安全打下坚实的基础,也能为世界经济稳定、安全与发展做出贡献。以中国为例,如陈平所说:"中国最最重要的历史地位,是中国有独立完整的工业科技体系,金融和央行政策也独立于美国,所以中国的经济决策不受美国的制约,这连德国、日本都比不上。"[2] 正是由于中国作为大国,坚持发展安全的经济,才有效避免了世界经济过于动荡。由于中国的经济政策独立,更注意安全、公平、正义等目标的追求,所以在世界经济动荡中实际上起到了防波堤的作用,而且随着中国经济结构性改革的最终完成,将来起到的是中流砥柱的作用。

这一点小国永远也做不到,甚至想都不能这么想,否则,生存都会成问题。所以,全球化最大的赢家应该是小国,只要这些国家能形成某一方面的发展优势,就能过得很好很富裕,但是一旦世界重回反全球化的封闭经济,小国将成为最大的受害者,特别是发达的小国,损失是最大的。

德国、英国、日本等是自然资源和市场小国,但是是科技大国,依靠世界市场而得已成为经济大国。为什么英国脱欧后会引发市场的恐慌,因为人们担心它可能失去巨大的欧洲,其科技价值不能充分放大而影响经济。俄罗斯、加拿大、澳大利亚、巴西是自然资源大国,但却是市场和科技小国,国内市场并不能使其成为经济大国。这些国家要成为经济大国,既需要大力发展科技,也依赖开放的全球市场。中国是市场和资源大国,开放引进科技助其成了为经济大国。下一步通过发展科技,就能成为经济独立安全的核心经济大国。

小国无论在经济和军事上都是无法实现独立和安全的,其经济和安全

---

[1] 张维为:《全球治理——从中国经验到中国方案》,观察者网 http://www.guancha.cn/ZhangWeiWei/2016_10_14_377224.shtml.

[2] 陈平:《中国今天的世界定位相当于1900年的美国而非1970年的日本》,观察者网 http://www.guancha.cn/chenping1/2016_07_31_369520.shtml.

如何看懂中国经济？

受国际局势，主要是大国力量对比的影响。小国的生存之道就是尽量不要得罪大国，无论是经济上还是军事上。小国要站在正义的大国一边，而不要站在强而非正义的大国一边。如果正义大国力量逊于非正义大国的力量，小国在非正义大国的威逼之下，可以选择模糊策略以求自保；但决不要为虎作伥，成为大国的走卒，甚至想分一杯不义之羹，因为正义最终将战胜非正义，正义的大国最终必将战胜非正义的大国。

小国利用大国都争取的机会得一点实利是可以理解的，但是如果自己主动利用大国之间的矛盾冲突，通过挑唆大国来谋取利益，以图火中取栗，甚至产生想主导局势发展的想法，那就十分愚蠢了。小国因为内部管理和经济上的成功，可以在政治上获得一定的国际地位，但是如果以为就可以主导或左右国际局势了，就是不能正确认识自己了，是被一时的光环冲昏了头脑，自不量力，最终一定会在这上面吃亏。要知道，山不转水转，三十年河东，三十年河西，你做了什么，别人都记着的，不该得的得了，不该吃的吃了，最终都是要吐出来的，而且往往要加倍地吐出来。

小国应该回避非正义大国的要求或不做其联盟成员，并配合正义大国促进世界和平与发展，这样才能保证自己的长远利益，这样才符合自己的最大利益。

只有大国可以有独立自主的国际外交思想和外交政策，小国只能或避免或追随这些政策，或抬轿或拒绝抬轿，或划船或拒绝划船，不能有主导性的独立自主的国际外交思想和政策，即不能想着去坐轿，也不能想着去掌舵，因为实力不匹配。要知道，即使是主持正义，也要实力支撑才行，如果没有实力支撑，是主持不了正义的，甚至自保都成问题。小国如果行非正义之事，则必败无疑。明白这一点，就能理解为什么菲律宾、新加坡在因扮演美国奥巴马政府亚太再平衡急先锋而吃了苦头后，开始采取两边都不得罪的策略了。2017 年 7 月 12 日，杜特尔特表示，菲律宾不能与其他国家结成军事同盟，因为这违反了菲律宾和美国 1951 年签署的《美菲共同防御条约》，"但在经济和恐怖主义问题上，我可以随时向其他国家寻求帮助"①。2017年7月7日在德国汉堡G20峰会上,新加坡总理李显龙说,新加坡需要认清作为小国的现实。② 7月14日,在"通商中国"10周年庆典上,他又说,新加坡致力于同中美成为好朋友③。

正如沙祖康所说,欧盟等有共同的外交立场,欧盟的成员国可以各自发表意见,但不得背离他们的共同立场。不结盟运动就一些国际问题也有其共同立场,成员国可以发表他们的意见,但是也不得背离不结盟的立场。中国不是任何军事集团的成员国,也不属于任何政治集团,因此中国是真正独立自主的,贯彻的是独立自主的外交政策。

其他国家,由于实力原因很难做到真正的独立自主。美国能够做到,但由于受其自然本性驱动,不愿意这么做。

既有愿望又有实力的国家唯有新发展起来的中国,习近平2015年9月在联合国大会的讲话和2016年9月的杭州G20峰会提出的解决世界问题的中国方案正体现了这一点。

---

① 杜特尔特:《中国将向菲运送武器,两国可联合军演》,网易 http://war.163.com/17/0714/09/CP9VUCI5000181KT.html.

② 李显龙:《相辅相成小国认清现实与捍卫自身利益没冲突》,联合早报 https://www.zaobao.com/znews/singapore/story20170712-778244.

③ 李显龙:《新加坡要做中国和美国的好朋友》,新浪网 http://www.sina.com.cn/midpage/mobile/index.d.html?docID=fyiaewh9244019&url=news.sina.cn/gj/2017-07-15/detail-ifyiaewh9244019.d.html.

第二十六章 为什么主要矛盾变化不改变社会主义初级阶段国情

● **政策述要**

十九大报告指出:

中国特色社会主义进入新时代,我国社会主要矛盾已经转化为人民日益增长的美好生活需要和不平衡不充分的发展之间的矛盾。我国稳定解决了十几亿人的温饱问题,总体上实现小康,不久将全面建成小康社会,人民美好生活需要日益广泛,不仅对物质文化生活提出了更高要求,而且在民主、法治、公平、正义、安全、环境等方面的要求日益增长。同时,我国社会生产力水平总体上显著提高,社会生产能力在很多方面进入世界前列,更加突出的问题是发展不平衡不充分,这已经成为满足人民日益增长的美好生活需要的主要制约因素。

必须认识到,我国社会主要矛盾的变化是关系全局的历史性变化,对党和国家工作提出了许多新要求。我们要在继续推动发展的基础上,着力解决好发展不平衡不充分问题,大力提升发展质量和效益,更好满足人民在经济、政治、文化、社会、生态等方面日益增长的需要,更好推动人的全面发展、社会全面进步。

必须认识到,我国社会主要矛盾的变化,没有改变我们对我国社会主义所处历史阶段的判断,我国仍处于并将长期处于社会主义初级阶段的基本国情没有变,我国是世界最大发展中国家的国际地位没有变。全党要牢

第二十六章　为什么主要矛盾变化不改变社会主义初级阶段国情

牢把握社会主义初级阶段这个基本国情,牢牢立足社会主义初级阶段这个最大实际,牢牢坚持党的基本路线这个党和国家的生命线、人民的幸福线,领导和团结全国各族人民,以经济建设为中心,坚持四项基本原则,坚持改革开放,自力更生,艰苦创业,为把我国建设成为富强民主文明和谐美丽的社会主义现代化强国而奋斗。

● 提出问题

为什么说我国社会的主要矛盾已经发生变化?为什么主要矛盾变化了,但是我国仍处于并将长期处于社会主义初级阶段的基本国情没有变,我国是世界最大发展中国家的国际地位没有变?

● 经济原理

一

社会生产总能力,就是一个国家一段时间内,在当期科技水平、制度、人口、资源等条件下,不考虑购买力因素,最大能够生产的物质、文化、服务产品的总量。无论是市场经济国家或非市场经济国家,也无论原始社会、奴隶社会、封建社会、资本主义社会、社会主义社会还是共产主义社会,其生产总能力的决定因素都是一样的,计算公式都是通用的,包括过去一度存在的计划经济。社会生产总能力不是社会产品的实际生产总量,而是其理论产能,是最大可能达到的产量。

一、封闭市场社会生产总能力的决定因素和通用计算公式。一个国家一段时间的社会生产总能力是由该国该段时间的生产关系、生产力和国家基本情况三大因素决定的。社会生产总能力＝生产关系（制度）系数×生产力（科技）水平值×国家基本情况值。

二、开放市场社会生产总能力的决定因素和通用计算公式。开放市场社会生产总能力的决定因素和通用计算公式和封闭市场是一样的,主要差别是资源水平值和生产力水平值不同,封闭市场取国内值,而开放市场取国际主流或最高值。自然经济和计划经济条件下,大多数人的消费都不是

如何看懂中国经济？

通过购买进行的，而是自产自用或通过分配进行的，即生产多少消费多少，社会生产总能力等于 GDP，虽然这样的经济条件下不存在生产过剩，但是社会生产总能力较低。

二

内燃机、电机等的出现，极大地提高了价值生产的绝对能力，生产者（含个人或企业）生产的产品极大地超过了自身的消费能力，需要大量进行市场销售，再加上其产品性价比高于自产产品，于是占主体的产品自给自足的自然经济被产品市场化供应与获取的市场经济取代，生产从由生产能力决定变为由购买力决定，于是社会生产总能力和社会生产总值（即 AGP，是 GDP 和 GNP 的结合）两个概念开始分离，从而需要单独测算 GDP（为照顾习惯，本书用 GDP 代指社会生产总值，再用其原义）。

封闭市场国家购买 GDP 的详细计算公式为：

购买 GDP（闭）=（劳动产品销售收入分配公平系数 + 资本投资利润分配公平系数 + 社会保障品分配公平系数 + 公共产品分配公平系数 + 资源租售收入分配公平系数 + 增发货币分配公平系数）÷6×边际消费率×（生产关系系数×生产力水平值×国家基本情况值）。

开放市场的购买 GDP 计算公式与封闭市场是一样的，也是购买 GDP（开）= 分配公平系数×边际消费率×社会生产总能力，只是开放市场的购买 GDP 是以开放市场的社会生产总能力为基础的。

从前面知道，开放市场由于资源是全球资源、技术是全球技术，所以开放市场的社会生产总能力大于封闭市场的社会生产总能力。这就是开放市场对所有市场经济体都有利的原因，因为它通常会对各国购买 GDP 都形成增量。

三

经济的运行，就像一个滚动力学问题。一个国家（含地区，下同）某一时刻的经济运行情况，就是一个处于科技发展形成的推力和收入差距扩大形成的摩擦阻力共同作用之下滚动的钢球。

科技的发展打破了以自给自足的小农经济为主体的多劳多得的基本分配方式，变成了社会达尔文主义的分配方式——想劳动也没有机会劳动（失业）和多劳并不一定多得（大资本所有者、高管和大投机者多得）的分配方式，新产生的经济增长收入中的大部分甚至部分原来的经济收入也都被少数人得到了，造成收入差距不断扩大，大多数人因为收入减少而无法产生购买力，社会总购买力呈不断减少的趋势，形成阻碍经济增长的力量。

也就是说，科技发展在促进社会总收入和边际消费总购买力增加的同时，弱肉强食的达尔文主义分配方式，又在使边际消费总购买力减少，当科技发展产生的边际消费总购买力增加量大于收入差距扩大造成的边际消费总购买力减少量时，GDP表现为增长；当科技发展产生的边际消费总购买力增加量小于收入差距扩大形成的边际消费总购买力减少量时，GDP表现为衰退。

很多国家之所以在未发生经济危机的情况下，GDP有时表现为快速增长，有时表现为停滞或衰退，原因就在于：这些国家的分配方式没有发生根本的改变，收入差距总体一直在扩大，当科技快速发展，带来的边际消费总购买力增加远大于收入差距扩大造成的边际消费总购买力减少时，GDP就快速增长；当科技缓慢发展，带来的边际消费总购买力增加没有大于或不足以抵消收入差距扩大造成的购买力减少时，GDP就停止增长或出现负增长。

所以，要避免经济衰退，最根本的是要改变达尔文主义的分配方式，改为公平的分配方式。市场经济产生之初，实行的是社会达尔文主义的分配方式，社会公平度很低，收入差距大，像是摩擦阻力很大的崎岖土路，需要较快的科技发展速度才能实现经济增长，但科技发展速度时快时慢，动力时大时小；到了成熟的社会主义社会，贯彻的是共同发展理念，社会公平度高，收入差距小，像是摩擦阻力很小的柏油路，即使较慢的科技发展速度也能促使经济增长，但实际科技发展速度却很快，动力很大；到了共产主义社会，实现了以发展自由为核心的人的全面自由，人们各取所需，收入差距不再影响购买力且购买力达到最大，像是几乎没有阻力的磁悬浮路，有科技发展就有经济增长，同时几乎每个人都进行的是创造性劳动，因而科技发展速度最快，动力最大——也就是说共产主义社会，不但是所有人实现全面自由的社会，也是科技和经济发展最快的社会。最近，国际货币基金组织发表的一份研究报告——《全球视角：收入不均等问题的前因后果》就证实了这个结论。该报告发现：最富有的20%财富增加1%导致五年内国民生产总值增速下降1个百分点；最穷的20%入占比增加，会使国民生产总值增加0.33个百分点。

四

市场经济下，由于分配不公平和消费边际造成的购买力不足的原因，一个国家某时点或时段的社会生产总能力通常大于有效社会产品实际生产总量（有效 GDP），如果强行扩大投资来使社会产品实际生产总量达到当时科技与劳动决定的社会生产总能力，就会造成生产过剩。但是，有一个办法可以解决这个问题——既提高社会产品的实际生产总量，充分发挥社会生产总能力，又不造成生产剩余，这就是增加人们的再生消费品消费。

社会消费品分为最终消费品和再生消费品，再生消费品又分为有限再生消费品和无限再生消费品。无论最终消费品还是再生消费品，都存在个人自主购买与个人共同购买（即政府财政支付）两种情况，但是最终消费品个人自主购买的意愿比较强烈，而再生消费品尤其是无限再生消费品，个人自主购买的意愿很弱，所以通常只能由个人共同购买——即政府规划，用财政收入支付购买。

最终消费品，是指那些不用于再生产的个人自主或共同支付购买的产品，包括最终自主消费品、最终社会保障品和最终公共消费品。最终自主消费品是那些不再用于生产的个人自主收入支付购买的产品。如，食品、服装、私人汽车等。

最终社会保障品，是指实物化保障的直接满足个人需求的医、食、住、娱等基本层次的个人必要的物质、文化、服务产品。目前，这种产品的提供还比较少，主要是医疗和对低收入人群的保障房。最终公共消费品，是指那些不再用于生产的用财政收入支付购买的产品。如，公园广场、树荫绿地、文体场馆、治安服务等。

再生消费品，是指那些可用于或为了最终用于再生产的个人自主或共同支付购买的产品。比如，教育、公路、铁路、港口等，它们既是个人的消费品，又可用于再生产。再生消费品也分为个人自主购买品、社会保障品和公共产品三类。

自费的教育就是典型的再生自主消费品，义务教育就是再生社会保障品，政府财政支付建设的公路、铁路、港口，就是再生公共消费品。再生消费品又分为有限再生消费品和无限再生消费品两类。有限再生消费品，是不能无限增加或扩大,其生产和消费要受当时科技水平限制的产品。如,公路、铁路、站台、机场、航线、码头、航道、图书馆、不含科研的教育等。无限再生消费品,是其生产和消费可以无限发展的产品。如大学、科研院所的科研,包括自然科学和社会科学理论、发明专利和制度设计,航空航天等基础应用型科研试验等。其中,由个人用自主支配收入购买的是再生自主消费品,包括有限再生自主消费品和无限再生自主消费品;由政府财政支付购买的是再生社会保障品或再生公共消费品,包括有限再生社会保障品或有限再生公共消费品和无限再生社会保障品或无限再生公共消费品。但是,无限社会保障品通常以有限量形式提供。

最终消费品不会因为个人的自主或共同购买消费而形成更大的社会生产总能力,再生消费品会随着个人的自主或共同购买消费而形成更大社会生产总能力。食品、服装、住房、医疗、旅游、文艺、体育、游戏等都是典型的最终消费品,人们不会因为对这些产品的购买消费而产生更大的生产总能力;公路、铁路、教育、基础科学研究、前沿应用技术等都是典型的再生消费品,人们会随着对这些产品的购买消费而形成更大的生产总能力。因为最终消费品购买而形成的消费是最终消费;因为再生消费品购买而形成的消费是再生消费。

与最终消费相比,再生消费的主要特征是消费与生产的双重性。即,消费就是生产,生产就是消费,进行个人再生消费品消费就是增加社会生产总能力,进行再生消费品生产就是增加社会消费总量。正因为基础设施和教育、科研等的再生消费特征,所以在满足人们基本生存需求的前提下,要优先发展基础设施、教育和科研。这就是"要想富先修路""再穷不能穷教育""必须在高科技领域占有一席之地"的原因。

再生消费的这种双重性特征能够把单纯的消费与单纯的生产联结起来,在最终消费品消费达到边际时,通过增加再生消费品消费来扩大消费GDP,从而既不会造成生产过剩,又能提高社会生产总能力,而社会生产总能力的提高又会反过来拓展最终消费品的消费边际,扩大社会边际消费总量,即最终消费GDP。

但是,教育和基础设施消费也是有限制的,不能无限扩大,所以如果教育和基础设施已经达到当时成熟技术条件下的最高水平和充分且有适当余度的满足，就不能再增加这方面的生产和消费了。

而科研是可以无限生产和消费的，所以当教育和基础设施生产和消费达到当时科技条件下的最佳时，就只能而且应该通过扩大基础和前沿科研生产和消费来提高消费 GDP，直到使投资与就业达到科技与有效劳动人数决定的最大值，即充分调动全部社会生产能力，使全值 GDP 接近等于社会生产总能力。

五

市场经济最终会出现三种供需平衡模式，自然平衡模式、公平平衡模式和自由平衡模式。市场经济是从供需的自然平衡模式阶段逐步发展到公平平衡模式阶段，再发展到自由平衡模式阶段。

供需处于自然平衡模式阶段就是初级资本主义市场经济阶段，供需处于公平平衡模式阶段就是（成熟的）社会主义市场经济阶段，供需处于自由平衡模式阶段就是共产主义市场经济阶段。

以"弱肉强食、强者愈强"的自然法则作为平衡方法形成的不稳定不充分的市场供需平衡关系就是自然平衡模式——早期资本主义的市场平衡模式；以"环境公平、分配公平"的公平原则作为平衡方法建立的较稳定较充分的市场供需平衡关系就是公平平衡模式——成熟社会主义的市场平衡模式；以"各尽所能（以兴趣使命为工作）、各取所需（按个人带偏好的科学维度的需求而不是主观欲望进行消费）"的自由原则作为平衡方法建立的很充分很稳定的市场供需平衡关系就是自由平衡模式——共产主义的市场平衡模式。

欧美目前的市场既不是纯粹的自然平衡模式市场，也不是真正的公平平衡模式市场，而是一种介于自然平衡模式与公平平衡模式之间的过渡模式市场。发达资本主义国家的市场，由于建立起了社会保障体系和公共产品供应体系，特别是政府对市场公平的大幅强烈干预，使其已经不是纯粹的自然平衡模式市场。它比起纯粹的自然平衡模式市场在供需充分性和稳定性上有一定进步，但是相比真正的公平平衡模式市场又还有很大的差距。拉美、北非的市场则总体上处于自然平衡状态，供需的充分性和稳定性都很差。

每一种供需平衡模式市场的产品供应与需求都包括两个平衡维度：一

个是稳定性，即波动的幅度和频率，包括经济整体的波动和产品价格的波动两个层面；另一个是充分性，即需求获得满足人口占全部人口的比例，以及已满足者的需求所处的层次水平。

三种平衡模式市场下，供应与需求的平衡状态和平衡水平是完全不同的：自然平衡模式下，供需是不稳定、不充分的平衡，属于低水平平衡；公平平衡模式下，供需是较稳定、较充分的平衡，属于高水平平衡；自由平衡模式下，供需是很稳定、很充分的平衡，属于最高水平平衡。

市场经济的平衡问题中，平衡的充分性是由分配公平度决定的，平衡的稳定性是由市场供需透明度决定。政府促进经济发展的主要工作中，就包括用正确的方法提高分配的公平度和市场供需的透明度。

六

第一，在成熟的社会主义社会，由于共产主义政党宗旨的绝对先进性（即绝对正义性）——这是执政党获得授权合法性的根本依据，所以实行的是共产主义政党领导下的多党合作制；共产主义政党与各民主党派和政治团体在政治民主协商的基础上进行国家事务的决策和决策执行GDP，这是执政党实现决策合法性的根本保证，来保证国家决定的科学性和正确性；通过完善的基于共产主义政党领导下的多党合作制的依宪依法治国体制（即宪治体制）GDP这是执政党实现执行合法性的根本保证（而资本主义国家实行的是基于多党选举制的依宪依法治国体制，这样的体制是宪政体制），来确保政策执行的有效性、正确性；通过国家政策决策和决策执行活动公开透明（涉及国家安全的除外）——这是执政党实现自身合法性的根本保证，来保证自身的廉洁和几乎无腐败。

第二，在成熟的社会主义社会，由于人人均等预算的产品化社会保障体制的建立，基本消除了劳动剩余价值、实模式投资与消费体制的建立，基本消除了资本剩余价值，收入差距极大地缩小，共同富裕（但不是平均富裕）完全实现，除重大自然灾害外，不会再发生经济衰退；又由于国家级公共市场平台的建立与供需信息透明化的实现，投机基本消除，经济危机从此不再出现。

第三，在成熟的社会主义社会，政府财政收入全部来自个人，包括三

如何看懂中国经济？

项：一是个人所得税、二是个人消费税、三是个人财富遗赠。

第四，在成熟的社会主义社会，每个公民都有五项收入：一是个人劳动薪酬（无劳动能力者、不在工龄段的人、服刑人员除外），二是个人资本收益（未自己投资的人除外），三是国有股收益分红，四是增发货币赋值收入，五是当期物质资源租售收入。

第五，在成熟的社会主义社会，每个人都进行着三种消费：一是社会保障品消费（为了应对竞争的负面性，由中央财政预算和支付，只提供生存层次的保底消费，且为实物保障而不是商业保险）、二是公共产品消费（按照均等和与科技发展水平相适应原则，由中央财政预算和支付）、三是自主购买品消费（由个人通过合法的劳动、投资等五项收入购买）。

第六，在成熟的社会主义社会，大多数人都同时追求三个层次的需求：一是消费品需求（含物质产品、文化产品、服务产品），二是尊重需求（通过工具科学理论发现或工具创造改进自然科学或社会科学理论发现、发明创造或制度设计、产品生产或管理活动来获得），三是尊敬需求（国家激励体系建立后，通过财物贡献激励体系、成就贡献激励体系、付出贡献激励体系等获得）。

第七，在成熟的社会主义社会，由于均等的生存层次的产品化社会保障体制已经建立完善和与当时科技水平相适应的公共产品的均等提供，社会已经为人们创造了个人实现三类自由的条件，这三类自由分别是：一是消费自由（一部分人为生存层次、一部分人为生活层次），二是人权自由，三是发展自由，并以发展自由为核心。此时，实行计划生育，每对夫妻的子女，从怀孕到大学本科毕业，教育与生活费用全免，由财政全额均等提供，硬件设施与教育水平均等且达到当时科技条件下最佳，父母定期参加学校组织的亲子活动，由于收入差距较小，人们选择学校、专业和职业主要是根据自己的兴趣爱好和内心使命，从而实现了人人生而平等，并为以发展自由为核心的全面自由的实现创造了全部条件；虽然此时有相当一部分人已经实现了以发展自由为核心的全面自由，但是仍然还有较大一部分人，因为思想、能力原因，还没能找到自己的发展兴趣或发展使命，因而虽然具备了实现发展自由的条件，却没有实现发展自由——不过，他们生存层次的消费自由已经实现，人权自由也达到并保持着人类历史的最高水平。

第二十六章　为什么主要矛盾变化不改变社会主义初级阶段国情

● 原理解读

第一,宏观经济学需要引入一个新概念——社会生产总能力。每一个国家在一定时期都有一个相对确定的社会生产总能力,社会生产总能力是由该国的社会生产力、生产关系和国家情况三大要素决定的。封闭市场和开放市场的社会生产总能力的计算公式是一样的,所不同的只是公式中的资源和生产力取值不同,在封闭市场取国内值,在开放市场取国际主流值或最高值。

第二,社会生产总量(类似 GDP)小于社会生产总能力。由于内燃机、电机等的发明应用,社会生产总能力快速上升,但是社会生产总量却不能和社会生产总能力同步上长,它总是小于社会生产总能力。

第三,收入分配差距是社会生产总量小于社会生产总能力的根本原因。因为市场经济的生产是由购买力决定的,而同一科技水平下,购买力是由收入的均匀度决定的。假定科技不发展的情况下,收入分配差距越大,购买力越小,由购买力决定的社会生产总量也越小。反之,收入分配差距越小,购买力越大,由购买力决定的社会生产总量也越大。因此,提高收入分配均匀度,是提高社会生产总量,使之接近社会生产总能力的根本办法。

第四,扩大再生消费,既能充分利用剩余生产能力,又能进一步提高社会生产总能力和促进消费升级,实现经济动态发展。消费品分为最终消费品和再生消费品。最终消费品,如食品、服装,被消费后就消失了,不能形成新增生产能力。再生消费品,如教育、科研,会形成新增生产能力,从而增加产品生产效率,提高产品质量,丰富产品种类,促进产品进化升级,从而使人们能消费到的产品更多样、质量更高、功能更先进。

第五,社会主义强国阶段(成熟社会主义时期)的社会生产总量接近社会生产总能力。这时,人们劳动的动力很强,同时分配均匀程度非常高;除去用于满足科学维度消费的生产能力后剩余的生产能力都用于再生产消费品生产,绝大多数科学维度的消费需求都得到充分满足。收入差距小,实现了共同富裕,供需平衡且稳定,社会生产总能力和社会生产总量大致相等且都以最大的速度增长。

如何看懂中国经济？

● 常见看法

一、经济发展不平衡不充分，就是与发达国家经济水平有差距。

二、共同富裕就是平均富裕，人的能力、贡献不同，不能强行抹平收入差距，否则会导致社会发展动力不足，所以共同富裕是不能实现的。

三、社会主要矛盾变化，中国就脱离了社会主义初级阶段。

● 认识更新

"三步走"战略构想，是1987年4月30日，邓小平在会见西班牙工人社会党副总书记、政府副首相格拉时提出来的："我们原定的目标是，第一步在八十年代翻一番。以一九八〇年为基数，当时国民生产总值人均只有二百五十美元，翻一番，达到五百美元。第二步是到20世纪末，再翻一番，人均达到一千美元。实现这个目标意味着我们进入小康社会，把贫困的中国变成小康的中国。那时国民生产总值超过一万亿美元，虽然人均数还很低，但是国家的力量会有很大增加。我们制定的目标更重要的还是第三步，在下世纪用三十年到五十年再翻两番，大体上达到人均四千美元。做到这一步，中国就达到中等发达的水平。这是我们的雄心壮志。目标不高，但做起来可不容易。"党的十三大将其写入报告，正式成为全党全国人民的奋斗目标。这个"三步走"可称为大"三步走"。

在当时历史条件下，大"三步走"战略，对第三步只作了一个大致的构想；另外，第三步目标的时间跨度非常长，有足足半个世纪的时间，因此在走完前两步目标的时候，对第三步目标和步骤进一步具体化，做出新的战略规划是紧迫的现实要求。

为此，党的十五大提出：21世纪我们的目标是，第一个十年实现国民生产总值比2000年翻一番，使人民的小康生活更加宽裕，形成比较完善的社会主义市场经济体制；再经过十年的努力，到建党一百年时，使国民经济更加发展，各项制度更加完善；到21世纪中叶建国一百年时，基本实现现代化，建成富强民主文明的社会主义国家。十六大重申："根据十五大提

第二十六章 为什么主要矛盾变化不改变社会主义初级阶段国情

出的到2010年、建党一百年和新中国成立一百年的发展目标,我们要在本世纪头二十年,集中力量,全面建设惠及十几亿人口的更高水平的小康社会,使经济更加发展、民主更加健全、科教更加进步、文化更加繁荣、社会更加和谐、人民生活更加殷实。经过这个阶段的建设,再继续奋斗几十年,到本世纪中叶基本实现现代化,把我国建成富强民主文明的社会主义国家。"也就是说,在老的大"三步"走基础上,在第三步目标中又规划出了新的小"三步走"。十八大报告中将小"三步走"的第二步和第三步又进一步概括为"两个一百年"目标:到中国共产党建党一百年,也就是2020前后,全面建成小康社会;到新中国成立一百年,也就是2050年前后,基本实现现代化。

2008年9月15日,随着美国雷曼公司宣布破产,全球金融危机正式爆发,世界各国经济普遍受到巨大冲击。

然而,近十年来,中国经济不但经受住了外部冲击,而且随着创新、协调、绿色、开放、共享的新发展理念的提出,通过"三去一降一补"和供给侧结构性改革,经济结构不断优化,内生动力不断增强,展示出强劲的发展潜力。之前,小的"三步走"的目标就显得过于保守,也非常有必要提高第三步目标所要达到的标准,以实现更好的发展。因为"法乎上,而得乎中",能实现更高的目标,但是却定得较低,不利于充分发挥大家的能动性和潜力。加上新三步走的第三步时间仍然较长,有三十时年时间,所以仍然有必要进一步细化,于是提出了把小的"三步走"的第三步,即从第一个"一百年"到第二个"一百年",再分为两个阶段。第一个阶段,"从二〇二〇年到二〇三五年,在全面建成小康社会的基础上,再奋斗十五年,基本实现社会主义现代化";第二个阶段,"从二〇三五年到21世纪中叶,在基本实现现代化的基础上,再奋斗十五年,把我国建成富强民主文明和谐美丽的社会主义现代化强国"。

对比习近平在十九大上提出的"两个阶段"目标,可以看到,原来大"三步走"的到21世纪中叶"基本实现现代化"提前到了2035年[①],而到本世纪中叶,即新中国成立一百年时,则要建成社会主义强国。社会主义

---

① 人民网评:《基本实现社会主义现代化为什么能提前十五年》,人民网 http://opinion.people.com.cn/n1/2017/1021/c1003-29600568.html。

如何看懂中国经济?

强国横向对比是什么情况呢?"到那时,我国物质文明、政治文明、精神文明、社会文明、生态文明将全面提升,实现国家治理体系和治理能力现代化,成为综合国力和国际影响力领先的国家,全体人民共同富裕基本实现,我国人民将享有更加幸福安康的生活,中华民族将以更加昂扬的姿态屹立于世界民族之林。"可见,新目标不再是最初的"中等发达国家"水平,而是"综合国力和国际影响力领先的国家",是站在世界最前列,引领世界发展,而不是向发达国家收敛,与发达国家持平!

共同富裕是发展利益共享,而不是平均富裕。"坚持在经济增长的同时实现居民收入同步增长、在劳动生产率提高的同时实现劳动报酬同步提高",从而使社会高、中、低所有阶层的收入水平都有提高①。共同富裕,仍然"坚持按劳分配原则",同时不断"完善按要素分配的体制机制,促进收入分配更合理、更有序"。它是通过"鼓励勤劳守法致富,扩大中等收入群体,增加低收入者收入,调节过高收入,取缔非法收入"来实现的,而不是强行抹平所有人的收入。共同富裕强调在发挥市场决定性作用的同时,也要更好地发挥政府作用:一是人人享有均等保底的社会保障进行兜底;二是公共产品均等化,并不断提高公共产品供给水平;三是劳动收入更公平合理,薪酬水平随着经济发展不断增长;四是资本收入更公平合理,大中小投资者的投资利益都得到保护和实现;五是其他生产要素根据贡献不同,获得相应的合理回报。在这种情况下,收入差距有所缩小,但是由于每个人的能力、努力程度和贡献大小不同,收入差距仍然是有的,只是均匀度更高了,同时低收入阶层很少且绝对收入水平并不是很低。

"社会主义本质,是解放生产力,发展生产力,消灭剥削,消除两极分化,最终达到共同富裕。"社会主义初级阶段的主要特征是生产力水平较低,不能有效满足人们多方面需求的问题。从资源禀赋等实际出发,邓小平提出了"允许一部分地区一部分人先富起来,先富带后富,最终实现共同富裕"的两步走思路和构想。该思路和构想在1992年春邓小平南方谈话时,较为全面地进行了表述,他说:"走社会主义道路,就是要逐步实现共

---

① 吕格默尔:《所有阶层收入都在提高,中国是唯一做到的国家》,观察者网 http://www.guancha.cn/economy/2017_10_17_431158.shtml.

第二十六章　为什么主要矛盾变化不改变社会主义初级阶段国情

同富裕。共同富裕的构想是这样提出来的:一部分地区有条件先发展起来,一部分地区发展慢点,先发展起来的地区带动后发展的地区,最终达到共同富裕。如果富的愈来愈富,穷的愈来愈穷,两极分化就会产生,而社会主义制度就应该而且能够避免两极分化。""什么时候突出地提出和解决这个问题,在什么基础上提出和解决这个问题,要研究。可以设想,在本世纪末达到小康水平的时候,就要突出地提出和解决这个问题。到那个时候,发达地区要继续发展,并通过多交利税和技术转让等方式大力支持不发达地区。不发达地区又大都是拥有丰富资源的地区,发展潜力是很大的。总之,就全国范围来说,我们一定能够逐步顺利解决沿海同内地贫富差距的问题。"

共同富裕的两步走目标,我们已经实现了第一步,经济总量已经达到世界第二。但是,高、中、低不同阶层收入差距还很大,东中西部之间、同一省市不同地区之间收入差距也很大,这个问题还没有得到根本性解决。只有这个问题解决了,共同富裕实现了,我们才能算走出了社会主义初级阶段,进入了社会主义成熟阶段(社会主义强国)。社会主义成熟阶段相对于发达的资本主义,无论是在经济还是政治上,发展水平都更高,收入水平更高、收入分配更加均匀,协商民主发挥更好,各阶层意见表达渠道更畅通、更充分,各项人权得到更好保证。与这个标准相比,现阶段我们还有较大差距,所以虽然新时期主要矛盾已经发生变化,但还是社会主义初级阶段以内的变化,不改变我国社会主义初级阶段的基本国情。

参考书目

[1] 邓小平文选 [M]. 北京：人民出版社，1989.

[2] [英] 亚当·斯密. 国富论 [M]. 杨敬年，译. 西安：陕西人民出版社，2001.

[3] [英] 梅纳德·凯恩斯. 货币通论 [M]. 董丽绢，等译. 北京：人民出版社，2009.

[4] 十一届三中全会以来历次党代会、中央全会报告 公报 决议 决定（上下）[M]. 北京：中国方正出版社，2010.

[5] 郭夏. 解码经济——新生经济学导论 [M]. 北京：经济科学出版社，2010.

[6] [美] 熊彼特. 经济发展理论 [M]. 邹建平，译. 北京：中国画报出版社，2012.

[7] 习近平谈治国理政 [M]. 北京：外文出版社，2014.

[8] 十八大以来重要文献选编 [M]. 北京：中央文献出版社，2014.

[9] 林毅夫. 解读中国经济（增订版）[M]. 北京：北京大学出版社，2014.

[10] 中华人民共和国宪法 [M]. 北京：中国法制出版社，2014.

[11] 周强. 新市场经济论 [M]. 昆明：云南大学出版社，2015.

[12] 张维迎. 经济学原理 [M]. 桂林：广西师范大学出版社，2015.

[13] 贾康，苏京春. 供给侧结构性改革：新供给简明读本 [M]. 北

京：中信出版社，2015.

［14］中共中央关于制定国民经济和社会发展第十三个五年规划的建议单行本（十三五规划单行本）［M］. 北京：人民出版社，2015.

［15］林毅夫. 新结构经济学［M］. 北京：北京大学出版社，2016.

［16］张占斌，等. 中国供给侧结构性改革［M］. 北京：人民出版社，2016.

［17］中华人民共和国国民经济和社会发展第十三个五年规划纲要（2016两会十三五规划纲要）［M］. 北京：人民出版社，2016.

［18］党的十九大报告学习辅导百问［M］. 北京：党建读物出版社，学习出版社，2017.